Vaticano II:
A Igreja aposta no Amor Universal

Coleção Revisitar o Concílio

Ad Gentes: texto e comentário
Estêvão Raschietti

Apostolicam Actuositatem: texto e comentário
Antonio José de Almeida

Dei Verbum
Geraldo Lopes

Gaudium et Spes: texto e comentário
Geraldo Lopes

Inter Mirifica: texto e comentário
Joana T. Puntel

Lumen Gentium: texto e comentário
Geraldo Lopes

Perfectae Caritatis: texto e comentário
Cleto Caliman

Presbyterorum Ordinis: texto e comentário
Manoel Godoy

Revisitar o Concílio Vaticano II
Dom Demétrio Valentini

Sacrosanctum Concilium: texto e comentário
Alberto Beckhäuser

Unitatis Redintegratio, Dignitatis Humanae, Nostra Aetate: textos e comentários
Elias Wolff

Vaticano II: a Igreja aposta no Amor Universal
Carlos Josaphat

CARLOS JOSAPHAT

Com a colaboração de Lilian Contreira

Vaticano II:
A Igreja aposta no Amor Universal

Dados Internacionais de Catalogação na Publicação (CIP)
(Câmara Brasileira do Livro, SP, Brasil)

Josaphat, Carlos
 Vaticano II: A Igreja aposta no Amor Universal /
Carlos Josaphat – São Paulo : Paulinas, 2013. –
(Coleção revisitar o concílio)

ISBN 978-85-356-3379-5

1. Concílio Vaticano (2. : 1962-1965) - História 2. Documentos oficiais 3. Ecumenismo 4. Igreja Católica - História - Século 20 I. Título. II. Série.

13-01875   CDD-262.52

Índice para catálogo sistemático:
1. Concílio Vaticano 2º : História   262.52

1ª edição – 2013

Direção-geral:
Bernadete Boff

Editores responsáveis:
Vera Ivanise Bombonatto
Antonio Francisco Lelo

Preparação de originais, pesquisas
históricas e bibliográficas:
Lilian Contreira

Copidesque:
Cirano Dias Pelin

Coordenação de revisão:
Marina Mendonça

Revisão:
Ruth Mitzuie Kluska

Gerente de produção:
Felício Calegaro Neto

Assistente de arte:
Ana Karina Rodrigues Caetano

Projeto gráfico:
Telma Custódio

Capa e diagramação:
Jéssica Diniz Souza

Nenhuma parte desta obra poderá ser reproduzida ou transmitida por qualquer forma e/ou quaisquer meios (eletrônico ou mecânico, incluindo fotocópia e gravação) ou arquivada em qualquer sistema ou banco de dados sem permissão escrita da Editora. Direitos reservados.

Paulinas
Rua Dona Inácia Uchoa, 62
04110-020 – São Paulo – SP (Brasil)
Tel.: (11) 2125-3500
http://www.paulinas.org.br – editora@paulinas.com.br
Telemarketing e SAC: 0800-7010081
© Pia Sociedade Filhas de São Paulo – São Paulo, 2013

Sumário

Prefácio 7

PARTE I
Originalidade singular do Vaticano II, o maior de todos os concílios

1. O Vaticano II se libertou e tenta libertar a Igreja, jogando na lixeira controvérsias e velhos ressentimentos, optando pela novidade de querer bem ao outro 13

2. Revolução espiritual e cultural do Vaticano II: projeto de uma Igreja que não se quer eclesiocêntrica, mas de todo teocêntrica, buscando parceria com a humanidade em marcha 25

PARTE II
Originalidade do paradigma eclesiológico do Vaticano II, manifestado nas suas quatro constituições sobre a Igreja

1. Audaciosa opção primordial. A Igreja se vê e se quer toda voltada para o culto de Deus e para a comunicação com o mundo. I e II Sessão conciliar (1962-1963) 57

2. "Olhando-se no espelho do Evangelho", a Igreja se define como "sacramento da reconciliação universal". Povo de Deus, todo ele chamado à santidade e responsável pela evangelização. Constituição dogmática Lumen Gentium (*LG*) 72

3. Deus se revela e se dá, confidenciando o Mistério trinitário que ele é, no desígnio de suscitar parceiros em sua comunhão de amor. Constituição dogmática sobre a Revelação Divina, Dei Verbum (*DV*) 89

4. A Igreja e o mundo em relação de diálogo e de mútua ajuda para a construção de uma civilização do amor. Visão global da constituição pastoral sobre a Igreja no mundo de hoje, Gaudium et Spes (*GS*) 106

PARTE III
Paradigma ético pessoal e social, antropológico e teológico do Vaticano II

1. Novo paradigma de uma ética antropológica, cristológica e escatológica. Princípios e valores de uma ética fundamental sintetizados na Primeira Parte da constituição *Gaudium et Spes* 131

2. Novo paradigma de ética sexual, conjugal e familiar 158

3. Ética social da constituição *Gaudium et Spes* diante dos desafios socioeconômicos e políticos do mundo de hoje. Paradigma econômico 183

4. Paradigma de ética política 204

5. Promoção da paz e construção da comunidade humana 219

PARTE IV
Visão global da Igreja e da humanidade à luz de Deus, Amor Universal

1. Igreja, comunhão, colegialidade e participação 237

2. A Igreja, Deus e o Outro. Ecumenismo cristão e inter-religioso 257

3. A Igreja ao sopro do Amor Universal 277

PARTE V
Conclusões
O Vaticano II ontem e hoje

1. Chegou a hora de o Vaticano II dar sua medida 303

Bibliografia essencial e brevemente comentada 323

Prefácio
Concílio? Por que e para quê?

O inesperado tornou-se a grande esperança

O anúncio do novo Concílio foi acolhido mais com estranheza do que como simples surpresa. Por que e para que um concílio? O Papa Pio XII, nove anos antes, em 1950, havia definido tranquilamente o dogma da Assunção de Maria. Firme na sua infalibilidade, o Soberano Pontífice tem poder e competência para garantir a ortodoxia e a ordem na Igreja.

A Cúria Romana, com sua experiência plurissecular e sua organização aprimorada, garante um assessoramento pronto e completo, assegurando a guarda do depósito da fé e a defesa da Igreja contra toda espécie de inimigos, dos velhos tempos ou da Modernidade um tanto insolente. A. Loisy e toda espécie de modernistas que tentaram invadir os campos da Escritura, da tradição e da história para aí semear erros, confusão e incertezas foram em boa hora varridos pela vassoura evangélica de São Pio X. A tal da "Teologia moderna" foi colocada no lugar pela encíclica *Humani Generis* de Pio XII, no mesmo ano da citada definição do dogma marial. Os impertinentes Padres-Operários foram finalmente liquidados.

A Igreja dispõe da plena força e de todos os poderes. Por que esse despropósito, esse gasto enorme e esse trabalho imenso de congregar em Roma milhares de bispos, que, bem sossegados em suas dioceses, de Roma podem ser orientados com toda a segurança e tranquilidade?

Essa reação e esse discurso, sob a inspiração e no registro do poder, não deixam de estar muito acertados, tem sua lógica e seu fundamento na realidade da Igreja sociedade religiosa. Aliás, esse discurso não arrefeceu, menos ainda desapareceu. Ele continuará a parasitar o Concílio, sua preparação, seu desenrolar e sua aplicação.

Mas, ao surpreender a Igreja e o mundo lançando o anúncio do novo Concílio, na Basílica de São Paulo e na festa do Apóstolo da humanidade, em 25 de janeiro de 1959, João XXIII levantava uma bem outra bandeira, propunha uma nova visão e falava uma linguagem totalmente diferente. Não se mostrava assustado ou alarmado com o mundo moderno. Não andava atrás de erros a condenar e de adversários a abater. Não se erguia na Igreja e diante do mundo como o soberano pontífice, vigário do Deus Todo-Poderoso.

Quase se poderia dizer que em seu meio sorriso apontava a Igreja como o sorriso afável, como o amável rosto de Deus, Amor Universal. Um Concílio para falar de amor, a partir e à luz do amor todo-poderoso, que vem e é acolhido primeiro como Pai, se revelando e se dando pela força do amor. Não é a versão atualizada da sublime simplicidade da fé: "Creio em Deus Pai, todo-poderoso..."?

No jubileu dessa proeza de Deus e de João XXIII, o Concílio Vaticano II merece ser hoje o objeto de um estudo renovado. Após essas sete semanas de anos, com a imensa documentação de que se dispõe, a cultura, especialmente a teologia, muito tem a ganhar com a pesquisa, com a reflexão, com a hermenêutica, com a análise da história dos fatos, das ideias, dos protagonistas dessa revirada histórica da Igreja.

Sem minimizar a importância desse interesse cultural e teológico pelo Vaticano II, e mesmo dele participando, este livro tem, no entanto, uma outra inspiração e segue um propósito mais simples em si, porém mais delicado e difícil: descobrir ou redescobrir a inspiração primeira, a motivação decisiva e a mensagem primordialmente visada e transmitida pelo Concílio do nosso tempo e para o nosso tempo.

Sem descurar outras questões e mesmo com o fito de enfrentar os grandes problemas da Igreja e da humanidade, o Vaticano II surge com uma originalidade absolutamente singular, coroando os vinte concílios anteriores. Como muitos deles, sobretudo os últimos, afirma-se como eclesiológico, não sendo, no entanto, eclesiocêntrico, mas total e profundamente teocêntrico.

O Vaticano II aposta e quer levar a Igreja a apostar em Deus, Amor Universal. Apostar significa dar a prioridade efetiva e constante a esse paradigma teológico, digamos mesmo teologal, e à sua luz ver e julgar todas as coisas e pessoas, a história, o passado e o presente da Igreja e da humanidade.

Nesse sentido profundo, o Vaticano II é a revolução de Deus, de Deus tal como se revela no Evangelho, de Deus que ama e se dá, e dá o seu amor para revelar a verdade do próprio Deus, a verdade do ser humano e do universo das coisas, da vida, do viver e do conviver dos homens e das mulheres, da política, da economia, das relações entre os povos. O amor não esquiva problemas e dificuldades.

Na sua última constituição, o Vaticano II suscita sua derradeira e grande surpresa, enfrentando "os problemas mais urgentes" da humanidade.

Qualquer leitura da mensagem conciliar será proveitosa. Mas a grande felicidade, a graça desse jubileu conciliar está em dar a prioridade ao que o Concílio priorizou: A Igreja é o "mistério", a realidade do "mistério de Deus Amor", tornado presente em uma comunidade de acolhida, de serviço, de diálogo, de confiança na graça e na liberdade, enviada ao mundo "que Deus amou e ao qual deu o seu Filho". O Concílio, inesperado e desestimado pelos donos e ambiciosos do poder, surgiu e surge como a grande esperança da humanidade.

Este livro se despoja de todo aparato técnico e científico. O que não atenuou um longo e cuidadoso trabalho especialmente de seleção, análise e confronto de fontes diretas e indiretas das opções e posições conciliares. Nos diferentes momentos de pesquisa e preparação do texto, o autor pôde contar com a valiosa colaboração da professora Lilian Contreira, que merece um destaque especial em sua gratidão.

Frei Carlos Josaphat, op
11 de outubro de 2012
Na comemoração do jubileu de abertura do Concílio Vaticano II

Parte I

Originalidade singular do Vaticano II, o maior de todos os concílios

1

O Vaticano II se libertou e tenta libertar a Igreja, jogando na lixeira controvérsias e velhos ressentimentos, optando pela novidade de querer bem ao outro

"Todos os vinte primeiros concílios da Igreja são valentes proezas
em luta titânica contra erros e heresias,
que quanto mais apanham, mais crescem.
Sem restrições ou reservas,
venero todos esses sagrados concílios dos velhos tempos.
Mas, tranquilo no teu jeito de não condenar ninguém,
insinuando até que abraçar é preciso,
Vaticano II, eu te amo."

A sentença vem enfeitada de aspas. E se desenha com certa panca de versos livres. No entanto, é uma pequena anedota que se mistura à grande história. Naquele bendito 8 de dezembro de 1965, Paulo VI dava por realizado o sonho de João XXIII, encerrando e entregando o Concílio à humanidade. Desde janeiro do ano seguinte, para um teólogo brasileiro era bom ajudar jovens teólogos a ler o Vaticano II na Universidade de Friburgo, na Suíça.

Foi, então, criada esta profissão de fé. É convicção, opção e paixão. É preciso apostar a vida no Vaticano II. Ele surge qual carisma da Igreja toda, assumindo e difundindo carismas pessoais e comunitários. Para aquela juventude, o Concílio vinha como a suave revolução de Deus, visando acelerar ou retificar a marcha da humanidade em vias de globalização.

Promessas e desafios para a humanidade globalizada

Após a calamitosa primeira metade do século XX, antecipando na esperança a chegada do Terceiro Milênio, o Ocidente, que tanto infelicitou os dois primeiros, acolheu ou gerou em seu seio duas imensas e verdes promessas para resgatar o mundo: a Declaração Universal dos Direitos Humanos, da ONU, em 1948, e o Concílio Ecumênico Vaticano II, encerrado em 1965. Ambos coroando um amplo trabalho de preparação e seguidos de uma rude etapa de aplicação.

A Declaração intentava lançar o brado sempre desejado e que as tiranias e as guerras mundiais, especialmente a segunda, tinham tornado uma urgência dolorosa: "Nunca mais a guerra!". Como rasgar os caminhos da paz e ensinar a humanidade a ver no abraço o gesto abençoado que brota da felicidade e exorciza os maus gênios da agressividade?

Esses dois eventos, como duplo facho de luz, apontavam para a dupla vertente da ascensão humana: a espiritualidade e a cultura. Unidas, elas dão à história sua qualidade propriamente humana, dela fazendo um tecido de verdade, de liberdade, de justiça, de solidariedade. São os quatro valores que o Papa João XXIII indicava para a plena realização da aventura humana em sua dimensão objetiva de civilização e em sua animação interior, subjetiva de consciência cívica e ética.

A Declaração Universal dos Direitos Humanos de 1948 é o primeiro grande encontro da humanidade consigo mesma. Encontro nas profundezas e ao mesmo tempo nas alturas, pois a humanidade se vê no melhor dela mesma.

Desenvolvendo a mensagem evangélica não como um sistema de ortodoxia ou como um código de preceitos e interditos, o Vaticano II se empenhou em ir ao coração, ao que há de mais próprio e profundo no ensino e no exemplo de Jesus. "Sede perfeitos como vosso Pai celeste é perfeito." Declarando que vem inaugurar um "culto em espírito e em verdade" ao Deus Amor, ele proclama que não se trata de fundar mais uma instituição religiosa do feitio que se vê em Garizim ou em Jerusalém. O projeto de Cristo é lançar uma comunidade de um amor profundo e realista, de um movimento de união e conformidade a Deus, que se revela como o Amor eterno e universal. Soprando sobre sua comunidade, como Deus soprara sobre sua obra-prima dando-lhe participação em sua vida, Cristo dá aos seus o Espírito de verdade, de liberdade, de amor e de santidade.

Renovar a Igreja à luz do Evangelho para que ela entre e ajude a entrar em um diálogo sem fronteiras

O Vaticano II surge como um grande acontecimento histórico, porque começa fazendo uma nova leitura da história e propondo uma nova visão do presente e do futuro.

O paradoxo vem logo no seu início. É um papa ancião que levanta para o mundo a bandeira da Igreja do sorriso. E declara, para começo de conversa, que é preciso renovar, pôr em dia e fazer uma Igreja bonita, toda limpa e livre do egocentrismo clerical.

Não há motivo de estranheza. Em seu corpo um tanto pesado e em sua fisionomia levemente maltratada pelo tempo, o velho papa tinha qualquer coisa de um meio risonho Papai Noel. Em cada dobra de seu hábito branco, o hábito branco que os sumos pontífices ostentam desde o dominicano São Pio V, agora João XXIII trazia tesouros de experiências e de histórias de renovação.

Em toda a sua vida, sempre sonhou e às vezes buscou renovar a Igreja. Como jovem padre em Bérgamo, como núncio apostólico, como arcebispo patriarca de Veneza, tentava umas proezas no plano de contato com o povo e alguma iniciativa social. Não ia muito longe no tempo e no espaço. Do alto lhe intimavam que se conformasse com os costumes que são os pronomes da sagrada tradição. Agora, todo vestido de branco e não tendo superior acima de si, declara com simplicidade e humor: "Bem parece que Deus quer que eu passe para a Igreja minhas ideias e meus sonhos".

Na verdade, o caso dele era bem típico de muitos pastores da Igreja. Traziam dentro de si tanta intuição, tanto projeto, tanta sugestão, mas não tinham uma instância de encontro e de diálogo para se confidenciarem e juntos debaterem essas riquezas interiores. João XXIII começou a abrir seu coração, em termos sugestivos de *aggiornamento*, de propósitos de limpar e ornar a casa para convidar a todos, e poder contar com a alegre acolhida de todos.

Acabaram revirando a mesa dos concílios

Pois foi aí que o bom Papa João e os bispos com ele reviraram a mesa do Concílio. Não mudaram um concílio. Mudaram o jeito de fazer concílio. Todos os outros concílios anteriores, de Niceia ao Vaticano I, tiveram adversários. Inimigos da ortodoxia pregada e estabelecida pela cristandade, quadrilhas de hereges, de apóstatas, com seus cúmplices e aliados, chegavam até a pretender abater o altar e o Trono. O que nós estamos comemorando, o grande evento de há cinquenta anos, é que o Concílio revirou tudo isso. Largou essas ideias, mentalidades e ideologias.

Há tanta divisão no mundo. As religiões entram nessa barafunda. Dividem-se e semeiam divisões. E sacralizam seus ímpetos de agressividade. Invocando o nome de Deus, chegam a dizer: "Vamos acabar com os nossos inimigos. Pois são os inimigos de Deus". Alargando a interrogação do Apóstolo Paulo, seria o caso de manifestar a estranheza geral. Deus estaria dividido: seria fonte de divisão?

Está aí a suprema originalidade do Concílio Vaticano II. Passou da terrível estranha interrogação à resposta tranquila da sabedoria salvadora. Que se olhe de qualquer lugar na terra, na história, na cultura: Deus é o Amor Universal. Vamos começar a ver a Igreja à luz do amor. E tudo fazer para que ela seja o "sacramento", quer dizer, a bandeira bem visível e o instrumento eficaz da reconciliação universal. Nela esteja a forte e suave energia do amor abrindo a conversa e os estilos de vida entre todos os fiéis de Deus. É claro que virar a mesa imensa dos concílios não foi nada fácil.

No dia 11 de outubro de 1962, lá estavam reunidos, na Basílica de São Pedro, uns dois mil e quinhentos bispos, vindos do mundo inteiro. Estavam encantados com a mensagem do jovem papa ancião falando de renovar, de abrir portas e janelas, de limpar, arejar e ornar a casa. Mas esse momento, digamos profético, tinha, atrás de si, umas dezenas de séculos que souberam fazer concílios, mas um bocado diferentes. Mais ainda, em torno do papa havia sua Cúria, que tinha herdado e aprimorado a técnica de fazer assembleias, sínodos e concílios. Era só deixar com ela, e saberia modelar o Vaticano II, na continuidade e total conformidade com o último Concílio interrompido à força em 1870.

Nessa hora aconteceu o evento que estamos comemorando. Na agitada e rude segunda metade de novembro de 1962, os bispos apoiados pelo velho papa sorridente tomam a decisão única na história. Haverá um concílio verdadeiramente novo. Pois os padres conciliares pegam e jogam na lixeira as antigas controvérsias e polêmicas, todos os velhos ressentimentos, e optam pela novidade de amar, de acolher e escutar o outro.

Haja diálogo. O diálogo não é a solução dada assim de mão beijada. Mas é o único caminho das boas soluções, não impostas ou comandadas. Mas buscadas na liberdade, na parceria, na mútua estima e escuta. Contra aqueles que se idolatram entronizando-se como donos da verdade, Tomás de Aquino lembrava uma venerável sentença patrística: a verdade proferida por quem quer que seja vem do Espírito Santo.

Alguns levantavam a voz, apontando o terrível pluralismo de hoje, esse matagal do vale-tudo, e reclamavam: "Vamos anatematizar esses erros e errados". O Vaticano II responde, tranquilo. Ninguém está total e irremediavelmente errado. É a hora de dialogar, para o bem de todos, a começar para o bem da Igreja. Ela não recebeu a incumbência de condenar. Mas de anunciar na liberdade os caminhos do amor a serem acolhidos e seguidos livremente.

Os documentos dentro do processo histórico do Concílio

Para bem comemorar o evento que marcou e até revirou a história, será preciso reler esse passado como se contempla o São Francisco, o Tocantins, o Araguaia, levando em seu bojo aquela correnteza de esperanças. E tentar fazer os tipos certos de leitura que Paulo Freire recomendava para não cair no analfabetismo cultural, civil ou religioso. Como o Vaticano II é o grande evento da Igreja e do mundo neste imenso descampado da Modernidade semiglobalizada, convém ler sua mensagem, folhear seus dezesseis documentos dentro do processo histórico em que o acontecimento se desenrolou. E mais, é necessário atender bem às etapas e aos feitos que o precederam e até prepararam.

Bem mais do que os textos similares dos outros concílios, a mensagem do Vaticano II deve ser lida no contexto e no confronto dos textos e do quadro vivo em que surgem. Não se trata tanto de elucidar palavras e conceitos pela comparação com outros termos ou circunstâncias do ambiente conciliar. Sempre se há de ter em conta essas regras elementares de hermenêutica. A novidade de leitura exigida pela novidade da escrita conciliar é que tudo foi pensado, discutido, debatido no conjunto e ponto por ponto, sempre na perspectiva da vida, da realidade histórica, sobretudo da situação da Igreja e do mundo. E o Concílio visava juntar Igreja e mundo em um confronto pacífico, e chegar, se possível, a tornar viável uma atitude de entendimento e de ajuda mútua.

Em virtude de uma decisão inicial, o Vaticano II não pretende reiterar o ensino tradicional, solene ou ordinário da Igreja. Suas opções e posições são marcadas por certo empenho de renovar e mesmo de inovar. Elas vão sempre de encontro a práticas e opiniões tidas por autorizadas e defendidas por alguns, mestres de burocracia ou aristocracia dentro da Igreja hierárquica. São excelências e eminências que não devem ser tratadas como adversários. Sustentando uma doutrina, certo paradigma de compreensão da fé, da Igreja ou do mundo, esses partidários de um voto hoje vencido não devem ter-se ou ser tidos por vencidos. Contribuíram e muito para a boa qualidade do trabalho e dos textos que dele resultaram. O Concílio triunfou porque não seguiu as trilhas da concorrência e da rivalidade.

Para comemorar com proveito e celebrar como merece esse evento, que é, antes de tudo, um feixe de esperanças, é necessário tomar nosso lugar bem perto dos padres conciliares. É indispensável passar pela conversão que eles viveram, confraternizando-se na fé e no dom de si mesmos na docilidade ao Espírito Santo, acolhendo todas as formas e fiapos de verdade que vinham dele, passando pelos parceiros.

O Vaticano II se resume nesta sua grande e constante mensagem: Deus, Amor Universal, não pode, não deve ser fonte ou mesmo ocasião de desentendimento, de desunião, mas de compreensão, de solidariedade e de paz. Os bispos não trouxeram uma ideia preconcebida, menos ainda um modelo pré-fabricado de Concílio. Logo de início se verá que eles rejeitam os moldes preparados pela

Comissão preparatória, a cargo da Cúria Romana e por ela plasmados no estilo dos concílios anteriores. Aos quais acrescentava mais empenho de definir dogmas e condenar heresias.

Após a rejeição desses projetos a eles distribuídos, no momento da abertura da assembleia conciliar, os dois mil e quatrocentos prelados acabaram por precisar, com a desejável nitidez, seus objetivos, seu paradigma de Concílio em sintonia com os sonhos do Papa João XXIII. Este propunha que se realizasse o *aggiornamento* da Igreja, abrindo-a ao diálogo, ao ecumenismo, a um tipo de presença simpática ao mundo moderno.

Compreender a marcha do Concílio, suas opções, sua escolha de assumir e elaborar tal tema, exige um confronto nem sempre fácil. É preciso verificar o quanto e como a decisão conciliar se conforma à opção fundadora de renovar e inovar para tender ao *aggiornamento* evangélico programado, decifrando o porquê da atitude de uma minoria contrária a essa marcha de renovação. A hermenêutica dos documentos pede que sejam situados e apreciados em seu teor e em sua estrutura, mas igualmente que os textos sejam inseridos em seu contexto próprio, no processo histórico do imenso e complexo Vaticano II.

Modelo hermenêutico apropriado

O modelo hermenêutico aqui seguido e proposto decorre desse empenho de alcançar e conjugar o conteúdo dos documentos com o feixe de fatores de influências, de reações das várias correntes, sobretudo de concepções diferentes de Igreja e de caminhos que ela deve hoje seguir. Despertado por um punhado de líderes, tendo à frente uma dezena de cardeais, no fim de sua primeira Sessão, em novembro de 1962, o Concílio tem a consciência de ter encontrado seu rumo, determinando a Igreja como seu objetivo e seu tema central a elucidar e a tornar crível e acolhida.

Mais ainda: ele considera e quer moldar a imagem da Igreja dentro de um paradigma que retome de fato e exprima com exatidão as aspirações de João XXIII. Em seu aspecto negativo, esse paradigma rejeita o paradigma dos documentos preparados antes do Concílio sob os cuidados da Cúria Romana. O Vaticano II não visará a Igreja como uma sociedade religiosa em oposição a outras confissões religiosas e em conflito com a Modernidade.

Sob o aspecto positivo, ele concentrará seus esforços para fazer emergir o conceito de uma Igreja comunhão, realizando na história o "mistério" de uma semelhança e de uma união com Deus, contemplado como amor infinito e universal, tudo produzindo e conduzindo pelos caminhos do amor. O que vai significar para o Concílio trilhar as veredas deste amor, isto é, aceitação da liberdade, do respeito do outro, do diálogo, da parceria com todos os que tendem à busca da Verdade e à construção de um mundo humano, justo, livre e solidário?

O princípio inspirador e orientador da hermenêutica conciliar será essa atitude abrangente de ver, analisar projetos e resultados, situando-os nesse processo histórico tão amplo, tão rico, mas que se há de comprimir dentro da torrente que é o desenrolar do Concílio em suas quatro Sessões. É preciso ter em conta os fecundos intervalos entre as Sessões, a marcha serena das assembleias plenárias, o jogo das Comissões, Subcomissões e grupos de lideranças. A atenção será sempre necessária para discernir causas e efeitos, protagonistas influentes e elementos menos ativos ou carecendo ser ativados.

Assim se poderá ver surgir da marcha progressiva das quatro Sessões os dezesseis documentos conciliares: quatro constituições, nove decretos e três declarações. No centro está uma eclesiologia renovada, sob certos aspectos, completamente nova, elaborada e exposta nas quatro constituições. A constituição votada quando o Concílio atingiu sua plena maturidade, a constituição sobre a natureza e a constituição da Igreja, *Lumen Gentium*, emerge como a matriz da maioria dos documentos, sobretudo daqueles que manifestam a originalidade singular, renovadora ou inovadora do Concílio.

Seguindo o processo histórico, nossa reflexão neste livro estudará por ordem cronológica as quatro constituições. Em seguida, também por ordem cronológica, os diferentes documentos, decretos e declarações, articulando-os em relação com os temas centrais da eclesiologia exposta nas constituições, sobretudo na constituição primordial em importância, a *Lumen Gentium*. A intenção primordial, anunciada e realizada pelo Concílio, é atualizar a Igreja, confrontando-a com o ideal evangélico e com as exigências de sua presença no mundo, indicando o que é preciso renovar ou inovar. Procuraremos manter a fidelidade a essa linha conciliar, privilegiando o que manifesta essa intenção e essa marcha do *aggiornamento*.

Não se pode nivelar os textos, mas cumpre guardar-lhes o relevo acidentado, ao mesmo tempo que sua conexão bem articulada. O que significa ter sempre o empenho de destacar seus paradigmas originais e suas aplicações aos diversos temas e problemas que a Igreja se vê chamada a enfrentar. Há mesmo uma hierarquia de conteúdo e de influência entre os paradigmas.

Todo o percurso da reflexão, das análises e apreciações tende a manifestar a primazia do paradigma fundador e inspirador do Concílio, opção que ele faz não de uma compreensão eclesiocêntrica, mas teocêntrica de todo o seu projeto global. Nossa leitura do Vaticano II se encerrará com esse empenho de elucidar sua motivação e seu trabalho imenso de reconduzir a Igreja ao Evangelho, à luz do Amor Universal, que é Deus Criador, sempre presente e ativo de maneira diferente, mas real, no universo das coisas, mas especialmente no universo e na história da humanidade.

O tempo ajuda a ter uma melhor apreciação e a apagar, ou ao menos atenuar, incompreensões. Após cinquenta anos, a Igreja e o mundo podem ter aquela distância e aquela paz para compreender esse maravilhoso carisma comunitário que foi o Vaticano II, com sua originalidade surpreendente de apostar e levar a Igreja a apostar no Amor Universal.

2
Revolução espiritual e cultural do Vaticano II: Projeto de uma Igreja que não se quer eclesiocêntrica, mas de todo teocêntrica, buscando parceria com a humanidade em marcha

O Vaticano II não apresenta apenas um feixe de originalidades. Em si mesmo, em suas orientações e opções de base, sobretudo em seu processo histórico, todo o último Concílio se caracteriza por sua singularidade absoluta, a serviço da criatividade.

Uma verdadeira singularidade

Singularidade tem aqui seu sentido pleno de originalidade total e exclusiva. Ela se mostra tanto na elaboração dos paradigmas teológicos de compreensão e definição da Igreja como na escolha e disposição de modelos práticos, operacionais, seja de reforma e renovação, seja de inovação da Igreja, considerada em si ou em sua relação com Deus e com a humanidade.

- A singularidade do Concílio Vaticano II já se manifesta em um rápido confronto com os concílios anteriores.
- Mas em si mesma, ela resplandece primeiro na consideração do processo histórico, da experiência de

relações e de convivência, que se inaugura com a convocação, a preparação e o decorrer do Concílio.

- Essa originalidade intensa e dinâmica, em contraste com o imobilismo do Vaticano I, se confirma na análise do teor e conteúdo dos textos, nos quais se verifica a qualidade excepcional dos paradigmas teológicos, eclesiológicos, éticos e pastorais que eles propõem.
- Outro dado da maior importância vem a ser o novo modelo de presença e relação da Igreja com o mundo. Seu duplo objetivo, religioso ou profano, se distingue, mas se articula e harmoniza na referência com o bem comum, com a busca de felicidade e autenticidade para a humanidade.

Cada um desses pontos merece uma ligeira consideração.

Fora de toda concorrência, rápido confronto com os concílios precedentes

A comparação do Vaticano II com todos os vinte concílios precedentes foi logo esboçada por Paulo VI na sua alocução de encerramento do Concílio no dia 8 de dezembro de 1965:

> O Concílio Ecumênico Vaticano II [...] foi o maior concílio pelo número de padres, vindos de todas as partes da terra, mesmo daquelas onde só há pouco foi constituída a hierarquia; foi o mais rico pelos temas que, durante quatro sessões, foram tratados com empenho e perfeição. Foi o mais oportuno, enfim, porque, tendo em conta as exigências dos nossos dias, atendeu, sobretudo, às necessidades pastorais; e, alimentando a chama da caridade, esforçou-se muito para atingir com afeto fraterno não só

os cristãos ainda separados da comunhão da Sé Apostólica, mas também toda família humana.[1]

Com um belo testemunho, Bento XVI comemorava os quarenta anos do encerramento do Concílio destacando, de modo original, a razão da primazia do Vaticano II. O papa atual põe em relevo a singularidade do Vaticano II, apontando a raiz da diferença que enaltece esse Concílio:

> O Concílio Vaticano II devia expressar-se acerca dos componentes institucionais da Igreja: sobre os bispos e sobre o pontífice, sobre os sacerdotes, os leigos e os religiosos na sua comunhão e nos seus relacionamentos; devia descrever a Igreja a caminho, "contendo pecadores no seu próprio seio, (é) simultaneamente santa e sempre necessitada de purificação..." (*Lumen Gentium*, n. 8). Mas esta dimensão "petrina" da Igreja está incluída no aspecto "mariano". Em Maria, a Imaculada, encontramos a essência da Igreja de modo não deformado.[2]

O papa prossegue mostrando esse ideal de santidade realizado em Maria. O que nos interessa é que, para Bento XVI, "esse ideal de amor e santidade anima e caracteriza o Vaticano II. Ele é antes marial do que petrino". Apoia-se não na força do poder, mas do amor. Não há nos textos conciliares uma menção ou evocação de termos afetivos. A originalidade está em fazer do amor o critério efetivo e imediato do processo conciliar e da elaboração das doutrinas. Há discussões leais em um feitio objetivo. Não há adversários dentro, nem fora da assembleia.

---

[1] Cf. Paulo VI, alocução de encerramento do Concílio Vaticano II. Essa alocução se encontra nas diferentes edições das obras conciliares.
[2] Cf. Bento XVI, homilia pronunciada na comemoração dos 40 anos do Concílio Vaticano II.

No desdobrar do processo histórico do Vaticano II será sempre significativo o confronto com outros concílios eclesiológicos (IV Concílio de Latrão, Trento, Vaticano I), cujos critérios, sem negar o amor, são primordialmente polêmicos, imediatamente eclesiocêntricos, visando defender a Igreja tal como existe em sua unidade complexa. Ela se manifesta na história como sociedade religiosa, como comunhão divina, e até os fins do século XIX ela se identifica com um Estado político, em tudo semelhante a reinos e impérios ou principados que a cercam. Os vinte concílios anteriores sofrem sempre uma influência, por vezes negativa, dos soberanos cristãos que se sentiam concernidos pelas atividades e decisões conciliares. No Vaticano II resplandecem a total autonomia e a plena identidade da Igreja de Cristo.

Singularidade do Vaticano II, considerado em seu processo histórico

O Vaticano II surge como um carisma comunitário, preparado por um feixe de carismas. E bem se pode ajuntar que sua recepção continua e deve acentuar cada vez mais essa característica fecunda de almejar e cultivar a docilidade aos carismas do Espírito de Amor nos corações e na vida das comunidades.

Há uma surpresa na convocação inesperada que fez o velho João XXIII com o fito de renovar a Igreja. Mas hoje se vê bem que ele vinha sendo preparado no seu íntimo e no contato com figuras renovadoras, desde suas aventuras apostólicas de jovem padre até movimentos renovadores, até o surto e as crises dos fins do pontificado de Pio XII. Na verdade, poder-se-ia dizer algo de semelhante dos bispos que serão os líderes e orientadores do Concílio no sentido das aspirações do papa do *aggiornamento*.

É o que Dom Helder proclamará uma dúzia de anos após a conclusão do Vaticano II, dando alguns exemplos das atividades e grupos que, sem saber, o tinham preparado:

> Hoje, é fácil ver como o Espírito de Deus, por meio de Movimentos como o Movimento Bíblico, o Movimento Litúrgico e, sobretudo, a Ação Católica (Geral e depois Especializada), preparou o Concílio Ecumênico Vaticano II, completado, para os latino-americanos, pela Assembleia Latino-Americana de Bispos, em Medellín. O Espírito de Deus queria conduzir-nos à vivência da Colegialidade e da Corresponsabilidade de todo o Povo de Deus.[3]

Primeira inspiração do Concílio: dar a palavra à Igreja

Em sua caminhada como pastor e em meio a seus trabalhos um tanto penosos na carreira diplomática, como núncio apostólico, João XXIII foi fazendo experiência das fragilidades e falhas de individualismo eclesiástico concentrador de poderes. E foi descobrindo a fecundidade da colegialidade, sob a forma concreta de sínodos ou concílios. Como patriarca de Veneza, toma melhor conhecimento dos sínodos que haviam constituído um dos segredos dos êxitos apostólicos de São Carlos Borromeu, seu predecessor dos tempos do Concílio de Trento. Logo no início de suas atividades, o patriarca, Cardeal Roncalli, celebra um

---

[3] Cf. Dom Helder Câmara, "A CNBB nasceu assim", artigo publicado em 1972, retomado em "Presença Pública da Igreja no Brasil" – Jubileu de Ouro da CNBB. São Paulo: Paulinas. 2003.

sínodo em sua arquidiocese. E constata os bons resultados confirmados pela satisfação do seu clero.

Então, uns três meses apenas como sumo pontífice, diante da imensidade quase infinita dos problemas da "urbe" e do "orbe", descobre que o sínodo diocesano e o Concílio ecumênico seriam as formas apropriadas de colegialidade para enfrentar esses desafios sem fronteiras nem limites. O maior empenho do papa será dar a palavra à Igreja, para que ela, em diálogo e em comunhão, encontre os caminhos para sua reforma adequada e eficaz. Quer criar condições para esse diálogo geral e bem organizado, capaz de assegurar a todos a participação em um movimento de *aggiornamento*, de fidelidade dinâmica, progressiva, da comunidade eclesial e mesmo da humanidade, em busca da compreensão e da prática dos valores humanos e evangélicos. O bom caminho não será apenas manter a ordem, consolidar a vigilância sobre as doutrinas e práticas na Igreja. Mas sim criar espaços, instâncias e instrumentos de um diálogo confiante, bem preparado, progressivo e bem organizado.

Três projetos de *aggiornamento*, três desfechos diferentes

É oportuno lembrar os três projetos de *aggiornamento* propostos inicialmente por João XXIII. Um sínodo para a Igreja em Roma, o Concílio para toda a Igreja Católica em atitude de abertura a todos os cristãos e ao mundo inteiro e a elaboração de um novo Direito Canônico.

O sínodo romano se realizou logo já em 1959, pois o papa contava com a Cúria Romana, que tudo planejou e fez à sua maneira tradicional e autoritária, tecendo e estendendo como que uma rede de preceitos e interditos. O Concílio, como se verá, começará por uma crise entre a inspiração inovadora e renovadora que os bispos recebem do papa e a pretensão da Cúria – aliás, abonada pelo próprio papa –, a qual pretendeu preparar o Concílio e dar-lhe rápido acabamento no sentido mais tradicional e mesmo reacionário. O novo Código de Direito Canônico só será promulgado por João Paulo II em 1982. É uma amostra de que e como a Igreja pós-conciliar acolheu e aplicou o Vaticano II.

Com quem podia contar o generoso e corajoso idealista João XXIII?

Antes de mais ninguém, tinha que recorrer à Cúria Romana. Para a preparação e a orientação intelectual da assembleia conciliar, desde tempos imemoriais, o soberano pontífice só tem à sua disposição o que foi outrora a sua corte e agora vem a ser um conjunto de dicastérios, o que corresponderia aos ministérios de um presidente. Mas se trata de um feixe de organismos, marcados por longa tradição, mais consciente da necessidade de manter a ordem, sem qualquer predisposição para mudanças na organização e mesmo no estilo de governo. No começo de um pontificado, é normal que a estrutura, grandemente medieval, espere que Sua Santidade saiba homologar uma Cúria que sempre funcionou a contento de mais de duas centenas de seus predecessores.

- Depois, uma vez convocado e reunido o Concílio, o bom Papa João XXIII haveria de contar com os bispos todos da Igreja Católica, a quem confiaria os resultados do trabalho preparatório da Cúria.

- Os fiéis, no seu conjunto, não estavam organizados para ser ouvidos de maneira ampla e eficaz.
- Contribuição valiosa, segundo a experiência dos concílios precedentes, era a contribuição que se poderia esperar dos teólogos, das faculdades, universidades e outras instituições culturais católicas.
- Mais ainda, eram da maior importância os movimentos, as comunidades religiosas e populares, com seus líderes trabalhando, batalhando ou pelos menos suspirando por uma renovação da Igreja e, como se dizia então, por "um mundo melhor".
- No sentido almejado pelo papa de buscar a união dos cristãos e mesmo dos crentes em geral, vinham surgindo atividades, encontros e grupos ecumênicos tolerados, se não respaldados, pelas autoridades eclesiásticas das várias denominações religiosas.

O empenho do papa é estimular todas as forças, sem anular nenhuma. Fora do diálogo não há salvação. A etapa pós-conciliar terá dificuldade de seguir essa lição.

Datas e dados mais significativos

Vamos lançar um primeiro olhar sobre a preparação, a convocação e a marcha do Vaticano II, o que corresponde à mobilização e ao desempenho desses diferentes elementos e à interação um tanto imprevisível, dada a sua heterogeneidade e certa falta de contato anterior.

Um anúncio surpreendente

Em 25 de janeiro de 1959, três meses após sua ascensão ao trono pontifício, João XXIII surpreendia a Igreja e o mundo anunciando um novo Concílio. Surpreendia pelo fato, pelo conteúdo e pela motivação do anúncio, sem falar da idade de quem o propunha. João XXIII imprimia, no entanto, a sua marca até nos pormenores bem escolhidos. Ele faz seu anúncio na festa e na basílica do Apóstolo Paulo. E se declara o primeiro surpreendido por essa inspiração que lhe veio irresistível, assim, meio de repente. Aos poucos, irá confiando que atribuía mesmo ao Espírito Santo a sua ideia, a sua proposta, e que contava mesmo é com sua ajuda divina para enfrentar e vencer as dificuldades.

O ano de 1959 resplandece, portanto, como a linda primavera em que o bom papa João XXIII vai desdobrando o seu projeto. No dia 29 de janeiro, ele dá uma primeira ideia da dimensão ecumênica do Concílio. E pede o parecer de alguns cardeais, que, naturalmente, só poderiam estar de acordo, vendo que o Santo Padre já havia soltado os primeiros fogos anunciando o evento. Este vai tomando vulto, mas só nas palavras do papa. No dia 27 de abril, ele convida e incita os católicos a rezar pelo Concílio.

A prévia consulta geral. Formam-se Comissões pré-conciliares

O primeiro ato no sentido da preparação da futura assembleia tem a data significativa de Pentecostes, 27 de maio. João XXIII determina uma consulta geral do episcopado e das universidades e instituições de estudos, a qual será feita pela Cúria Romana. Note-se o risco de ambiguidade: todos são consultados, mas pela Cúria, que conduzirá e organizará essa delicada operação. Aliás, uma consulta, em si, não tem o valor de um ato colegial. Ela pode ou não inaugurar esse processo de bons contatos e de comunhão em busca do aprimoramento da comunidade eclesial.

A preparação toma corpo. São constituídos e começam a trabalhar as Comissões e Secretariados para preparar os projetos a serem submetidos ao Concílio. É a primeira etapa, bastante longa: 1960–(1º semestre) 1962.

Note-se a preponderância inicial da Cúria Romana, especialmente do Santo Ofício, sob a égide do Cardeal Ottaviani. Convém ainda atender ao caráter subalterno dos Secretariados, em relação às Comissões, sobretudo à Comissão da Doutrina. Os Secretariados terão, no entanto, uma função decisiva, pois eles prolongam certos grupos renovadores que colaboravam para iniciativas de Pio XII em assuntos ecumênicos, litúrgicos, bíblicos, que ajudaram a primeira abertura de janelas do próprio do Concílio. Aqui se revela discretamente a sabedoria de João XXIII, que saberá apelar para o Cardeal Bea (do ecumenismo) para se contrapor jeitosamente a Ottaviani, empenhado na caça eficaz de heresias e hereges.

No dia 11 de setembro de 1962, no seu jeito sempre caloroso, João XXIII dá uma espécie de balanço, lançando uma mensagem ao mundo sobre a preparação e as esperanças despertadas pelo anúncio e pelo andamento do Concílio. Ele põe em relevo o trabalho já executado pela Cúria, que também já cumprira a tarefa da realização do sínodo da Diocese de Roma. Essa alocução é importante, porque dá a conhecer o estado de ânimo do papa um mês antes da abertura do Concílio.

Ele tem em mãos, ou melhor, diante dos pés, milhares de páginas contendo os anteprojetos elaborados pelas Comissões pré-conciliares, enaltece o trabalho que sem dúvida lhe foi explicado pelos protagonistas desse labor preparatório. Nem se pense que Sua Santidade tenha lido esses calhamaços. Faz confiança, esses anteprojetos serão sujeitos a discussão, mas devem ser, sem dúvida, uma primeira expressão objetiva dos seus votos e sugestões. Para isso, o secretário do Concílio, Cardeal Péricles Felici, já tem tudo preparado para distribuir os amplos e bem documentados trabalhos da Comissão a cada um dos padres conciliares.

Assim, um mês antes de começar, o jogo parece ganho de antemão pelo papa e pela Cúria. O papa vê feliz e agradecido seus sonhos quase realizados, como o semeador que antevê jubiloso a colheita prenunciada na sementeira abundante a seus pés. E a Cúria, livre dos primeiros temores, exulta bem segura do resultado que soube assegurar para o Concílio. E mais ainda: este será de pouca duração, perturbará bem pouco o governo ordinário da Santa Igreja. Pois o trabalho está feito, e bem feito, pelo menos por uns três quartos do que se terá de fazer. Ainda bem que o jogo não está feito. E desperta um interesse enorme, pois em meio ao júbilo compartilhado pelo pontífice e seus auxiliares qualificados se escondem feixes de equívocos, exigindo jogadas hábeis e audaciosas para o primeiro tempo do jogo conciliar.

A alocução de abertura. O programa do papa diretamente proposto aos bispos: 11 de outubro de 1962

Vamos acompanhar o desempenho de todos os parceiros, cada um com suas qualidades e seus limites, mas quem vencerá será a Igreja, que de fato tomará a palavra pela boca de seus líderes vindos da base. Propõe e faz aceitar a verdadeira estratégia, que desfaz equívocos e imposições antecipadas de opiniões particulares, instaurando o diálogo franco, aberto, fraterno, caminho lento, mas autêntico e único eficaz para chegar à reconciliação e à comunhão colegial.

Quem começa nesse tom, na sua missão e seu jeito de semear esperança, é João XXIII, falando com visível agrado aos bispos na primeira assembleia geral de abertura. Com nitidez e com muita fineza põe em relevo a novidade do projeto conciliar: a plena renovação evangélica da Igreja, a busca de união ecumênica e a abertura da Igreja ao mundo, propondo não a condenação de erros, mas a exposição afirmativa e construtiva da verdade.

O sonho do papa comprometido pelo jogo da burocracia

Para os bispos, era um encantamento ouvir e contemplar o jorro da esperança brotando dos lábios do pontífice ancião. Ele é sempre o mesmo. Fala neste momento solene como sempre fala do Concílio, com otimismo e até com entusiasmo. Mas acabado o discurso, também se acabou a festa. Como esse pontífice da esperança entrega, ao mesmo tempo, a preparação de seu sonho à Cúria Romana, tendo à frente a Congregação do Santo Ofício (hoje rejuvenescida sob o nome de Congregação para a Doutrina da Fé)? Eram os primeiros comentários dos que haviam folheado os anteprojetos distribuídos pelo secretário Felici.

O papa não era ingênuo. Confiando em Deus e na capacidade de diálogo da Igreja, João XXIII não via outro caminho senão entregar ao reduto mais conservador da conservadora Cúria Romana a missão de preparar e pôr em marcha o Segundo Concílio do Vaticano. Tinha, sem dúvida, contado com o espírito de obediência dos responsáveis pela execução da consulta geral aos bispos e da elaboração dos projetos a serem distribuídos aos padres conciliares. Enganou-se, decerto, sobre o real conteúdo dos anteprojetos preparados.

Na abertura do Concílio, ele tem conhecimento do que se passou. A consulta ao episcopado foi efetuada, analisada e codificada por comissões escolhidas e norteadas pelo Santo Ofício. A partir das respostas dos bispos, sempre convenientemente interpretadas por teólogos e outros oficiais da Cúria, foram elaborados nada menos que setenta e um projetos pré-conciliares. Segundo seus diligentes autores, careciam apenas de passar por uma ligeira discussão para serem aprovados solenemente pelo Concílio. Os tais projetos visavam simplesmente condensar e homologar a ortodoxia católica e condenar os erros modernos, na linha do *Silabo* e das encíclicas de Pio IX, continuadas em parte por pronunciamentos de Pio X e de Pio XII.

O Concílio, de início, vai enfrentar a maior das crises. Que Concílio vamos fazer? A questão tomou conta da assembleia.

O Concílio de João XXIII recuperado pela audaciosa sabedoria dos bispos

As discussões começam partindo sempre dos anteprojetos preparatórios, os quais não parecem em sintonia com os propósitos e as palavras do papa.

E não oferecem qualquer base para esclarecer a renovação evangélica da Igreja, sua abertura ao diálogo ecumênico, menos ainda a qualquer atenção aos problemas humanos. No primeiro volume e nas primeiras páginas de seu *Diálogo conciliar*, o teólogo dominicano Yves Congar consigna sua decepção, e a de muitos bispos e teólogos.

Para ele, era a segunda decepção, pois tinha sido assessor da Comissão de Doutrina. Sob a orientação direta de Ottaviani tinha sido reduzido ao silêncio. Não seria mais certo fechar as malas e partir para casa? Essas discussões e esse clima perduraram durante a segunda metade de outubro até a primeira quinzena de novembro.

Mas a esperança ia abrindo caminho, pois havia troca leal de ideias, estabelecia-se ou se alargava o conhecimento mútuo. Finalmente, os debates se concentram na questão decisiva: há possibilidade de destacar e prolongar sugestões vindas dos anteprojetos fabricados pela Cúria? Ou se pode simplesmente deixar de lado esses documentos fora de propósito, embora distribuídos em nome do papa?

A grande virada aconteceu com o voto do dia 20 de novembro (de 1962). Os padres conciliares relegavam o mais típico dos projetos preparados sob a égide da Cúria, "Sobre as duas fontes da Revelação". O Concílio se encaminhava para sua autonomia, desfazendo-se das Comissões pré-conciliares, constituindo suas próprias Comissões e assumindo sua difícil e fecunda liberdade de movimentos. Essa derrubada dos "projetos" foi tanto mais significativa quanto contou com o apoio do próprio papa. Pois ele aprovou o voto da assembleia, cuja maioria absoluta rejeitava os anteprojetos, mas não contara com os dois terços dos votantes, exigida pelo regulamento conciliar.

Assim se configurava a verdadeira imagem do Concílio: o conjunto dos bispos com o papa à frente, recusando a velharia formalizada e se aventurando pelos caminhos da renovação da Igreja. Para a boa hermenêutica do Concílio, é indispensável ter sempre em conta essa dialética inicial, que diminuirá em seu rigor, porque muitos dos adversários da renovação mudaram de opinião com o decurso tranquilo do diálogo e dos contatos mais profundos com os verdadeiros problemas em questão, sempre graças ao diálogo, que é a forma despretensiosa e fecunda da comunhão e da colegialidade na Igreja.

Os protagonistas, líderes, grupos de ação, modelos parlamentares no sacrossanto Concílio

Com a primeira vitória decisiva sobre os projetos pré-fabricados, a I Sessão inaugurava a marcha do Concílio de forma cada vez mais colegial, multiplicando os encontros nas três futuras Sessões e, talvez mais ainda, nas etapas intermediárias. A busca de novos caminhos se ampliava e intensificava, ao passo que os conservadores davam mostras de já ter dado sua medida, não criavam mais, passando ao papel de "oposição", sem dúvida aguerrida, nos propósitos de frear e limitar os paradigmas inovadores. Sobretudo se engenhavam em introduzir nos textos a serem aprovados por unanimidade uns ganchos ou brechas que permitissem mais tarde atenuar, se não anular, a força transformadora do que ficou decidido.

Pois o Concílio devia e queria evitar o tipo de jogo parlamentar de uma maioria que se impõe a uma minoria. Apesar das diferenças, os padres conciliares acreditavam fraternizar na mesma fé e no mesmo amor à Igreja. Pelo diálogo respeitoso e leal, na base de argumentos, se haveria de chegar à unanimidade sempre desejada nos concílios ecumênicos.

A dinâmica conciliar ia sendo marcada e se tornando mais produtiva graças à emergência e à influência crescente de líderes que se afirmavam pelo diálogo, pela força tranquila das ideias, das informações e do contato com os movimentos do tipo das Comunidades Eclesiais de Base. Bispos e teólogos passavam a se estimar, a reconhecer a competência doutrinal dos diferentes assessores, mantida a missão, a autoridade de decisão que competia apenas aos padres conciliares. Muito importante, ao lado das Comissões e das Subcomissões, e a serviço delas, se formavam equipes de teólogos ou de bispos, ou, ainda, de teólogos e bispos, segundo os interesses e as especialidades de cada um. Sem forçar a nota, pode-se dizer que o Vaticano II foi para o mundo moderno um belo exemplo de parlamento democrático, racional, livre e responsável, contando com um bom reforço de animação evangélica.

Afrontavam-se dois paradigmas doutrinais e dois modelos de prática pastoral

Sem dúvida, todos se reconheciam mutuamente como católicos. Mas se opunham na interpretação do papel da Igreja diante do "mundo", diante da história, diante dos movimentos de revolução e emancipação, muito especialmente discordavam sobre a atitude da Igreja diante do social, da responsabilidade dos cristãos em se empenharem por uma sociedade justa e solidária. Aqui bate o ponto. No começo do Concílio, na fase de sua preparação, prevalece a tendência de definir dogmas em oposição ao erro, ao mal, de opor a Igreja às "falsas" reformas e revoluções que "abateram o trono e o altar". A primeira urgência seria proscrever as perversões e subversões de ontem e de hoje, afirmando-se a ortodoxia salvadora garantida pelo Magistério. Reformar a Igreja significaria garantir e consolidar essa posição rija e autoritária.

Ora, como se verá a seguir, a "Igreja do diálogo" – proclamada em boa hora por Paulo VI em sua primeira encíclica, *Ecclesiam Suam* – é a Igreja da verdade, que não se prevalece da imposição autoritária, mas confia na própria força da verdade, na energia que brota da mensagem evangélica do amor, crê na graça que trabalha os corações já antes da chegada da Igreja. Esta estima a inteligência e apela para a comunhão das inteligências na livre busca da verdade; tem uma fé viva e audaciosa na ação do Espírito de Verdade e de Amor no decorrer da história e no seio de todas as religiões e de todas as culturas humanas. A Igreja não se declara a única verdadeira excluindo todas as outras, mas proclama que recebeu o Dom do Espírito da Verdade. E, na gratidão e na docilidade a esse mesmo Espírito o reconhece, dá testemunho de sua presença fecunda em tudo o que é bom, justo, verdadeiro na diversidade prodigiosa e enriquecedora das religiões. Então, a Igreja de Cristo e do Espírito, a começar por si mesma, convida todas as entidades religiosas a desfazer-se da idolatria, das superstições, do egocentrismo pietista individual e corporativo para a conversão dos corações e a promoção da justiça nas sociedades.

As quatro Sessões e as Intersessões, de onde surgem os dezesseis documentos conciliares

Desse maravilhoso (e difícil) paradigma da Igreja da Verdade e do Amor, da comunhão e do diálogo, e, portanto, da reconciliação, não do "anátema", brotarão os dezesseis documentos conciliares, de modo progressivo nas três Sessões (de 1963, 1964 e 1965). Sobretudo nas duas últimas, que marcam a plena maturidade e a fecundidade doutrinal e espiritual do maior de todos os concílios.

O Vaticano II se realiza em quatro Sessões, de dois meses aproximadamente, de 11 de outubro de 1962 a 8 de dezembro de 1965. São os momentos fortes e densos de discussões que vão permitindo e intensificando o consenso, em uma assembleia que tem alguma semelhança com um parlamento moderno. Pois, guardando embora a forma tradicional, a "aula" conciliar, vê surgir as lideranças, e a marcha dos temas e debates, graças ao encontro de grupos e de líderes, reconhecendo o papel importante da forma organizada de participar assumida pelas Conferências Episcopais dos vários países ou regiões. Elas têm certa semelhança com os partidos nas modernas atividades parlamentares. Por ouro lado, a influência do papa é quase sempre discreta, mas se mostra decisiva em certos pontos importantes.

Outra decisão importante foi a de constituir Comissões conciliares, relegando as Comissões pré-conciliares, nas quais predominava a influência da Cúria. Essas Comissões conciliares trabalharam com plena liberdade nas Sessões e nas Intersessões, bem assessoradas por teólogos e peritos. O que contribuiu para a vitalidade, a lucidez do Concílio à escuta da Igreja, das comunidades eclesiais e de outros movimentos renovadores. Os conservadores se mostravam ativos, mas na recusa da renovação, sem ter o que apresentar de convincente nem contar com uma problemática coerente. A força deles estava em criticar as inovações e, mais tarde, depois do Concílio, tudo farão para impedir a aceleração na prática renovadora do Concílio.

As Intersessões constituem uma instância não oficial, mas da maior importância para a vitalidade e orientação efetiva do Vaticano II.

Surgimento e ordem cronológica dos documentos

Para boa compreensão do Concílio, é necessário reconhecer a autonomia doutrinal de cada documento. Mas igualmente é preciso bem ponderar seu entrelaçamento, bem como a dependência de alguns em relação a documentos de base, cujos elementos são retomados e expostos de forma ordenada e mais minuciosa. É o que se verá ao abordar a predominância das quatro constituições, e mais ainda da constituição sobre a Igreja *Lumen Gentium*.

Mas essa primeira visão comparativa dos documentos revela um dado da maior importância. Em seu surgimento inicial e progressivo, os dezesseis documentos conciliares constituem como que um ângulo que se abre de forma sempre mais rápida, alargando-se segundo o ritmo crescente dos trabalhos e do entendimento mútuo dentro do Concílio. Os padres conciliares vão como que aprendendo em uma convivência colegial, grandemente progressiva, e colegialmente ganham facilidade de produzir uma mensagem, fruto de um consenso mais claro e mais firme.

Assim, na I Sessão, de 11 de outubro a 8 de dezembro de 1962, o Concílio não chegou a produzir nenhum documento. Mas os bispos líderes se encontram e tecem a maneira de atuar no sentido da autonomia do Concílio. Sobretudo, já ficou assinalado, a data de 20 de novembro emerge e reluz com a decisão fundadora e libertadora do Vaticano II. O momento inicial de incerteza, quase de desesperança, foi superado. Os bispos passam a se entender melhor, reconhecem a importância dos teólogos vindos de fora de Roma, bem como a necessidade de levar em conta as contribuições dos leigos, dos movimentos renovadores na Igreja e mesmo das sugestões dos observadores não católicos. Que se pense em Karl Barth ou Oscar Culmann, por exemplo.

A II Sessão, de 29 de setembro a 4 de dezembro de 1963, não sem dificuldades, chega a promulgar dois documentos: a constituição sobre a Liturgia e o decreto sobre os Meios de Comunicação Social, precisamente no dia 4 de dezembro de 1963. Antecipando o que se dirá a partir dos capítulos seguintes, note-se, no momento, o que toca às condições de surgimento dos documentos e, eventualmente, sua inter-relação. A Liturgia e a Comunicação Social contavam com uma preparação anterior ao Concílio, indo no seu sentido de renovação e sem despertar preocupações aos adversários dessa renovação, sobretudo aos responsáveis do Santo Ofício.

A III Sessão, de 14 de setembro a 21 de novembro de 1964, marca um nítido progresso no apoio à orientação renovadora do Concílio. Três documentos bem significativos são promulgados. No último dia, promulgam-se: a constituição sobre a Igreja, o decreto sobre as Igrejas orientais católicas e sobre o ecumenismo. Prevalece no Concílio o paradigma eclesiológico renovador e ecumênico.

Para esse triunfo exerceu influência decisiva a encíclica do papa de 6 de agosto de 1964, *Ecclesiam Suam*, em que se proclama que o "dialogo é a forma privilegiada" do ensino da Igreja.

A IV Sessão, de 14 de setembro a 8 de dezembro de 1965, é a mais fecunda, chegando a promulgar onze documentos, alcançando imprimir o paradigma renovador nos textos mais marcantes do Vaticano II.

Cinco textos são aprovados e promulgados no dia 28 de outubro de 1965: o decreto sobre a função pastoral dos bispos; o decreto sobre a renovação e adaptação da vida religiosa; o decreto sobre a formação dos padres; a declaração sobre a educação cristã; e a declaração sobre as relações da Igreja com as religiões não cristãs.

De modo geral, constata-se que os quatro primeiros documentos abordam temas da vida interna e dos ministérios da Igreja, tratando-os de uma maneira clara e renovada, mas sem propor orientações inovadoras nem provocar maiores problemas para as tendências mais conservadoras da assembleia. Já o quinto documento, a declaração sobre a atitude da Igreja em face das religiões, levanta o problema ecumênico em sua amplidão e inaugura as derradeiras discussões que parecem incandescer os últimos dias do Vaticano II. Pois se chega a enfrentar de maneira inovadora os temas mais espinhosos, como a liberdade religiosa, a atividade missionária da Igreja e sua relação com o mundo de hoje.

No dia 18 de novembro, sempre de 1965, são aprovados dois documentos: a constituição dogmática sobre a revelação e o decreto sobre o apostolado dos leigos. São pontos altos da ascensão inovadora do Vaticano II.

Finalmente, no dia 7 de dezembro de 1965, o Concílio nos brinda com os quatro últimos documentos, que coroam seu empenho de realizar e fundar o *aggiornamento*, o novo Pentecostes da Igreja para o bem da humanidade. Já é quase a linguagem daqueles que enxugavam lágrimas de puro contentamento com essas vitórias finais, pois, então, o Vaticano II promulga a declaração sobre a liberdade religiosa (quem diria!), o decreto sobre a atividade missionária da Igreja, o decreto sobre a vida dos presbíteros e a constituição pastoral sobre a Igreja no mundo de hoje.

Com a graça de Deus e muita garra dos nossos bispos, o impossível felizmente aconteceu.

O mapa dos documentos em sua harmonia e correlações profundas

- Bem se evidencia que o Vaticano II é um Concílio eclesiológico. Como os concílios celebrados no Ocidente em todo o segundo milênio. Mas os outros concílios visaram sempre propor doutrinas e mesmo definir dogmas, condenar erros, extirpar heresias e hereges. O Vaticano II é o Concílio irênico e ecumênico, destaca a fé como forma não apenas de pensar, mas também, e sobretudo, de viver.

- *Daí o lugar central das quatro constituições, com a nova visão eclesiológica.* Essa visão se desdobra e se aplica logo nos decretos ecumênicos.

  A originalidade da eclesiologia é manifestada nos documentos visando ao ecumenismo, como nova visão e nova forma de vida e de missão:

- *Documentos de visão e diálogo inter-religioso:*

  Declaração positiva sobre as religiões.

  Decreto sobre a missão da Igreja entre os povos.

  Declaração sobre a liberdade religiosa.

- Um olhar sereno, tradicional e renovador sobre os ministérios, os ofícios e as atividades da Igreja.

  Em nossa reflexão sobre a IV Sessão, veremos como há todo um conjunto de documentos mais facilmente aceitáveis para todo o Concílio, mesmo para quem é menos dado a renovar, pois assumem temas atualizados, sem dúvida, mas guardando seu teor e seu feitio um tanto tradicionais.

Assim se apresentam os documentos sobre os bispos, sobre os presbíteros, sobre a formação destes, sobre o apostolado dos leigos, sobre a vida religiosa e sobre a educação cristã.

QUADRO DOS DOCUMENTOS CONCILIARES

I Sessão – 11.10 a 08.12.1962
Nenhum documento

- Alocução de abertura de João XXIII – 11.10.1962.
- Mensagem do Concílio ao mundo – 20.10.1962.
- Opção decisiva: Rejeição dos anteprojetos e das Comissões pré-conciliares – 20.11.1962.

II Sessão – 29.09 a 04.12.1963
Dois documentos

- Constituição sobre a Liturgia.
- Decreto sobre os Meios de Comunicação Social.

III Sessão – 14.09 a 21.11.1964.
Três documentos

- Constituição sobre a Igreja.
- Decreto sobre o ecumenismo.
- Declaração sobre as Igrejas orientais católicas.

> **IV Sessão – 14.09 a 08.12.1965.**
> **Onze documentos**
>
> - Decreto sobre o múnus pastoral dos bispos.
> - Decreto sobre a renovação e adaptação da vida religiosa.
> - Decreto sobre a formação dos padres.
> - Declaração sobre a educação cristã.
> - Declaração sobre as relações da Igreja com as religiões não cristãs.
> - Constituição dogmática sobre a Revelação Divina.
> - Decreto sobre o apostolado dos leigos.
> - Declaração sobre a liberdade religiosa.
> - Decreto sobre a atividade missionária da Igreja.
> - Decreto sobre o ministério e a vida dos padres.
> - Constituição pastoral sobre a Igreja no mundo de hoje.

Opções prioritárias e orientadoras das decisões e dos documentos conciliares

Os documentos vão surgindo e pontilhando a marcha progressiva do Concílio, que vai tendo uma percepção cada vez mais clara e fundada do grande projeto renovador e mesmo inovador de João XXIII, mas ainda impreciso em seu conteúdo doutrinal. Tal avanço na elaboração da mensagem era acompanhado de um outro triunfo, que era uma conquista inteligente e pacífica. Consistia em fazer, por todos os padres conciliares, os diferentes aspectos do paradigma a um tempo inovador e fundado na tradição, inspirando a atitude integradora e não polêmica do Concílio.

Este se configurava, portanto, como uma marcha da inteligência, avançando à luz da inteligência, por meio da convicção que ditava as opções oportunas e bem articuladas a serviço dos objetivos teóricos e, sobretudo, práticos do *aggiornamento* da Igreja e de sua capacidade de diálogo universal.

Para se ter uma ideia precisa desse paradigma conciliar e dos textos que ele vai produzindo, convém distinguir as opções mais visíveis, práticas e operacionais e as opções fundadoras, visando a escolhas de prioridades.

Opções mais visíveis e operacionais.
A Igreja, o poder, a participação e a colegialidade

O Concílio não parte da referência ao poder, não começa por definir a Igreja primordialmente como fundada no poder sagrado, na hierarquia, tal como vinha sendo a posição, polêmica, se não crispada, adotada desde os Concílios de Latrão na Idade Média, de Trento no século XVI e do Vaticano I no século XIX. A constituição do Vaticano II sobre a Igreja consta de oito capítulos, dos quais um só (o capítulo III) é consagrado à "Constituição hierárquica", destacando o empenho de tratar "especialmente do episcopado", em vista de pôr em plena luz a colegialidade. A originalidade da constituição, manifestada nos outros sete capítulos, está em realçar a Igreja como mistério divino da reconciliação universal, pelo capítulo I; como Povo de Deus, tema estudado no capítulo II; como comunidade dos leigos, cujas qualidades e funções são elucidadas amplamente no capítulo IV; culmina, no capítulo V, com a cuidadosa, diríamos carinhosa, insistência sobre a vocação de todos os fiéis à santidade; termina em beleza, apontando para a Igreja da glória (capítulo VII) e para Maria, que realiza o mistério da salvação em plenitude (capítulo VIII).

Opções fundadoras do Concílio Vaticano II

Essas opções estão na base das orientações primordiais que o Concílio quer dar aos seus trabalhos e, mais ainda, que pretende imprimir à própria vida da Igreja. Reunida em assembleia, melhor ainda, em comunhão conciliar, a Igreja toma uma consciência mais profunda e mais lúcida de sua identidade. Ela se olha no espelho do Evangelho, procura encontrar-se e definir-se à luz e na força do Espírito (cf. *DV*, n. 8). Esse empenho se afirmou de maneira enfática quando o Vaticano II chegou a se encontrar e realizar, na sua própria identidade e na sua autonomia, como colégio apostólico, congregado e presidido pelo sumo pontífice. Nesse momento ele entrou na plena consciência de ser a comunhão e o dinamismo, iluminador e orientador, da Igreja. Explicitou, proclamou e se pôs a concretizar suas opções fundadoras.

As opções fundadoras começam por um "não", que não comporta exclusão

As opções fundadoras dos textos conciliares se manifestam primeiro como fontes de ruptura. A novidade do Concílio se afirma inicialmente pelo fato de ele dizer "não". Ele recusa diferentes paradigmas teológicos, antropológicos, eclesiológicos e éticos, julgados incompatíveis com a intenção primordial que anima os padres conciliares e com a mensagem essencial que eles querem transmitir e mesmo implantar na Igreja.

A negação típica do Vaticano II é recusa de paradigmas de compreensão da Igreja ou de modelos propostos para sua atividade que reduzem a Igreja a uma sociedade como as outras. Mas essa negação não é exclusão do outro, de outras formas de confissões cristãs, de outras religiões.

Essa negação que valoriza a Igreja, bem como a comunhão fundada na verdade e no amor, e jamais eleva a Igreja pelo desprezo ou menor estima das Igrejas cristãs ou das religiões em geral, se encontra em quase todos os grandes documentos, especialmente nas constituições conciliares.

Opções profundas, fundadoras, escolhas de prioridades

Visamos compreender o significado profundo, a força renovadora e mesmo criadora das opções tal como as vemos efetuadas pelo Concílio. Nessa busca caracterizamos inicialmente a opção como uma escolha e uma hierarquização de prioridades, a partir de uma primeira prioridade, que motiva, determina e organiza todas as outras. De toda evidência, o feixe de paradigmas recusado pelo Concílio não era condenado por ser um punhado de heresias nem mesmo um catálogo de desvios doutrinais ou práticos. Deixava-se de lado um sistema de prioridades, porque, em sua disposição, debilitava a vida da Igreja ou desvirtuava alguns de seus elementos. O que conta na definição e apreciação dos paradigmas são, sobretudo, as insistências, seja privilegiando o que é acessório, acidental, simples meios ou instrumentos de ação, seja, ao contrário, realçando o que é central, essencial, os objetivos deveras primordiais. Para o Concílio, era indispensável realçar os valores humanos e evangélicos que constituem as finalidades e as motivações primeiras da vida e da comunidade cristã.

Em síntese: uma primeira visão global

Esse processo geral de formação e mudança de paradigmas, graças à escolha, à concentração ou ao deslocamento das prioridades, caracteriza esse tríplice momento da história moderna da Igreja: a preparação, a celebração e a aplicação do Concílio.

Mais precisamente, vê-se, no primeiro momento, a preparação dos projetos pré-conciliares, em que se elaboram paradigmas visando à afirmação, à defesa, à preservação do depósito da fé e dos costumes cristãos. Em segundo lugar, vem a realização do Vaticano II, que inspira e esboça paradigmas voltados para a irradiação da mensagem e para o diálogo. Tem o propósito de proclamar a identidade da Igreja, precisamente pela sua abertura, pela sua capacidade de reconhecer o outro, o não católico, firmando-se em seus próprios valores, cristãos ou simplesmente humanos. Finalmente, estamos vivendo um terceiro momento, em que a Igreja sente com agudeza uma dupla exigência: guardar sua identidade, defendendo-se de erros e desvios, o que a aproxima dos paradigmas pré-conciliares, e ao mesmo tempo, apegar-se e referir-se ao Vaticano II como grande dom do Espírito renovador, feito à Igreja e à humanidade de hoje.

Há um princípio primeiro de leitura, fundador do sentido de base e razão de suas opções primordiais: é a grande inspiração formulada em termos equivalentes no limiar das constituições e sempre presentes de maneira explícita ou implícita. É a primazia de Deus, Amor Universal, presente e iluminando a inteligência que a Igreja tem de si mesma e dando-lhe o discernimento das realidades, das aspirações e dos problemas do mundo.

Parte II

Originalidade do paradigma eclesiológico do Vaticano II, manifestado nas suas quatro constituições sobre a Igreja

1

Audaciosa opção primordial. A Igreja se vê e se quer toda voltada para o culto de Deus e para a comunicação com o mundo. I e II Sessão conciliar (1962-1963)

Nas suas duas primeiras Sessões, o Concílio chega a retomar plenamente a primeira inspiração do *aggiornamento* de João XXIII, elaborando um *paradigma eclesiológico original*: a Igreja é enaltecida como comunidade de santidade universal em que os fiéis leigos são destacados em seu ser e sua missão de membros de Cristo. A Igreja é, então, contemplada e definida como a comunidade do culto em espírito e verdade, acolhendo a humanidade para consagrá-la "em nome do Pai, do Filho e do Espírito Santo", sendo a imagem viva e comunitária da comunhão trinitária. Mas a Liturgia não fecha a Igreja sobre si mesma. Ela prepara, dispõe e envia à evangelização e à ação regeneradora do mundo.

Nos seus dois primeiros documentos, o Concílio emparelha a comunhão com Deus e a Comunicação Social como essa primeira propriedade da vida e da missão da Igreja.

Como os precedentes concílios do segundo milênio, o Vaticano II parte da Igreja, mas se desprende do paradigma confessional, de feitio polêmico, por eles adotado em um contexto de controvérsias. Em certo sentido, este último concílio, de maneira original, retorna aos primeiros concílios trinitários, retomando a perspectiva do Mistério de Deus, Mistério de Amor na sua comunhão íntima e eterna e na sua comunicação, na revelação e no dom de seu Amor.

Em razão dessa opção positiva e inovadora, as três primeiras Sessões se apresentam como uma difícil e penosa decolagem e uma marcha lenta rumo aos objetivos e às tarefas operacionais do Concílio, inicialmente indicadas, de maneira ampla, por João XXIII e bem entendidas e determinadas por Paulo VI, em plena sintonia colegial com o episcopado mundial.

A I Sessão: abrir a porta para o *aggiornamento*

Na verdade, a I Sessão (de 11.10 a 08.12.1962) não chegou a produzir qualquer documento, a não ser, logo de entrada, a *Mensagem do Concílio a todos os homens* (20.10.1962).

Novidade na história dos concílios, essa saudação era um gesto significativo da inspiração primeira que João XXIII queria dar ao Vaticano II. A iniciativa partiu dos teólogos, mais concretamente do dominicano M. D. Chenu, merecendo uma acolhida entusiasta entre os líderes dos padres conciliares que começavam a se empenhar na luta pacífica pela plena autonomia do Concílio e de sua orientação renovadora.

Saindo da estreiteza confessional, o Concílio colocava de modo positivo a questão radical e crucial da "Igreja e do mundo", a qual culminará no último documento, *Gaudium et Spes*.

A inspiração e o fundamento dessa posição vêm a ser a opção primordial de não exaltar a Igreja pela negação ou pela minimização dos adversários, mas pelo reconhecimento de certa parceria das pessoas e comunidades em busca da verdade, professando uma "hierarquia das verdades", como elucida o decreto conciliar sobre o ecumenismo (*Unitatis Redintegratio*, n. 11) –, o que permite um encontro sobre as verdades e valores ligados ao essencial.

Em afinidade com essa atitude positiva, o Concílio se afirma e avança pela opção radical de recusar os projetos pré-conciliares, que careciam dessa orientação de base.

Tal é o sentido profundo da I Sessão, aparentemente pouco fecunda. Ela condicionou e preparou a boa e verdadeira fecundidade do Vaticano II.

II Sessão. Os primeiros documentos conciliares: sobre a Liturgia e sobre os Meios de Comunicação Social

Convém atender à importância e aos limites desses começos. Já sob o pontificado de Paulo VI, na II Sessão conciliar (29.09 a 04.12.1963) manifesta-se o desejo quase ansioso de produzir frutos concretos. Sentia-se a necessidade de manifestar o consenso unânime da assembleia mediante documentos indicando já terem sido encontrados os caminhos e o sentido viável do *aggiornamento* desejado.

Desde a I Sessão, um imenso e denso trabalho se concentra sobre os temas fundamentais e mais controvertidos: a Igreja, a revelação, o ecumenismo, a posição da Igreja em relação ao mundo a acolher ou a condenar. Todos esses temas vinham sendo marcados pela famosa bipolaridade, caracterizada pelo retorno aos anátemas de Pio IX ou pela aceitação da renovação irênica e ecumênica inspirada por João XXIII.

Em meio à azáfama das assembleias plenárias, das Comissões, Subcomissões, dos encontros de bispos e teólogos, dois desses temas se anunciam e reconhecem como mais avançados em sua elaboração e são escolhidos para abrir a série dos documentos conciliares: a Liturgia e a Comunicação Social. São importantes em si e no contexto das preocupações da Igreja diante da humanidade atual.

Já tinham sido em parte clareados pelo ensino ordinário da Igreja. Sobretudo o primeiro, a Liturgia, vinha sendo abordado e vivido por movimentos de renovação nas diferentes comunidades locais pelo mundo, contando com certa homologação da autoridade central da Igreja. Mas, sendo os primeiros, elaborados com certa pressa, esses documentos receberam e hão de receber suplementos de luz ao contato com os documentos ulteriores.

Primeiro documento inovador: a constituição sobre a Liturgia, *Sacrosanctum Concilium* (SC)

O Concílio contou mesmo com condições favoráveis para este primeiro evento do *aggiornamento* conciliar. Ele começa, com muita felicidade, por assumir e aprimorar grandemente um movimento de renovação litúrgica, e mesmo de uma nova visão da liturgia remontando a Pio X (1905-1914) e, sobretudo, bastante estimulada e confirmada por gestos concretos de Pio XII (1939-1958).

Com certo apoio de Pio X, o Movimento Litúrgico expandia-se em toda a Igreja, assumindo alguma variedade, marcada por duplo aspecto: seja de difusão e participação popular, seja de certa qualidade cultural, intelectual, quase elitista. Pois uma primeira tendência visava levar o povo a participar da "oração oficial da Igreja", tornando-a acessível, o que levava a recorrer a formas mais simples e, na medida do possível, utilizar a língua vernácula e os cantos populares, A outra ponta do Movimento prezava o latim, o canto gregoriano, difundia imagens e ornamentos mais finos, adotando certo estilo "patrístico", imitando os ícones bizantinos. Essa última forma mais aristocrática da renovação litúrgica encontrava uma base nos mosteiros, aliando-se à espiritualidade monástica, beneditina.

O Vaticano II vinha coroar um movimento ascensional, que tinha o feitio de uma redescoberta doutrinal da liturgia pelos estudiosos da história e da tradição da Igreja. Essa redescoberta vinha de parceria com certa pastoral renovadora. Para além das devoções e da religião popular que caracterizava o rosto do Catolicismo desde a Renascença, seus protagonistas se empenhavam em promover a vida e a oração dos fiéis em contato estreito com a oração oficial da Igreja.

Vindo das bases, a renovação litúrgica chega até o centro da Igreja. Passa, então, a merecer a aprovação, mas também a suscitar a vigilância de Pio XII, a qual encontrava sua forma concreta especialmente na encíclica *Mediator Dei* (20.11.1947). Na mesma data, o papa atenuava a lei do jejum para facilitar a participação dos fiéis da mesa eucarística. Em 1948, o papa constitui junto a si, em Roma, um instituto litúrgico, visando dar um vigor autêntico ao culto oficial da Igreja, começando por restabelecer, em 1951, a celebração do tríduo pascal como verdadeiro centro e como o coração animador de toda a vida, de todo o culto e mesmo do calendário litúrgico da Igreja. A consideração do Concílio como processo histórico e a análise dos documentos mostram esse duplo aspecto conexo. O Vaticano II se inicia como um concílio renovador e inovador, que estava pré-contido ou prenunciado pelo seu contexto histórico anterior. Pois em muitos pontos e em diferentes aspectos do programa que realizou ele foi preparado por um movimento geral de atualização e discreta renovação na vida e atividade da Igreja.

Valioso e valoroso Conselho Litúrgico

É o que se verifica nas constituições sobre a natureza da Igreja, sobre a Revelação Divina – no que toca aos estudos bíblicos –, e aqui, na constituição sobre a Liturgia, considerada em seus elementos essenciais, a noção teológica do culto cristão e nas sábias indicações sobre a participação ativa dos fiéis.

Assim, o Instituto ou Conselho Litúrgico, tendo como secretário o padre, mais tarde Bispo Annibale Bugnini, congregará os grandes conhecedores e protagonistas da liturgia autêntica e vivida, preparando a constituição *Sacrosanctum Concilium*, mediante o trabalho inteligente e corajoso da Comissão de Liturgia, pré-conciliar e conciliar, sobre a qual a Cúria Romana não tinha tido influência dominante, nem mesmo manifestado um interesse particular, suscitando sua intervenção direta, como sobre as outras, antes do Concílio.

Assim se compreende como uma renovação litúrgica anterior ao Vaticano II e o empenho concentrado de grandes mestres no início do Concílio viabilizaram a primeira constituição sobre a Liturgia.

Difícil triunfo inicial seguido de um progresso igualmente conflitivo

A verdadeira renovação da Igreja visava antes de tudo a uma compreensão autêntica da liturgia, à participação litúrgica dos fiéis e os meios bem ajustados para essa convivência comunitária. Nos começos, a luta foi encarniçada. Chegou-se a espalhar que Bugnini era maçom. Jamais apresentaram qualquer prova dessa acusação. Após terminada a escaramuça, os argumentos que lhe serviram de armas parecem piadas mal contadas. Annibale Bugnini faz intenso e perfeito trabalho de maçom, pervertendo a Liturgia da Santa Igreja. Não usa uniforme. Nem fez profissão. Mas, se trabalha como pedreiro-livre, pertence à maldita seita deles.

Para chegar a bom termo, os defensores de uma boa renovação concederam o que lhes pareceu possível sem comprometer o essencial. No texto, ficou o latim como língua litúrgica do Ocidente. Mas havia a confiança na dinâmica do Concílio. E logo em seguida, ainda durante o Concílio, os princípios essenciais da renovação inspiraram práticas da missa em vernáculo, da concelebração como prática normal na vida da Igreja. Mas essas deixas e concessões, aceitas pelo Concílio, permitiram a volta dos elementos conservadores na prática litúrgica pós-conciliar, com alguma aprovação do poder eclesiástico central.

As grandes linhas da constituição sobre a Liturgia

- *Princípios e normas gerais (Introdução e capítulo I)*. Já na Introdução, o Concílio insiste em definir sua missão como aprimorar e renovar as instituições da Igreja, o que o distingue da preocupação de vigilância, correção e mesmo punição, frequente nas manifestações do Magistério. Nessa perspectiva declara iguais em dignidade todos os ritos aprovados e em rigor na Igreja.

De maneira progressiva, são expostos sete capítulos. Dá-se grande relevo aos "princípios e normas gerais" (capítulo I), partindo de uma visão teológica da Liturgia, que leva à urgência da "formação e da participação dos fiéis", marcando sempre a necessidade de aperfeiçoar instituições e atividades. Aceita-se a língua latina como língua litúrgica ocidental, abrindo um largo espaço às línguas vulgares, o que será ampliado durante o próprio Concílio e na etapa pós-conciliar. O que constitui, de fato, uma concessão inicial, a homologação do latim, para possibilitar a aprovação unânime e finalmente ambígua. Essas concessões em vista da obtenção da unanimidade manifestam uma forma de generosa abertura, ocasionando certos riscos na aplicação do Vaticano II.

- *Elementos da Liturgia a renovar.* Dentro do empenho de ativar e renovar, todos os elementos da Liturgia são estudados: a Eucaristia (capítulo II), os outros sacramentos (capítulo III), o Ofício Divino (capítulo IV), o ano litúrgico (capítulo V), a música sacra (capítulo VI), a arte sacra e os objetos do culto (capítulo VII).

Uma visão doutrinal profunda suscita e guia uma orientação muito elevada e bastante concreta e realista. É o que se vê, por exemplo, na recomendação do uso das imagens (capítulo VII, n. 125-126), na estima e formação dos artistas e dos clérigos (ibid., n. 127-129).

Destaques e insistências maiores

- *Partir do essencial* e tê-lo sempre em vista no empenho de confrontá-lo com a realidade e as necessidades da Igreja atual.
- *Ter e manter a consciência firme da necessidade urgente de rever e renovar a Igreja.*
- *Priorizar a participação dos fiéis* como sendo a condição da vida da Igreja em sua dimensão de mistério divino e de condição humana, de realização hoje da redenção no mundo atual e no ritmo da história em marcha.
- *Educação e formação para a participação.* Essa insistência aponta para a condição da viabilidade do *aggiornamento*, da presença viva de um novo Pentecostes. Talvez a maior falha na etapa pós-conciliar terá sido não prolongar e aprofundar essa formação litúrgica dos fiéis, quiçá de uma boa parte do clero.
- *A concelebração.* O retorno atualizado dessa forma comunitária de celebrar a liturgia era o símbolo e a garantia da redescoberta do mistério divino, comunitário e histórico que é a Igreja. Como a colegialidade na vida e na orientação de toda a Igreja, a concelebração era a instituição e a atitude típica do novo paradigma da Igreja conciliar e pós-conciliar.

Concílio em marcha para a comunhão, a colegialidade e a participação

Esses dados e essas insistências se encontrarão, se ampliarão e reforçarão na constituição dogmática sobre a Igreja, no decreto sobre a atividade dos leigos, na constituição pastoral sobre a Igreja no mundo de hoje.

A visão e a doutrina sobre a Liturgia – e o mesmo se diga da missão e das atividades da Igreja – têm como fundamento e como dinamismo a compreensão da Igreja como comunidade dos fiéis e dos pastores, estes sendo realçados na qualidade de servidores responsáveis e dedicados para que o Povo de Deus viva e irradie por seu testemunho a luz e a força renovadora do Evangelho.

Decreto sobre os Meios de Comunicação Social, *Inter Mirifica (IM)*

Aprovado e promulgado simultaneamente com a constituição sobre a Liturgia (04.12.1963), este decreto foi favorecido por dupla vantagem inicial: contou com uma equipe coesa e interessada pela promoção da comunicação. Despertou a aceitação geral dessa simples evidência: a comunicação social é de grande eficiência e se afirma como indispensável à missão evangelizadora. Esse consenso se desfez, desde que os líderes da marcha do Concílio constataram que homologar essas generalidades não trazia maiores proveitos para a Igreja.

Em uma primeira votação, favorável ao decreto, centenas de padres conciliares manifestaram seu desagrado. Era tarde. O Concílio estava ansioso por aprovar alguns documentos nesta II Sessão. O texto foi finalmente aprovado e promulgado, com a recomendação de que esses aprofundamentos deveriam vir o mais cedo possível em uma publicação do Secretariado da Comunicação Social.

A Comissão que preparou e encaminhou o texto levantou a questão do nome a dar à Mídia. E finalmente não encontrou outro senão "Instrumentos" ou "Meios". O que é insuficiente e inadequado. E perdurará no uso da Igreja. O nome apropriado é "Sistema" de comunicação social.

Grandeza e fragilidade de um belo projeto

"Doutrina" e "Ação pastoral da Igreja", assim se intitulam as partes em que se articula o decreto. O texto condensa a posição do Magistério desde a invenção da imprensa. Como o nome *Inter Mirifica* sugere, inspira-se diretamente na encíclica de Pio XII, *Miranda Prorsus*, de 1952, a qual era o melhor documento da doutrina social da Igreja sobre o tema. Mas não inclui qualquer análise do "sistema" de comunicação, de suas redes amplas e complexas, de caráter local, regional e mundial. O decreto se limita ao aspecto de "técnica" de difusão de mensagens, sem ter em conta a linguagem imaginária e afetiva da mídia. É uma atitude parcial, que perdura em geral nos documentos ulteriores da Igreja.

Na parte doutrinal, encontra-se uma síntese dos princípios éticos da comunicação em geral, do uso de toda forma de palavra humana. Mas não se estende dos valores às normas, menos ainda aos abusos, do sistema complexo, envolvente, mais e mais progressivo da comunicação Moderna e menos ainda Pós-Moderna. No entanto, essa visão ética globalizada tem sido e pode ser cada vez mais um bom ponto de partida e de referência para os estudos e análises ulteriores.

O decreto *Inter Mirifica* é, portanto, uma contribuição preciosa, pelos elementos doutrinais e os valores éticos gerais que apresenta. Mas permanece impreciso, por carência de uma análise crítica e construtiva, por mínima que seja, do sistema da comunicação, bem como de uma visão dos problemas éticos em sua especificidade. A intervenção conciliar é antes um convite a um estudo aprofundado e a uma atitude global, mas determinada diante da mídia.

Antologia. Amostras significativas das opções e posições conciliares

Visão integral da Liturgia na celebração e na vida

A Liturgia, pela qual, especialmente no sacrifício eucarístico, "se opera o fruto da nossa Redenção", contribui em sumo grau para que os fiéis exprimam na vida e manifestem aos outros o mistério de Cristo e a autêntica natureza da verdadeira Igreja, que é simultaneamente humana e divina, visível e dotada de elementos invisíveis, empenhada na ação e dada à contemplação, presente no mundo e, todavia, peregrina, mas de forma que o que nela é humano se deve ordenar e subordinar ao divino, o visível ao invisível, a ação à contemplação, e o presente à cidade futura que buscamos. A Liturgia, ao mesmo tempo que edifica os que estão na Igreja em templo santo no Senhor, em morada de Deus no Espírito, até à medida da idade da plenitude de Cristo, robustece de modo admirável as suas energias para pregar Cristo e mostra a Igreja aos que estão fora, como sinal erguido entre as nações, para reunir à sua sombra os filhos de Deus dispersos, até que haja um só rebanho e um só pastor (*SC*, n. 2).

Participação autêntica e ativa dos fiéis na Liturgia

Para assegurar esta eficácia plena, é necessário, porém, que os fiéis celebrem a Liturgia com retidão de espírito, unam a sua mente às palavras que pronunciam, cooperem com a graça de Deus, não aconteça de a receberem em vão. Por conseguinte, devem os pastores de almas vigiar por que não só se observem, na ação litúrgica, as leis que regulam a celebração válida e lícita, mas também que os fiéis participem nela consciente, ativa e frutuosamente (*SC*, n. 11).

Liturgia e vida espiritual

A participação na sagrada Liturgia não esgota, todavia, a vida espiritual. O cristão, chamado a rezar em comum, deve entrar também no seu quarto para rezar a sós ao Pai, segundo ensina o Apóstolo, deve rezar sem cessar. E o mesmo Apóstolo nos ensina a trazer sempre no nosso corpo os sofrimentos da morte de Jesus, para que a sua vida se revele na nossa carne mortal. É essa a razão por que no Sacrifício da Missa pedimos ao Senhor que, tendo aceite a oblação da vítima espiritual, faça de nós uma "oferta eterna" a si consagrada.

[...]

Gozam também de especial dignidade as práticas religiosas das Igrejas particulares, celebradas por mandato dos Bispos e segundo os costumes ou os livros legitimamente aprovados.

Importa, porém, ordenar essas práticas tendo em conta os tempos litúrgicos, de modo que se harmonizem com a sagrada Liturgia, de certo modo derivem dela, e a ela, que por sua natureza é muito superior, conduzam o povo (*SC*, n. 12-13).

Educação litúrgica e participação ativa

É desejo ardente na mãe Igreja que todos os fiéis cheguem àquela plena, consciente e ativa participação nas celebrações litúrgicas que a própria natureza da Liturgia exige e que é, por força do Batismo, um direito e um dever do povo cristão, "raça escolhida, sacerdócio real, nação santa, povo adquirido" (1Pd 2,9; cf. 2,4-5).

Na reforma e incremento da sagrada Liturgia, deve dar-se a maior atenção a esta plena e ativa participação de todo o povo porque ela é a primeira e necessária fonte onde os fiéis hão de beber o espírito genuinamente cristão. Esta é a razão que deve levar os pastores de almas a procurarem-na com o máximo empenho, através da devida educação.

Mas, porque não há qualquer esperança de que tal aconteça, se antes os pastores de almas se não imbuírem plenamente do espírito e da virtude da Liturgia e não se fizerem mestres nela, é absolutamente necessário que se providencie em primeiro lugar à formação litúrgica do clero. [...] (*SC*, n. 14).

Formação técnica e apostólica para a Comunicação Social

[...]

Em primeiro lugar, devem ser instruídos os leigos na arte, doutrina e costumes, multiplicando o número das escolas, faculdades e institutos, onde os jornalistas, autores cinematográficos, radiofônicos, de televisão e demais interessados possam adquirir uma formação íntegra, penetrada de espírito cristão, sobretudo no que toca à doutrina social da Igreja. Também os atores cênicos hão de ser formados e ajudados para que sirvam convenientemente, com a sua arte, a sociedade humana. Por último, hão de preparar-se cuidadosamente críticos literários, cinematográficos, radiofônicos, da televisão e outros meios, que dominem perfeitamente a sua profissão, preparados e estimulados para emitir juízos nos quais a razão moral apareça sempre na sua verdadeira luz (*IM*, n. 15).

Formação da juventude para utilizar a Comunicação Social

Tendo-se na devida conta que o uso dos meios de comunicação social, que se dirigem a pessoas diferentes na idade e na cultura, requer nestas pessoas uma formação e uma experiência adequadas e apropriadas, devem favorecer-se, multiplicar-se e encaminhar-se, segundo os princípios da moral cristã, as iniciativas que sejam aptas para conseguir este fim – sobretudo se se destinam aos jovens – nas escolas católicas de qualquer grau, nos Seminários e nas associações apostólicas dos leigos. Para que se obtenha isto com maior rapidez, a exposição e explicação da doutrina e disciplina católicas nesta matéria devem ter lugar no ensino do catecismo (*IM*, n. 16).

2

"Olhando-se no espelho do Evangelho", a Igreja se define como "sacramento da reconciliação universal". Povo de Deus, todo ele chamado à santidade e responsável pela evangelização. Constituição dogmática *Lumen Gentium* (*LG*)

Com a III Sessão conciliar (14.09-21.11.1964), o Vaticano II dá o passo decisivo rumo à sua plena maturidade, à clara consciência de sua identidade, qual projeto comunitário e teocêntrico de verdade e unidade, iluminado e animado pelo Amor Universal.

Os debates, as opções e posições assumidas para melhor definir a liturgia, compreender sua renovação e a necessária, bem ordenada e eficaz participação de todos os fiéis no culto, na oração oficial da Igreja, todo esse empenho concentrado serviu como um exercício pedagógico valioso para todos os padres conciliares e seus assessores.

O Concílio se torna cada vez mais uma escola ativa, interativa, envolvendo e atingindo as várias tendências, os diferentes grupos, as lideranças dos grupos, das correntes teológicas e ideológicas. Cresce a docilidade ao Espírito. Há uma escuta geral da Igreja pela Igreja. Ela sente que chega o momento oportuno de se definir da maneira mais ampla e profunda como o rosto do Mistério divino se revelando e se dando ao mundo. Pode-se falar de um jogo de forças e de influências tendendo a se exercer mais e mais, em uma espécie de comunhão das inteligências e das consciências, enquanto se restringe na mesma medida os campos que cediam à pressão e à intimidação.

A marcha do Concílio resulta do equilíbrio dinâmico desses diferentes tipos de força, de razões e convicções que se trocam, de pressões exercidas pelo prestígio, por autoridades ou até pelo simples desejo de concluir mais depressa um debate fatigante. Os centros de que partiam as influências se podem até certo ponto hierarquizar. Primeiro, o próprio papa, que cumpria discreta e delicadamente o que era seu direito e dever. A Cúria Romana não tinha função específica no Concílio, devia entrar no jogo das discussões e por argumentos fazer avançar suas posições, em geral de defesa do *statu quo* no governo e nas práticas da Igreja. De pleno direito e conscientes de sua autoridade suprema como "colégio apostólico" sob a presidência de "Pedro", os bispos assumiam o papel soberano de decidir, buscando para isso promover o consenso unânime de toda a assembleia.

A marcha desse processo vem, sobretudo, das lideranças renovadoras, formadas por bispos e teólogos que buscam esclarecer e fazer avançar os grandes objetivos, chegar às opções e decisões que promovessem o desejado *aggiornamento*. A maturidade e a boa organização dos protagonistas e grupos renovadores vão se concretizar e exprimir na constituição sobre a Igreja e nos primeiros documentos de diálogo ecumênico. É o fiel da balança oscilando agora entre o êxito ou o fracasso do Concílio nas questões que concretizam a originalidade de suas esperanças e propostas.

Desafio do novo paradigma eclesiológico

O que abre caminho a um novo paradigma é aquela primeira opção radical e negativa com que se concluíra a I Sessão. Não se trata de definir a Igreja segundo o critério do poder, não se põe em relevo a Igreja sociedade hierárquica, dotada de uma autoridade divina absoluta, assumindo e radicalizando as formas de soberania da sociedade civil ou política. Esta, aliás, se deveria definir, segundo a razão e o Evangelho, como união organizada dos cidadãos para assegurar, garantir e promover o bem comum. A sociedade civil tem a ganhar assim, se a Igreja se define em referência aos seus verdadeiros objetivos e à missão de seu divino Fundador que a constitui. Mais tarde, a constituição *Gaudium et Spes* falará dessa mútua ajuda da Igreja e da sociedade na busca da autenticidade de cada uma, na adequada autocompreensão e na compreensão recíproca, que hão de ter para o bem da humanidade.

Relegando a eclesiologia e a sociologia política dos "dois poderes", dos "dois gládios", noções distorcidas que durante séculos parasitaram a história da cristandade, o Vaticano II vai construir seu paradigma eclesiológico voltando ao Evangelho na sua radicalidade. Deixa de lado a prioridade dada à noção de "sociedade" dotada de um poder sagrado, hierárquico, e acolhe a visão de uma "comunidade", "sacramento" da reconciliação, da comunhão, realizando-se concretamente em uma comunidade, feixe de comunidades, caracterizadas pela participação, pelo serviço, pelo diálogo e pela colegialidade.

Dessa opção de base deriva a primazia dada aos fiéis leigos no conteúdo e na disposição dos temas da constituição, o que tem como consequência o lugar importante, mas não mais primordial da hierarquia como poder entendido e enaltecido como serviço qualificado do amor e a serviço do amor.

Divisão e disposição do tema da constituição, marcando suas inovações significativas

Essas inovações tocando o essencial decorrem, pois, do novo paradigma eclesial, desse conceito da Igreja "sacramento global da reconciliação", comunidade fundada e animada pelo Amor Universal, pela comunhão trinitária, que valoriza todo o corpo da Igreja, pois todos os seus membros são santos e estimam em toda parte os sinais e a ação desse Amor criador e santificador. A nova visão da Igreja, comunidade da ação de graças e da missão, é a luz que transforma a compreensão que o Concílio tem da existência e da história, do ser humano pessoal e social.

A divisão e a organização da constituição manifestam a riqueza e o dinamismo dessa plenitude de graça comunitária que é a Igreja, levam também em conta a realidade e o intercâmbio dos elementos constitutivos dessa comunhão e consideram a marcha escatológica dos dons divinos guiando o Povo de Deus no tempo e rumo à eternidade.

Assim se compõem e se desdobram os oito capítulos da *Lumen Gentium*:

A) A noção própria da Igreja como Mistério e como Povo de Deus em seu rosto divino e humano, a sua plena verdade evangélica nos é dada nos dois primeiros capítulos.

- Capítulo I: O mistério da Igreja.

A Igreja vista da maneira mais profunda e integral. A comunidade eclesial, imagem viva, portadora e comunicadora da comunhão trinitária.

- Capítulo II: O Povo de Deus.

Antes da hierarquia, destaca-se o Povo de Deus, que constituirá o conteúdo efetivo de toda a constituição.

B) Elementos constitutivos da Igreja: capítulos III e IV.

- Capítulo III: A constituição hierárquica da Igreja e em especial o episcopado.

Este capítulo visa a completar o ensino do Vaticano I, interrompido depois de propor a doutrina do primado do papa sem chegar a definir o poder e a missão do episcopado.

A novidade de Vaticano II vai no sentido da missão pastoral (não tanto na perspectiva de poder) do episcopado. Insiste na ideia do "colégio" e da "colegialidade". Mas uma nota explicativa do secretário do Concílio, Cardeal Péricles Perici, visa a realçar que a colegialidade não tem um sentido jurídico nem atenua a primazia papal, seu poder ordinário e imediato sobre cada um dos fiéis. A colegialidade se exprime em termos de "solicitude", de "sentimento" (*affectus*) do "colégio", do "corpo" episcopal em relação à Igreja universal.

Essa doutrina será retomada no decreto *Christus Dominus*, sobre o múnus dos Bispos, de 28.10.1965.

- Capítulo IV: Os leigos.

Define-se de maneira positiva a noção de leigos e se fala da "dignidade" dos leigos, da "participação" dos leigos em razão do que eles são como membros da

Igreja e não por concessão da hierarquia. Têm sua função sacerdotal, profética, régia, participada do próprio Cristo.

C) Finalidade e qualidades essenciais da Igreja: capítulos V a VIII.

- Capítulo V: A vocação de todos à santidade na Igreja.

Igreja dos fiéis, todos chamados à santidade. Tal é o coração do Concílio, a revolução em que consiste o *aggiornamento*: a Igreja comunidade, plena e transbordante da graça de viver o Evangelho, de conviver na comunhão do Espírito. Do Pai e do Filho.

- Capítulo VI: Os religiosos.

É uma novidade a inclusão dos religiosos na noção mesma da Igreja. Essa inovação conciliar decorre da definição anterior da Igreja: comunidade de fiéis chamados à santidade. No centro, no coração da Igreja estão aqueles e aquelas que se consagraram à busca da perfeição evangélica. Esta é a hierarquia não do poder, mas da santidade.

- Capítulo VII: A índole escatológica da Igreja peregrina e a sua união com a Igreja celeste.

Esse capítulo da Igreja comunhão dos santos e da santidade é a visão mais profunda e mais atual para fundar um programa de vida cristã pessoal, comunitária e social. É da maior atualidade para a atitude de vida evangélica, de culto a Deus e de devoções aos santos.

- Capítulo VIII: A Bem-aventurada Virgem Maria, Mãe de Deus, no Mistério de Cristo e da Igreja.

O Concílio fez questão de incluir a mariologia na eclesiologia, apresentando na Mãe de Deus a plenitude e a perfeição realizada da graça, de que a Igreja é animada e portadora para a o mundo.

Destaque dos grandes temas, das insistências e prioridades

A primeira constituição, a constituição dogmática sobre a Igreja, não aborda esse tema como uma questão particular. Mas considera e expõe o "mistério da Igreja", a Igreja como o "sacramento da reconciliação universal", em que se incluem e se manifestam o Mistério supremo da comunhão trinitária e todos os outros mistérios em que a Trindade divina se dá e se revela.

Assim, o Concílio se caracteriza primordialmente por uma nova e profunda visão de Deus, de Deus Amor, que nos dá uma Igreja não do poder, da dominação, da intimidação, mas uma Igreja ícone viva e comunitária do Pai que se dá pelo Filho no Espírito Santo.

Tal é o sentido profundo do primeiro parágrafo do capítulo I. A Igreja vai expor ao mundo sua identidade,

> [...] é como que o sacramento, ou sinal, e o instrumento da íntima união com Deus e da unidade de todo o gênero humano, pretende ela, na sequência dos anteriores Concílios, pôr em plena luz com maior insistência, aos fiéis e a todo o mundo, a sua natureza e missão universal. [...] (*LG*, n. 1).

Seria, portanto, oportuno destacar e aprofundar as palavras-chave desta constituição primordial: *mistério, sacramento, corpo místico de Cristo, Povo de Deus, participação, comunhão, colegialidade* e, muito especialmente, *leigos e leigas*.

Os documentos seguintes vão realçar com a maior das insistências os termos "diálogo" e "ecumenismo", que já refulgiam na primeira mensagem de João XXIII ao anunciar a inspiração do Concílio que o Espírito colocara em seu coração.

Em síntese: radicalidade da inovação proposta e da conversão exigida

Neste primeiro documento em que se condensa em torno da Igreja a mensagem essencial do Concílio, percebe-se a radicalidade de sua inovação, a qual exige igualmente uma conversão radical. Esta se concretiza em uma nova forma de pensar e de viver. E muito especialmente pede uma formação visando ao *aggiornamento*, o novo Pentecostes, e renovando o episcopado, o conjunto do clero e dos fiéis, a começar pela autoridade suprema da Igreja, o papa e a Cúria Romana.

Está aí a questão das questões, o desafio crucial para a Igreja pós-conciliar.

Paradigma de santidade para os leigos

Prolongando os movimentos renovadores anteriores ao Concílio, este propõe um paradigma de santidade para os leigos, indicando-lhes a sua missão própria de proclamar e praticar os valores humanos e evangélicos na vida, na história e na sociedade.

Eles têm presente em si a graça do Espírito de amor, de verdade e santidade, e, ao mesmo tempo, estão presentes na realidade do mundo, para aí tornar presentes o amor, a verdade e a santidade do Espírito.

Poder e santidade na Igreja

A visão e a prática do poder determinam o modelo da sociedade.

Toda a série dos concílios do segundo milênio foi levada a dar prioridade à missão da Igreja, mas assumindo uma abordagem e uma exposição de caráter defensivo e mesmo polêmico. Era preciso enfrentar as ingerências do poder secular e as ameaças das heresias. Dominava o empenho de defender a Igreja salientando o seu aspecto institucional, seu poder hierárquico. Falava-se dos fiéis. Mas sem se ocupar diretamente com eles enquanto leigos, mas na perspectiva do poder, encarando neles rivais ou concorrentes disputando a autoridade religiosa ou política da cristandade.

Em contraste com essa perspectiva polêmica que enaltecia a Igreja fundada por Cristo sobre a rocha que é o Apóstolo Pedro, o Vaticano II reconhece, sem dúvida, a Igreja estabelecida por Cristo, mas sobretudo põe em relevo a Igreja enquanto animada pelo seu Espírito, Espírito de santidade e de amor. Com muita delicadeza, sem relegar a autoridade da Igreja de Pedro, realça a Igreja da caridade, tendo em Maria sua plena e perfeita realização (ver *LG*, capítulo VIII). Na sua alocução de 8 de dezembro de 2005, Bento XVI fez uma discreta alusão a essa opção conciliar.

Todo o poder na Igreja resplandece, assim, orientado e subordinado à finalidade primordial da comunidade do Espírito, a saber: a santidade, proposta com certa ênfase como a vocação universal dos fiéis. Tal santidade não se caracteriza pela separação do mundo, mas sim pela presença e pela influência transformadora dos leigos na sociedade, por sua atividade familiar, profissional e política.

Assim, em termos de prioridade, pode-se dizer que o Vaticano II não apenas mantém e até amplia a afirmação do Dom pessoal do Espírito à Igreja, mas dá maior ênfase à presença do Espírito habitando nos fiéis, para que sejam santos e unidos em comunhão de amor. É o que constitui a realidade profunda e primordial da Igreja, cujos pastores são assistidos pelo Espírito para guiarem e ajudarem os fiéis a serem dóceis ao Espírito.

Diante da emergência das religiões e de certo recesso do Catolicismo, entre os eclesiásticos há quem se preocupe com a presença, sobretudo com a visibilidade da Igreja, manifestando-se em celebrações, em realce dado à hierarquia, aos sacerdotes e religiosos ostentando vestes e sinais sagrados.

Corre-se, então, o risco de ceder à busca da aparência, ao gosto pelo espetáculo e ao ressurgimento de um clericalismo que contamina até os leigos.

Presença da Igreja no mundo mediante os leigos

A presença da Igreja preconizada pelo Concílio é o testemunho do Amor, da capacidade ética e espiritual de transformar o mundo, em seus costumes, em suas formas de pensar, de viver, de comunicar e organizar a sociedade no respeito da dignidade e na promoção de todos os direitos para todos.

Realizar e manifestar essa presença, eis o que o Concílio realça como sendo antes de tudo a missão dos leigos.

Relegando o estilo negativo que caracterizava os leigos, como aqueles que "não são nem clérigos nem religiosos", o Vaticano II insiste na originalidade da "missão dos leigos", fala da "dignidade dos leigos". Eles estão no mundo, para "consagrar o mundo", eles são "a alma do mundo" (*LG*, capítulo IV, especialmente n. 34 e 38).

É da maior importância a afirmação da vocação universal dos cristãos à santidade.

Todo o capítulo V da constituição conciliar sobre a Igreja é consagrado a proclamar e a explicar esta mensagem essencial do Evangelho: a vocação de todos, homens e mulheres, à santidade. Esta é a força própria de Deus para realizar seus desígnios de amor. A graça acolhida nos corações, animando as pessoas para empreenderem a mudança do mundo. É o Reino da santidade, da justiça, do amor e da paz enfrentando de dentro e por dentro o império da ambição, do erotismo e da orgia em suas formas requintadas e tecnológicas.

O conjunto da Igreja, suas instituições e seus ministros, tudo está ordenado, e deve ser orientado a essa vinda do Reino que consiste na santificação da humanidade e do mundo. O Reino tem como dinamismo a santidade efetiva e irradiante dos Discípulos de Cristo, vivendo sua vida secular e exercendo atividades profanas, mas permanecendo animados por seu Espírito de santidade e de Amor Universal.

A santidade, ou simplesmente a espiritualidade abrangendo todo o humano. A graça animando e elevando a vida real

O Vaticano II incita os cristãos, mais ainda os responsáveis pela formação das consciências, a aprofundar a sua visão real e concreta da vida cristã, considerando os elementos que constituem e integram a forma de santidade primordial na Igreja, que vem a ser a santidade dos leigos no mundo.

Em Cristo e por seu Espírito, o ser humano é assumido, retificado e elevado em sua capacidade de conhecer e amar, de realizar sua harmonia interior e de se dar de maneira generosa e desinteressada. Ele é envolvido e transformado interiormente pelo conjunto de virtudes que orientam suas capacidades humanas no plano das relações pessoais, familiares e sociais. São as chamadas virtudes morais. E ele é transfigurado interiormente, elevado para entrar em relação imediata e amorosa com Deus. O que vem a ser a missão das virtudes teologais ou divinas.

A vida cristã encerra esse conteúdo de base propriamente humano que ela assume e retifica mediante a prática dos valores e virtudes morais. Aos olhos da fé em Deus Criador, toda a vida humana pessoal, familiar e social, todas as realidades profanas são iluminadas como dons de Deus a ser acolhidos, respeitados e valorizados, e a pessoa resplandece em sua dignidade e na plenitude de seus direitos.

Surge, então, o vasto campo de uma ética dos valores e das virtudes morais, de prudência, de justiça, de coragem e luta pelo direito e pela paz, de domínio e harmonia dos desejos e dos prazeres.

A vida cristã, no que tem de mais sublime, ao mesmo tempo que se realiza na retidão moral, se eleva em toda a sua realidade concreta e humana, à união e à semelhança com Deus. Pelas virtudes teologais da fé, esperança e caridade, a vida e a atividade dos fiéis e das comunidades são introduzidas na intimidade da comunhão trinitária.

Missão evangelizadora dos leigos

Os leigos não têm na Igreja uma missão secundária, menos ainda uma tarefa delegada pela hierarquia. Eles têm o imenso campo do mundo a evangelizar.

Eis a palavra clara e bem pensada do Concílio. Grifamos algumas insistências mais marcantes:

> É *própria e peculiar dos leigos a característica secular.* Com efeito, os membros da sagrada Ordem, ainda que algumas vezes possam tratar de assuntos seculares, exercendo mesmo uma profissão profana, contudo, em razão da sua vocação específica, destinam-se sobretudo e expressamente ao sagrado ministério; enquanto os religiosos, no seu estado, dão magnífico e privilegiado testemunho de que se não pode transfigurar o mundo e oferecê-lo a Deus sem o espírito das bem-aventuranças. *Por vocação própria, compete aos leigos procurar o Reino de Deus tratando das realidades temporais e ordenando-as segundo Deus* (LG, n. 31).

Valorização dos leigos significa a valorização de toda a comunidade, não de uma parte em detrimento de outra

Nem clericalismo nem laicismo na Igreja. Uma comunidade de fiéis com diversidade de missões e funções, que se ajudam mutuamente. É o caminho apontado pelo Concílio:

> Os sagrados pastores conhecem, com efeito, perfeitamente quanto os leigos contribuem para o bem de toda a Igreja. Pois eles próprios sabem que não foram instituídos por Cristo para se encarregarem por si sós de toda a missão salvadora da Igreja para com o mundo, mas que o seu cargo sublime consiste em pastorear de tal modo os fiéis

e de tal modo reconhecer os seus serviços e carismas, que todos, cada um segundo o seu modo próprio, cooperem na obra comum (*LG*, n. 30).

Povo de "sacerdotes, reis e profetas"

O Concílio dá o maior relevo à participação dos leigos nas funções e prerrogativas de Cristo, estendendo-se longa e cuidadosamente em explicar como em Cristo e por Cristo os fiéis formam um povo e uma comunidade de sacerdotes, reis e profetas. Citamos amplamente esses textos pois são os mais importantes e os mais esquecidos.

Antologia. Amostras significativas sobre a natureza da Liturgia e sobre a necessária renovação litúrgica

Função sacerdotal e cultual dos leigos

Jesus Cristo, sumo e eterno Sacerdote, querendo continuar também por meio dos leigos o seu testemunho e o seu ministério, vivifica-os com o seu Espírito e impele-os constantemente a toda obra boa e perfeita.

Àqueles que une intimamente à sua vida e missão dá-lhes também parte no seu múnus sacerdotal com vistas a exercerem um culto espiritual, para glória de Deus e salvação dos homens (cf. *LG*, n. 33).

Função profética e testemunho dos leigos

Cristo, o grande profeta, que pelo testemunho da vida e a força da palavra proclamou o reino do Pai, realiza a sua missão profética, até à total revelação da glória, não só por meio da Hierarquia, que em seu nome e com a sua autoridade ensina, mas também por meio dos leigos; para isso os constituiu testemunhas, e lhes concedeu o sentido da fé e o dom da palavra (cf. At 2,17-18; Ap 19,10) a fim de que a força do Evangelho resplandeça na vida quotidiana, familiar e social.

[...]

Por isso, ainda mesmo quando ocupados com os cuidados temporais, podem e devem os leigos exercer valiosa ação para a evangelização do mundo. E se há alguns que, na medida do possível, suprem nas funções religiosas os ministros sagrados que faltam ou estão impedidos em tempo de perseguição, a todos, porém, incumbe a obrigação de cooperar para a dilatação e crescimento do Reino de Cristo no mundo. Dediquem-se, por isso, os leigos com diligência a conseguir um conhecimento mais profundo da verdade revelada, e peçam insistentemente a Deus o dom da sabedoria (*LG*, n. 35).

Função régia

Tendo-se feito obediente até a morte e tendo sido, por este motivo, exaltado pelo Pai (cf. Fl 2,8-9), entrou Cristo na glória do seu reino. Todas as coisas lhe estão sujeitas, até que ele se submeta, e a todas as criaturas, ao Pai, para que Deus seja tudo em todos (cf. 1Cor 15,27-28). Comunicou este poder aos discípulos, para que também eles sejam constituídos em régia liberdade e, com a abnegação de si mesmos e a santidade da vida, vençam em si próprios o reino do pecado (cf. Rm 6,12); mais ainda, para que, servindo a Cristo também nos outros, conduzam os seus irmãos, com humildade e paciência, àquele Rei, a quem servir é reinar. Pois o Senhor deseja dilatar também por meio dos leigos o seu reino, reino de verdade e de vida, reino de santidade e de graça, reino de justiça, de amor e de paz (114), no qual a própria criação será liberta da servidão da corrupção, alcançando a liberdade da glória dos filhos de Deus (cf. Rm 8,21). Grande é a promessa, grande o mandamento que é dado aos discípulos: "tudo é vosso; vós sois de Cristo; e Cristo é de Deus" (1Cor 3,23).

Por consequência, devem os fiéis conhecer a natureza íntima e o valor de todas as criaturas, e a sua ordenação para a glória de Deus, ajudando-se uns aos outros, mesmo através das atividades propriamente temporais, a levar uma vida mais santa, para que assim o mundo seja penetrado do espírito de Cristo e, na justiça, na caridade e na paz, atinja mais eficazmente o seu fim. Na realização plena deste dever, os leigos ocupam o lugar mais importante. Por conseguinte, com a sua competência nas matérias profanas, e a sua atuação interiormente elevada pela graça de Cristo, contribuam eficazmente para que os bens criados sejam valorizados pelo trabalho humano, pela técnica e pela cultura para utilidade de todos os homens, sejam bem mais distribuídos entre eles e contribuam a seu modo para o progresso de todos na liberdade humana e cristã, em harmonia com o destino que lhes deu o Criador e segundo a iluminação do Verbo. Deste modo, por meio dos membros da Igreja, Cristo iluminará cada vez mais a humanidade inteira com a sua luz salvadora.

Além disso, também pela união das próprias forças, devem os leigos sanear as estruturas e condições do mundo, se elas porventura propendem a levar ao pecado, de tal modo que todas se conformem às normas da justiça e antes ajudem ao exercício das virtudes do que o estorvem. Agindo assim, informarão de valor moral a cultura e as obras humanas. E, por este modo, o campo, isto é, o mundo ficará mais preparado para a semente da palavra divina e abrir-se-ão à Igreja mais amplamente as portas para introduzir no mundo a mensagem da paz.

Devido à própria economia da salvação, devem os fiéis aprender a distinguir cuidadosamente entre os direitos e deveres que lhes competem como membros da Igreja e os que lhes dizem respeito enquanto fazem parte da sociedade humana. Procurem harmonizar entre si uns e outros, lembrando-se de que se devem guiar em todas as coisas temporais pela consciência cristã, já que nenhuma atividade humana, nem mesmo em assuntos temporais, se pode subtrair ao domínio de Deus. É muito necessário em nossos dias que esta distinção e harmonia se manifestem claramente nas atitudes dos fiéis, que a missão da Igreja possa corresponder mais plenamente às condições particulares do mundo atual. Assim como se deve reconhecer que a cidade terrena se consagra a justo título aos assuntos temporais e se rege por princípios próprios, assim com razão se deve rejeitar a nefasta doutrina que pretende construir a sociedade sem ter para nada em conta a religião, atacando e destruindo a liberdade religiosa dos cidadãos (*LG*, n. 36)

3

Deus se revela e se dá, confidenciando o Mistério trinitário que ele é, no desígnio de suscitar parceiros em sua comunhão de amor. Constituição dogmática sobre a Revelação Divina, *Dei Verbum* (DV)

O Vaticano II leva a cabo o projeto inovador de João XXIII, definindo a Igreja em sua constituição e sua vida interna. Tal é o propósito que resplandece e se desdobra na constituição sobre a Igreja, *Lumen Gentium*, e na constituição sobre a Liturgia, *Sacrosanctum Concilium*. É o momento de se interrogar: donde vem a Igreja?

Na verdade, o Concílio retoma e aprofunda uma de suas primeiras afirmações, ao mostrar no limiar da constituição *Lumen Gentium*: a Igreja surge na história qual obra-prima do Pai, do Filho e do Espírito Santo, qual comunidade da graça, à semelhança e em união com a comunhão trinitária, que lhe é revelada, tornando-a reveladora desse Mistério de Amor ao mundo. É esta Revelação, em seu sentido divino e em seu processo histórico, que constitui agora o tema da constituição *Dei Verbum*.

Já pelo título *Dei Verbum* se insinua o propósito de retomar o tema da constituição *Dei Filius*, do Concílio

Vaticano I. Mas, o último concílio alarga as perspectivas e aprofunda a compreensão da Revelação Divina em sua fonte e em sua transmissão. Ele integra os resultados dos estudos teológicos e a reflexão hermenêutica moderna, bem como os amplos benefícios resultantes do Movimento Bíblico, que se empenhava em colocar a Sagrada Escritura nas mãos de todo os cristãos.

A constituição dogmática *Dei Verbum* foi ampla e profundamente discutida como os documentos de ponta da singularidade inovadora do Vaticano II. A questão da Revelação está mesmo no começo e na base do primeiro choque entre as duas tendências, a conservadora e a inovadora, que constituem a dinâmica, digamos a dialética do Concílio. Pois a opção libertadora para a marcha renovadora do Vaticano II teve seu início na rejeição do anteprojeto "Sobre as duas fontes da Revelação", preparado pela Comissão doutrinal pré-conciliar, conduzida pelo Santo Ofício.

A partir dessa decisão lúcida e corajosa, o tema da Revelação atravessa o Concílio de ponta a ponta, só culminando nessa constituição nos finzinhos da última Sessão.

Grandes linhas e articulações da Revelação Divina, acolhida, vivida e difundida pela Igreja

Dei Verbum é uma síntese maravilhosa, sobretudo pelo seu empenho de realçar a integralidade de todos os elementos da Revelação, de sua presença e transmissão, a saber, a sua tradição na Igreja e pela Igreja. Esse empenho de integralidade se associa ao cuidado de ordenar os dados e os protagonistas que estão na fonte e na difusão da mensagem, do dom e da acolhida da Revelação. Destaquemos os dados essenciais em sua ordem de preeminência e em sua correlação.

Um breve *Prólogo* apresenta a Igreja ouvindo e testemunhando a Palavra de Deus e indica o verdadeiro sentido da Revelação e da fé, fonte de salvação para o mundo. É a preocupação profunda e constante do Concílio, fora de qualquer empenho de defender a ortodoxia, menos ainda de alimentar controvérsias. Os dois primeiros capítulos, deveras fundamentais, condensam a compreensão da Revelação em si mesma, em sua fonte divina (capítulo I) em sua transmissão, na Tradição viva da Igreja (capítulo II).

No capítulo I, muito sucinto, muito denso, se mostra que a Revelação Divina se faz por "acontecimentos" e "palavras", engendrando a fé como forma de vida e de conhecimento de Deus (ver n. 5). Domina sempre a noção de vida. O mesmo resplandece no capítulo II, que sintetiza a noção e os elementos da Tradição, Palavra de Deus presente na contemplação, na reflexão, no ensino da Igreja (veja-se essa ordem de fatores no n. 8).

De maneira muito coerente, os capítulos seguintes desdobram essa dupla compreensão da Revelação na Bíblia e da Tradição na Igreja: capítulo III – Inspiração divina da Sagrada Escritura e sua interpretação; capítulo IV – O Antigo Testamento; capítulo V – O Novo Testamento; capítulo VI – A Sagrada Escritura na vida da Igreja. O Concílio assume e prolonga o progresso dos estudos e dos movimentos bíblicos.

O mais importante a notar é que, priorizando a noção da Revelação e da fé como "vida", a originalidade renovadora do Concílio se afirma em uma compreensão integral e harmoniosa dos elementos e protagonistas da transmissão bíblica e eclesial da Palavra de Deus, entendida também como Palavra viva de Deus. O Vaticano II põe em relevo a junção harmoniosa da "Escritura, da Tradição, do Povo de Deus e do Magistério" (n. 10).

O Concílio teve uma excelente e fecunda recepção no que toca ao conjunto desta constituição. O ponto menos acolhido foi a insistência conciliar em integrar o Magistério na harmonia dos outros elementos: vida de fé de todo o Povo de Deus, meditação e contemplação dos fiéis, estudo e colaboração dos teólogos (cf. n. 8). Essa falha da etapa pós-conciliar está em correlação com a dificuldade em aceitar a colegialidade, e de conciliar a hierarquia de santidade, de serviço, e a hierarquia de poder.

Paradigma hermenêutico, da Revelação e da Tradição. *Dei Verbum*

Pode-se falar de um paradigma dialogante da Revelação recebida, vivida e transmitida pela Igreja.

A constituição *Dei Verbum* propõe um paradigma realmente novo para o magistério e para o conjunto da Igreja. É um paradigma dialogante, porque tecido da palavra e da escuta, da palavra proferida e da palavra vivida, em um testemunho de experiências de graça e de santidade, em comunhão, em convivência de todos os que creem.

Uma novidade conciliar, menos notada e menos destacada, vem a ser a missão primordial dos leigos, da comunidade dos fiéis em seu conjunto, na permanência e transmissão da Revelação Divina.

O Vaticano II não se coloca na perspectiva jurídica de quem tem o poder de pregar, de confiar o ofício de pregar ou implantar as estruturas da Igreja em uma região a evangelizar ou já evangelizada. Essa visão da Igreja como poder só é objeto de sua posição original no sentido em que reconhece o poder como real, mas sob a forma de serviço, não de mando. Mas a consideração e a insistência do Concílio se condensam neste duplo aspecto conexo:

- A Revelação, a Palavra de Deus se faz presente e atuante na vida, enquanto luz e energia divina, que ilumina, transforma os fiéis e as comunidades, santificando-os e deles fazendo servidores da Palavra, evangelizadores.

- Por outro lado, a palavra é considerada e mesmo contemplada em sua dimensão propriamente divina, a Palavra. Essa age pelos instrumentos, pela Bíblia e pelos sacramentos e ministérios da Igreja, e essas formas de mediação são ditas Palavra de Deus enquanto são seu suporte e seus meios de atualização e atuação. Mas o que está no centro da vida de cada um dos fiéis e da comunidade eclesial é a Palavra que ensina diretamente cada coração e toda a comunidade. É o sentido pleno da "Nova Aliança", Deus por seu Espírito presente, falando e agindo no íntimo de seu Povo, (cf. Jr 31-34; Jo 6,44-45).

Tal é a mensagem acolhida e transmitida pelo Vaticano II.

- Ele mostra a Tradição que a Igreja vive e transmite como sendo a Palavra de Deus destinada a santificar os fiéis: "Por isto os Apóstolos, transmitindo aquilo que eles próprios receberam, exortam os fiéis a manter as tradições que aprenderam seja oralmente, seja por carta (cf. 2Ts 2,15) e a combater pela fé que lhes transmitiu uma vez para sempre (cf. Jd 3)" (*DV*, n. 8).

"Ora essas tradições, recebidas dos apóstolos, abrangem tudo quanto contribui para a santidade de vida do Povo de Deus e para o aumento da fé; assim a Igreja, na sua doutrina, vida e culto, perpetua e transmite a todas as gerações tudo aquilo que ela própria é e tudo quanto ela acredita".

- Em seguida explica como essa Tradição está presente e cresce na Igreja, primeiramente pela fé viva dos fiéis. O Concílio indica três formas conexas dessa transmissão viva da Palavra de Deus:

"Esta Tradição, oriunda dos Apóstolos, progride na Igreja sob a assistência do Espírito Santo: cresce, com efeito, a compreensão tanto das coisas como das palavras transmitidas," – que constituem parte da Tradição:

"— seja pela *contemplação e pelo estudo dos que creem*, os quais as meditam em seu coração (cf. Lc 2,19 e 51);

— seja pela *íntima compreensão que experimentam das coisas espirituais*;

— seja pela *pregação daqueles que com a sucessão do episcopado* receberam o carisma seguro da verdade. A Igreja, pois, no decorrer dos séculos, tende continuamente para a plenitude da verdade divina, até que se cumpram nela as palavras de Deus" (*DV*, n. 8).

É importante manter a presença e a convergência dessas três modalidades, sendo que a vida dos fiéis é destacada em primeiro lugar. Note-se essa mesma convergência, diríamos a confluência dos fatores objetivos na transmissão da verdade divina, sob forma de doutrina na história e na vida da Igreja: a Escritura, a Tradição e o Magistério. Note-se que o Magistério consulta a tradição nos documentos do passado e na fé viva e atual dos fiéis.

A II Parte da constituição se concentra no testemunho por excelência da Revelação, a Sagrada Escritura, que vem exposta na sua inspiração divina, sua verdade e inerrância como Palavra de Deus.

Inspirados por Deus, os livros sagrados têm verdadeiros autores humanos

O Concílio retoma e reelabora com clareza e fineza a doutrina da inspiração divina da Escritura. Mostra, ainda, o seu intento de acolher e levar à perfeição os dados da Tradição, cuja síntese aprimorada se prestava a colocar em plena luz sua mensagem renovadora.

Essa expressão tradicional o Vaticano II a recebe sintetizada por Pio XII na encíclica *Divino Afflante Spiritu*, de 30 de setembro de 1943, a qual refutava tanto os erros das tendências conservadoras que representavam a inspiração como simples ditado de Deus que eliminava a cooperação dos autores quanto os erros dos exegetas liberais que viam na Bíblia um livro religioso como outro qualquer.

Tomás de Aquino forneceu aos exegetas católicos o bom instrumento intelectual, esclarecendo que a ação divina em um ser livre não lhe estorva a liberdade, mas utiliza-a valorizando-a. A inspiração é o exemplo eminente da verdade e da fineza da ação divina sobre os autores sagrados, que colaboram com seus talentos, guardam seu estilo e sabem seus limites, sendo preservados de cometer erros e de transmiti-los como Palavra de Deus. Seguindo essa teologia de Tomás e aplicando-se a um imenso trabalho qualificado, o frade dominicano M. J. Lagrange, fundador da Escola Bíblica de Jerusalém, prestou o maior serviço à Igreja difundindo e aplicando a boa doutrina da inspiração.

Condescendência de Deus

Em seu feitio integrador, que assume e aprimora diferentes formas de tradições vivas na Igreja, o Vaticano II se compraz em retomar uma bela expressão de João Crisóstomo, que aponta para a "condescendência de Deus". Assim, exalta-se o que é mais típico na Bíblia, na imensa diversidade dos tempos e lugares, ela expressa as verdades divinas mediante todos os tipos e modelos do linguajar humano.

Na Sagrada Escritura, salvas sempre a verdade e a santidade de Deus, manifesta-se a admirável "condescendência" da eterna sabedoria, "para conhecermos a inefável benignidade de Deus e com quanta acomodação ele falou, tomando providência e cuidado da nossa natureza". A constituição retoma aqui uma analogia maravilhosa já utilizada por Pio XII: recorrendo às línguas humanas, a Palavra divina nas Escrituras torna-se profunda e intimamente humana, como o Verbo Encarnado tornou-se semelhante aos homens assumindo-lhes todas as fraquezas para lhes comunicar a força de Deus. Pio XII tinha ido mais longe em sua analogia. Proclamava que, assumindo a carne humana, o Filho eterno de Deus tomara em si todas as fraquezas humanas, exceto o pecado. A palavra Divina nas Escrituras assumiu todos os limites das palavras humanas, menos o erro. Assim se encerravam as rançosas querelas modernistas em que espíritos racionalistas faziam da Bíblia um escrito puramente humano com todas as falhas humanas, até mesmo erros e falsidades.[1]

A Igreja venera as Sagradas Escrituras

Em seu feitio original e criativo de ser fiel à tradição, o Concílio, prolongando a analogia da Palavra divina encerrada nas Escrituras e desta Palavra, do Verbo eterno de Deus encarnado, no mistério da Eucaristia, proclama:

> A Igreja venerou sempre as divinas Escrituras como venera o próprio Corpo do Senhor, não deixando jamais, sobretudo na sagrada Liturgia, de tomar e distribuir aos fiéis o pão da vida, quer da mesa da Palavra de Deus quer da do Corpo de Cristo. Sempre as considerou, e continua a considerar, juntamente com a sagrada Tradição, como regra suprema da sua fé; elas, com efeito, inspiradas como são por Deus, e exaradas por escrito de uma vez para sempre, continuam a dar-nos imutavelmente a palavra do próprio Deus, e fazem ouvir a voz do Espírito Santo através das palavras dos profetas e dos Apóstolos (*DV*, n. 21).

---

1 Às vezes, a grande história das coisas divinas vem parasitada por pequenas ingerências muito humanas de dados miúdos que mal merecem um rodapé. As expressões de Pio XII coincidem letra por letra com uma declaração de Alfredo Loisy, que acabou sendo *excomunicatus vitandus* (excomungado que todos devem evitar), mas a declaração data de quando ele era ainda fiel católico e empenhado em refutar os racionalistas ou protestantes liberais. De Loisy a Pio XII há todo um longo período. Teria havido coincidência? Ou existiria uma ponte ligando o *vitando* ao pontífice? Termino com uma confidência destinada aos jovens pesquisadores. Fui atrás da hipótese de que a fonte seria um colaborador do Santo Padre na redação da encíclica. Apostei no dominicano, no bem conhecido Padre Vosté, que dialogou com Loisy nos primeiros tempos e já bem maduro estava na Pontifícia Comissão Bíblica, que, normalmente, nos assuntos de sua competência, assessora o Santo Padre. Aí dei com o texto do jovem Loisy (em *Les Études Bibliques*, de 1894), e com a citação dele por Vosté (em: VOSTÉ, Fr. Jacobus-M. *De divina inspiratione et veritate Sacrae Scripturae*. Roma: Angelicum, 1932). E finalmente nas veneráveis páginas da encíclica *Divino Afflante Spiritu*, de 1943). Tem-se aí uma prova? Uma probabilidade? A pergunta se endereça aos jovens pesquisadores.

A mesma Palavra Divina nos dois Testamentos

Em dois capítulos (IV e V), a constituição *Dei Verbum* propõe brevemente a doutrina comum sobre os dois Testamentos, que constituem a Sagrada Escritura para os cristãos. Mas o Concílio não deixa de imprimir suas marcas renovadoras sobre este ensino tradicional.

Mostrando a unidade das Escrituras que culminam na "Nova e Eterna Aliança", de que Cristo é o Princípio e o Fim, a exposição conciliar insiste sobre o valor perene do Antigo Testamento para os cristãos, destacando:

> [Os livros do Antigo Testamento] [...] revelam, contudo, a verdadeira pedagogia divina. Por isso, os fiéis devem receber com devoção estes livros que exprimem o vivo sentido de Deus, nos quais se encontram sublimes doutrinas a respeito de Deus, uma sabedoria salutar a respeito da vida humana, bem como admiráveis tesouros de preces, nos quais, finalmente, está latente o mistério da nossa salvação (*DV*, n. 15).

Bem se sente sugerida a atitude de um ecumenismo fraterno. O tema vem desenvolvido com clareza e carinho na declaração sobre as relações da Igreja com as religiões não cristãs (*Nostra Aetate*, no extenso n. 4). Note-se a tonalidade do Vaticano II:

> Sondando o mistério da Igreja, este sagrado Concílio recorda o vínculo com que o povo do Novo Testamento está espiritualmente ligado à descendência de Abraão.
>
> Com efeito, a Igreja de Cristo reconhece que os primórdios da sua fé e eleição já se encontram, segundo o mistério divino da salvação, nos patriarcas, em Moisés e nos profetas. Professa que todos os cristãos, filhos de Abraão segundo a fé, estão incluídos na vocação deste

patriarca e que a salvação da Igreja foi misticamente prefigurada no êxodo do povo escolhido da terra da escravidão. A Igreja não pode, por isso, esquecer que foi por meio desse povo, com o qual Deus se dignou, na sua inefável misericórdia, estabelecer a antiga Aliança, que ela recebeu a revelação do Antigo Testamento e se alimenta da raiz da oliveira mansa, na qual foram enxertados os ramos da oliveira brava, os gentios. [...]

E conclui: "Sendo assim tão grande o patrimônio espiritual comum aos cristãos e aos judeus, este sagrado Concílio quer fomentar e recomendar entre eles o mútuo conhecimento e estima, os quais se alcançarão sobretudo por meio dos estudos bíblicos e teológicos e com os diálogos fraternos".

A plenitude do Evangelho

Visando sempre ao essencial na sua perspectiva de revelar o Amor de Deus na Igreja, o Concílio enaltece a plenitude dessa revelação no Novo Testamento e muito particularmente nos Evangelhos. Insiste na origem apostólica do Novo Testamento, que emerge, assim, como testemunho da verdade histórica e da verdade divina, das obras, das palavras, e da Pessoa do Verbo Encarnado.

A índole histórica dos escritos evangélicos vem, portanto, colocada em relevo. O Concílio mostra que está a par dos estudos exegéticos modernos, das suas diferentes tendências, especialmente das dúvidas lançadas sobre a autenticidade dos textos e a historicidade de suas narrações.

Daí seu empenho em exortar os teólogos e mesmo todos os fiéis a terem uma verdadeira informação, exata e crítica, da Igreja primitiva, formada pela pregação do

Evangelho e consagrada a transmitir por escrito aquilo que ela pregava para a salvação da humanidade.

A Sagrada Escritura na vida da Igreja

Tal é o título do VI e último capítulo da constituição, parte da verdade primordial, que ilumina aqui o Concílio. Este relembra: "A Igreja sempre venerou as divinas Escrituras da mesma forma como o próprio Corpo do Senhor, já que, principalmente na Sagrada Liturgia, sem cessar toma da mesa tanto da Palavra de Deus quanto do Corpo de Cristo, o pão da vida e o distribui aos fiéis" (*DV*, n. 21).

Quanto ao passado, o Concílio evoca a solicitude da Igreja pelas boas traduções da Escritura, recomendando especialmente as versões dos *LXX* e da *Vulgata*. E recomenda novas, exatas e atraentes apresentações da Bíblia para os dias de hoje.

Elogia os trabalhos competentes e valiosos dos mestres da teologia bíblica, marcando bem a necessidade que deles tem a Igreja.

E a última palavra é uma recomendação insistente, da leitura da Sagrada Escritura, a ser realizada por todos os fiéis em vista do contato com a Palavra de Deus e a sua irradiação. Lembra a sentença de São Jerônimo "[...] ignorar as Escrituras é ignorar Cristo" (*DV*, n. 25).

Nota-se que nesta constituição dogmática o Vaticano II deixa bem clara a sua mensagem primordial. Depois de consagrar um rápido segundo capítulo à Tradição, estende-se longamente em quatro capítulos sobre a Sagrada Escritura. Por outro lado, o Concílio assume e homologa o progresso realizado já no Magistério da Igreja, especialmente com Pio XII, bem como exalta o labor científico e pastoral na Igreja.

A intenção do Concílio é de renovar sempre, partindo do que há de bom e, se possível, melhor na Tradição e do que há de melhor na Igreja hoje.

Antologia.
Amostras da doutrina conciliar sobre a Revelação

Natureza e objeto da Revelação

Aprouve a Deus, na sua bondade e sabedoria, revelar-se a si mesmo e dar a conhecer o mistério da sua vontade (cf. Ef 1,9), segundo o qual os homens, por meio de Cristo, Verbo encarnado, têm acesso ao Pai no Espírito Santo e se tornam participantes da natureza divina (cf. Ef 2,18; 2Pd 1,4). Em virtude desta revelação, Deus invisível (cf. Cl 1,15; 1Tm 1,17), na riqueza do seu amor fala aos homens como amigos (cf. Ex 33,11; Jo 15,14-15) e convive com eles (cf. Br 3,38), para os convidar e admitir à comunhão com ele. Esta "economia" da revelação realiza-se por meio de ações e palavras intimamente relacionadas entre si, de tal maneira que as obras, realizadas por Deus na história da salvação, manifestam e confirmam a doutrina e as realidades significadas pelas palavras; e as palavras, por sua vez, declaram as obras e esclarecem o mistério nelas contido. Porém, a verdade profunda tanto a respeito de Deus como a respeito da salvação dos homens manifesta-se-nos, por esta revelação, em Cristo, que é, simultaneamente, o mediador e a plenitude de toda a revelação (*DV*, n. 2).

Aceitação da Revelação pela fé

A Deus que revela é devida a "obediência da fé" (Rm 16,26; cf. Rm 1,5; 2Cor 10,5-6); pela fé, o homem entrega-se total e livremente a Deus oferecendo "a Deus revelador o obséquio pleno da inteligência e da vontade" e prestando voluntário assentimento à sua revelação. Para prestar esta adesão da fé, são necessários a prévia e concomitante ajuda da graça divina e os interiores auxílios do Espírito Santo, o qual move e converte a Deus o coração, abre os olhos do entendimento, e dá "a todos a suavidade em aceitar e crer a verdade". Para que a compreensão da revelação seja sempre mais profunda, o mesmo Espírito Santo aperfeiçoa sem cessar a fé mediante os seus dons (*DV*, n. 5).

A sagrada Tradição

[...] para que o Evangelho fosse perenemente conservado íntegro e vivo na Igreja, os Apóstolos deixaram os Bispos como seus sucessores, "entregando-lhes o seu próprio ofício de magistério". Portanto, esta sagrada Tradição e a Sagrada Escritura dos dois Testamentos são como um espelho no qual a Igreja peregrina na terra contempla a Deus, de quem tudo recebe, até ser conduzida a vê-lo face a face tal qual Ele é (cf. 1 Jo. 3,2).

[...]

E assim, a pregação apostólica, que se exprime de modo especial nos livros inspirados, devia conservar-se, por uma sucessão contínua, até a consumação dos tempos. Por isso, os Apóstolos, transmitindo o que eles mesmos receberam, advertem os fiéis a que observem as tradições que tinham aprendido quer por palavras quer por escrito (cf. 2Ts 2,15), e a que lutem pela fé recebida de uma vez para sempre (cf. Jd 3). Ora, o que foi transmitido pelos Apóstolos abrange tudo quanto contribui para a vida santa do Povo de Deus e para o aumento da sua fé; e assim a Igreja, na sua doutrina, vida e culto, perpetua e transmite a todas as gerações tudo aquilo que ela é e tudo quanto acredita.

Esta tradição apostólica progride na Igreja sob a assistência do Espírito Santo. Com efeito, progride a percepção tanto das coisas como das palavras transmitidas, quer mercê da contemplação e estudo dos crentes, que as meditam no seu coração (cf. Lc 2,19.51), quer mercê da íntima inteligência que experimentam das coisas espirituais, quer mercê da pregação daqueles que, com a sucessão do episcopado, receberam o carisma da verdade. Isto é, a Igreja, no decurso dos séculos, tende continuamente para a plenitude da verdade divina, até que nela se realizem as palavras de Deus (*DV*, n. 7-8).

Natureza da inspiração e verdade da Sagrada Escritura

As coisas reveladas por Deus, contidas e manifestadas na Sagrada Escritura, foram escritas por inspiração do Espírito Santo. Com efeito, a santa mãe Igreja, segundo a fé apostólica, considera como santos e canônicos os livros inteiros do Antigo e do Novo Testamento com todas as suas partes, porque, escritos por inspiração do Espírito Santo (cf. Jo 20,31; 2Tm 3,16; 2Pd 1,19-21; 3,15-16), têm Deus por autor, e como tais foram confiados à própria Igreja. Todavia, para escrever os livros sagrados, Deus escolheu e serviu-se de homens na posse das suas faculdades e capacidades, para que, agindo ele neles e por eles, pusessem por escrito, como verdadeiros autores, tudo aquilo e só aquilo que ele queria.

E assim, como tudo quanto afirmam os autores inspirados ou hagiógrafos deve ser tido como afirmado pelo Espírito Santo, por isso mesmo se deve acreditar que os livros da Escritura ensinam com certeza, fielmente e sem erro a verdade que Deus, para nossa salvação, quis que fosse consignada nas sagradas Letras. Por isso, "toda a Escritura é divinamente inspirada e útil para ensinar, para corrigir, para instruir na justiça: para que o homem de Deus seja perfeito, experimentado em todas as obras boas" (Tm 3,7-17 gr.) (*DV*, n. 11).

Condescendência de Deus

Portanto, na Sagrada Escritura, salvas sempre a verdade e a santidade de Deus, manifesta-se a admirável "condescendência" da eterna sabedoria, "para conhecermos a inefável benignidade de Deus e com quanta acomodação ele falou, tomando providência e cuidado da nossa natureza". As palavras de Deus, com efeito, expressas por línguas humanas, tornaram-se intimamente semelhantes à linguagem humana, como outrora o Verbo do eterno Pai se assemelhou aos homens tomando a carne da fraqueza humana (*DV*, n. 13).

A Igreja venera as Sagradas Escrituras

A Igreja venerou sempre as divinas Escrituras como venera o próprio Corpo do Senhor, não deixando jamais, sobretudo na sagrada Liturgia, de tomar e distribuir aos fiéis o pão da vida, quer da mesa da palavra de Deus quer da do Corpo de Cristo. Sempre as considerou, e continua a considerar, juntamente com a sagrada Tradição, como regra suprema da sua fé; elas, com efeito, inspiradas como são por Deus, e exaradas por escrito de uma vez para sempre, continuam a dar-nos imutavelmente a palavra do próprio Deus, e fazem ouvir a voz do Espírito Santo através das palavras dos profetas e dos Apóstolos. É preciso, pois, que toda a pregação eclesiástica, assim como a própria religião cristã, seja alimentada e regida pela Sagrada Escritura. Com efeito, nos livros sagrados, o Pai que está nos céus vem amorosamente ao encontro de seus filhos, a conversar com eles; e é tão grande a força e a virtude da Palavra de Deus que se torna o apoio vigoroso da Igreja, solidez da fé para os filhos da Igreja, alimento da alma, fonte pura e perene de vida espiritual. Por isso se devem aplicar por excelência à Sagrada Escritura as palavras: "A Palavra de Deus é viva e eficaz" (Hb 4,12), "capaz de edificar e dar a herança a todos os santificados" (At 20,32; cf. 1Ts 2,13) (*DV*, n. 21).

4

A Igreja e o mundo em relação de diálogo e de mútua ajuda para a construção de uma civilização do amor. Visão global da constituição pastoral sobre a Igreja no mundo de hoje, *Gaudium et Spes* (GS)

Os padres do Vaticano II bem poderiam exclamar: "Consummatum est". Tinham, enfim, colocado em plena luz as questões derradeiras sobre esta constituição, que, de certo modo, resume e coroa o Concílio. E o projeto da *Gaudium et Spes*, por vezes mudando de número, quando outros eram eliminados, foi avançando sempre, sem deixar de ser contestado em todo ou em parte. Pois esse projeto e a constituição em que se realizou simbolizavam o essencial do Concílio como propósito global de renovar a Igreja por dentro segundo o Evangelho e colocar essa visão autêntica da Igreja em face do mundo, enfrentando a Modernidade, abraçando a humanidade com amor.

É o que declara com nitidez a famosa entrada em matéria da *Gaudium et Spes*. Em outros concílios a Igreja se defendia contra o mundo e por vezes o anatematizava. O Vaticano II, no limiar de sua última constituição, abre os braços e proclama: "O povo de Deus tem no coração as alegrias e as esperanças, as tristezas e angústias da humanidade de hoje, sobretudo dos pobres e sofredores" (cf. GS, n. 1).

Longa história sofrida e significativa

A constituição *Gaudium et Spes* tem uma história comprida, por vezes atravancada, condensando o que foi a marcha do Vaticano II. Projetos se sucedem, sendo discutidos minuciosamente. No fim, a oposição a essa constituição, a qual vem a ser a tendência de quantos recusavam a inovação proposta inicialmente por João XXIII, toma vulto e audácia. No último mês do Concílio, os adversários tentam rejeitar, se não todo o projeto, pelo menos a parte mais prática e concreta. O que reduziria o documento conciliar a generalidades inoperantes.

Do lado oposto, os partidários de uma inovação profunda e radical desejam que o Concílio proclame a Igreja como a "Igreja dos pobres". E que essa mensagem seja incluída na constituição e inspire tomadas de posição em sintonia com essa visão do mistério da Igreja. Interpelado pelos representantes desse grupo dinâmico, Paulo VI interveio de maneira discreta, mas eficaz. Propôs que se aceitasse o texto tal como resultava do trabalho constante do Concílio desde o seu começo.

Mais ainda: a esses ardorosos militantes por uma "Igreja dos pobres" fez a promessa da maior importância. Comprometeu-se a escrever uma encíclica sobre o desenvolvimento dos povos na intenção de ir ao encontro do chamado "Terceiro Mundo" e focalizar os problemas das nações menos desenvolvidas. O que de fato fará logo após o Concílio, com a encíclica *Populorum Progressio* (de março de 1967).

Paulo VI mostrou-se o pontífice de toda a Igreja. Sem medir sacrifícios, empenhou-se para estar presente na Conferência Geral dos Bispos Latino-Americanos em Medellín, em 1968. O que não deixou de fazer. Esses gestos pontifícios foram as mais felizes contribuições para a aplicação concreta do Concílio, especialmente da constituição *Gaudium et Spes*.

Bandeira e ponta de lança do Concílio

De fato, a constituição *Gaudium et Spes* é a mais longa das mensagens do Concílio, coroando suas orientações de base, sintetizando e prolongando suas posições inovadoras, visando tornar grandemente viável o sonho de João XXIII. Sem dúvida, abandona a linguagem técnica de uma teologia convencional e escolar, mas elabora o essencial do projeto do *aggiornamento*, em sua dimensão teórica e prática.

Desde a primeira frase manifesta o empenho de enfrentar os problemas humanos, à luz de um humanismo evangélico, mas olhando para as aspirações, as lutas e sofrimentos reais do mundo atual.

Ampla mensagem e articulações da *Gaudium et Spes*

- Proêmio. *Gaudium et Spes* se abre por uma "Visão preliminar sobre a condição humana no mundo de hoje". Vê e mostra as mudanças, as crises e os desequilíbrios. Mas põe em relevo, de maneira positiva, "as aspirações universais e as interrogações profundas do gênero humano".

- Em seguida o Concílio propõe, em *duas partes*, uma mensagem muito coerente, humana e evangélica. A inspiração evangélica suscita e ilumina um imenso projeto de valores humanos para a realização de uma nova cultura, de uma nova civilização, uma nova ética no plano pessoal, familiar, educacional, econômico, político e social.

    – A *Primeira Parte* – "A Igreja e a vocação humana" – é uma visão geral de uma sabedoria, sempre de inspiração evangélica, mas tendo um conteúdo pluridimensional de uma ética fundamental, de um projeto humano a ser abraçado e realizado em todos os campos da vida humana pessoal e social.

    – A *Segunda Parte* tem o título muito simples: "Alguns problemas mais urgentes". Destacam-se as *prioridades* decorrentes da importância desses problemas e a necessidade de começar por eles. Ou porque são fundamentais em si, ou porque são condições de que depende a viabilidade de todo projeto de renovação do mundo.

Paradigma eclesiológico e antropológico

A Primeira Parte da constituição pastoral *Gaudium et Spes* se intitula "A Igreja e a vocação humana". Pressupondo o paradigma eclesiológico que elaborou, sobretudo nas três constituições já então promulgadas, esta última constituição vai realizar seu propósito anunciado no fim da I Sessão: lançar um facho de luz sobre a Igreja no mundo de hoje. Evocando simplesmente o modelo de Igreja que está realizando, o Vaticano II se esmera em elaborar, ou pelo menos esboçar, uma antropologia, tal como o olhar renovado da Igreja contempla a humanidade em si e em sua realização no mundo de hoje. A partir e em referência a essa antropologia, *Gaudium et Spes* propõe um paradigma ético, em duas articulações que correspondem às duas partes da constituição:

- Uma ética geral, fundamental, é o conteúdo essencial da Primeira Parte.

- E uma ética concreta, dedicada aos problemas mais urgentes para a humanidade hoje, traçando as principais normas e modelos de uma ética social, de que o mundo moderno tem a maior carência para se construir à luz e nos moldes de uma civilização humana, o que significa uma forma de conviver responsável, justa e solidária.

  Pela primeira vez na história acontece esse encontro inédito, inesperado, a maior surpresa cultural e religiosa do Vaticano II. Uma ética de inspiração evangélica abraçando a humanidade, buscando ajudá-la a enfrentar seus problemas essenciais e urgentes. Tal evento se tornou viável na última etapa da IV Sessão conciliar. Ele coroa o percurso percorrido por essa assembleia de dois milhares e meio de bispos, que chegam ao fim de sua reflexão livre, bem informada, acidentada, mas pacífica. Essa marcha tinha um rumo certo, visando sempre ao ponto de encontro da compreensão da Igreja e do mundo hoje.

- Qual é a verdade da Igreja, em sua realidade empírica, de sociedade humana, constatável, e da Igreja em seu mistério, de sacramento total, de comunhão do Amor e da Graça, tornando a Salvação presente ao mundo?

- E qual a verdade sobre o mundo tecnológico e em vias de globalização, que aí está e que tem certa visão coletiva, mais ou menos fragmentada, do ser humano, de sua história, de sua evolução e do feixe de interrogações que ele é e de que busca uma compreensão cultural ou existencial?

Na linha de uma leitura seguida e refletida do processo histórico e dos documentos elaborados e promulgados pelo Vaticano II, bem se poderia dizer que a última constituição, *Gaudium et Spes*, corresponde mesmo ao encontro e ao confronto de um novo paradigma eclesiológico e de um novo paradigma antropológico. Esse feliz ponto de encontro foi preparado especialmente pela qualidade do processo histórico vivido pelo Vaticano II. Com uma nova autocompreensão, que dá uma nova visão da Igreja como a comunidade do desinteresse, da dedicação e do serviço, a Igreja acredita na possibilidade de varrer os ressentimentos herdados de um passado ainda próximo. Seria, então, viável uma nova etapa de relações com a humanidade segundo a nova proposta de compreensão do ser humano, da natureza humana de sua condição existencial e histórica.

Que é o ser humano? A Igreja, a essa altura de sua maturidade, se julga capaz de levantar a questão e de suscitar um diálogo, de ter credibilidade para esse diálogo.

Em quatro capítulos, a constituição responde à questão, propõe uma antropologia cultural e teológica capaz de fundar em doutrina todas as posições práticas inovadoras, visando acreditar uma nova visão e um novo projeto, uma nova estratégia operacional apontando e orientando para um mundo humano. Mundo que se reconhece humano em sua experiência profunda, que o Concílio conecta com a humanidade revelada em Cristo homem Deus.

Assim, cada um dos quatro capítulos da Primeira Parte comporta uma exposição de feitio ascensional, de aspectos antropológicos explanados à luz de uma reflexão racional, mas que o Concílio eleva e confronta com a visão do humano plenamente realizado em Cristo. A marcha progressiva proposta à humanidade corresponde a uma ética integral, humana e evangélica, e o ponto de chegada aponta para a escatologia, culminando em Cristo glorioso em sua divindade e na humanidade que ele incorporou a si, sendo, portanto, o Alfa e o Ômega da história, imanente a ela por sua influência e transcendente por sua Glória divina.

Articulações de uma ética antropológica, cristológica e escatológica

Eis uma simples indicação do amplo conteúdo das duas partes da constituição *Gaudium et Spes*. Desdobra-se aqui o mapa:

- de uma ética fundamental, precedida de um esboço de antropologia racional e cristã (Primeira Parte);
- e de uma ética especial, consagrada aos "Problemas mais urgentes" da humanidade de hoje (Segunda Parte).

Nos cinco capítulos seguintes, nossa reflexão se concentrará na ética fundamental e na ética especial, familiar, econômica e política da *Gaudium et Spes*, coroada por sua proposta esboçada de uma ética mundial. Semelhante opção metodológica de expor as grandes linhas da constituição para, em seguida, retomar sua análise mais pormenorizada, corre o risco de incidir em algumas repetições. Mas o que se visa é realçar a originalidade da ética conciliar, que se propunha preencher uma lacuna e oferecer uma alternativa à moral legalista e autoritária dominante na cristandade, e em parte na sociedade moderna, onde ela contrasta com a busca de uma emancipação de toda objetividade ética.

Dignidade da pessoa humana

A palavra dignidade é um dos termos de predileção do Concílio ao falar do ser humano. O capítulo I – "A dignidade da pessoa humana" – abre e funda toda a construção da *Gaudium et Spes*.

A visão integral do ser humano, proposta pelo Concílio, reconhece e articula, na unidade complexa de seu ser, a transcendência de seu destino e a grandeza de sua dignidade, de sua natureza e de sua responsabilidade, de sua capacidade e exigência de se realizar na história e para além da história.

O texto começa por fazer a feliz junção da "dignidade humana e da imagem de Deus". O que bem define a realidade integral, destacando a vocação transcendente e terrestre do ser humano. Este é contemplado na sua constituição de criatura, intelectual e autônoma em relação às demais criaturas, mas elevada à parceria com Deus na busca da verdade, da liberdade, do bem.

Gaudium et Spes sempre enaltece a *"dignidade* da inteligência", a *"dignidade* da consciência", a *"grandeza* da liberdade"*. E, no fim, essa visão do ser humano culmina com uma nova aplicação da cristologia venerável dos grandes Concílios dos primeiros séculos: "pela Encarnação,

Cristo uniu a si de certa maneira todo ser humano" (cf. *GS*, n. 22,2). Está aí a alma, a inspiração primeira, profunda, teológica do paradigma antropológico, escatológico e ético do Vaticano II.

Atitude positiva diante do Mal, à luz do Amor Universal

Nas últimas discussões, levanta-se uma oposição, bastante consistente, de padres conciliares denunciando o "otimismo" naturalista ou racionalista do projeto preparatório à constituição *Gaudium et Spes*. Apontava-se toda uma série de fragilidades e pontos negativos na humanidade de ontem e de hoje: o pecado, a morte, qual castigo do pecado, a perversidade e mediocridade generalizadas, uma presença do Mal no mundo físico e sobretudo humano. Destacavam-se os erros e desvios da Modernidade, sobretudo o ateísmo em sua forma organizada e ameaçadora, o comunismo materialista perseguidor da religião.

Essas objeções insistentes visavam estabelecer um paradigma alternativo, em que não se engrandecessem as qualidades de dignidade, de autonomia, da importância da consciência e da liberdade, mas se exaltasse a missão iluminadora e saneadora da Igreja, em sua função, mais urgente hoje, de ensinar, guiar, corrigir esse mundo moderno cada vez mais desviado, pervertido e corrupto. Essas advertências foram acolhidas como ocasião oportuna e valiosa contribuição para o aprimoramento da posição central e fundadora do Concílio. Então, ele explicita e elucida o que estava presente em seu texto, mas de maneira implícita. O princípio de base do Vaticano II é sua opção por Deus, por Deus revelado no Evangelho como o Amor Universal,

Criador e Salvador. A essa luz ele dava razão, mas superava também o que era lançado como objeção.

Assim, no limiar da *Gaudium et Spes* vem proposto e elaborado um breve e profundo tratado sobre o Mal: sobre o "pecado" (n. 13), sobre o "mistério da morte" (n. 18) e, especialmente, sobre o "ateísmo" (n. 19-21), que se ostentava como o maior desafio "ao otimismo" conciliar, à audácia intelectual e espiritual do Vaticano II, que se empenhava em praticar e propor o diálogo universal a partir da sua confiança no Amor divino universal.

Em síntese: o Concílio contempla e imita o Deus misericordioso do Evangelho, que detesta a maldade do pecado, nele vendo a desgraça do pecador, e por isso se empenhando em libertá-lo do Mal. Mas o pecador não se identifica com seu pecado. O mal absoluto do pecado parasita o pecador, que permanece em si, como criatura de Deus, sempre amável e necessitado da ajuda para se converter, para sua felicidade e "alegria dos anjos nos céus", como proclama o Senhor em uma de suas expressões surpreendentes de seu Amor infinito, nas famosas Parábolas da Misericórdia (Lc 15).

Nessas passagens luminosas que abrem a constituição sobre a Igreja e o mundo, o Vaticano II oferece uma síntese sucinta da mensagem e da prática que propõe à Igreja e à humanidade: punir e reprimir o Mal que perverte e corrompe, mas tudo fazer para que o bem, os valores humanos e evangélicos, resplandeça como amável e, assim, triunfe mais e mais a Revolução misericordiosa de Deus no seio da humanidade, criatura bem-amada do Deus Amor Universal.

Rejeitando a tentação, a que sucumbira por vezes a cristandade, de lutar com o Mal com as mesmas armas do Mal, opondo violência à violência, ódio ao ódio, o Vaticano II se mostra, neste ponto, o mais inovador na sua redescoberta da misericórdia evangélica em todas as suas dimensões. Ele retoma, amplia, aprofunda, aprimora a teologia clássica de Tomás de Aquino sobre o Mal, especialmente sobre Deus e o Mal humano, o pecado.[1]

Por isso, reconhecendo a profundeza do ateísmo como erro radical, o Concílio não lança uma condenação, mas explica as formas e o sentido do ateísmo e aponta para a atitude compreensiva da Igreja (*GS*, n. 19-21). E todos, fiéis de Cristo, crentes, incrédulos e ateus devem assumir a dignidade e a responsabilidade de construir o mundo na justiça e na paz (*GS*, n. 21,6).

Antropologia desdobrando-se em uma ética, coroada pela escatologia e pela cristologia

É o esboço de uma ética pessoal e social, exposta em seus fundamentos, levando a proclamar o mais urgente em termos vibrantes: "É um dever sagrado superar o individualismo ético", herança persistente de um longo passado na Igreja e no mundo (cf. n. 30). Essa ética social inspirada na dignidade da pessoa, no primado do bem comum, na solidariedade, na responsabilidade e na participação é iluminada pela teologia do "Verbo Encarnado e da solidariedade humana". Tal é o tom positivo e ascensional da Primeira Parte da constituição.

---

[1] Desenvolvi essa Teologia do Mal no mestre medieval em livro recente: *Paradigma teológico de Tomás de Aquino*. São Paulo: Paulus, 2012. p. 274-289.

Toda a exposição ética distingue, articula os valores humanos e evangélicos, baseando-se em uma teologia da criação e da salvação, vindas do mesmo Deus que é reconhecido e contemplado como Amor Universal, Princípio do ser e da marcha evolutiva do mundo, Fonte da graça e da salvação para a humanidade. "Não há apenas uma harmonia a criação e se ordena à salvação". A novidade do Vaticano II está em insistir na interação entre criação e salvação. Há uma sinergia profunda e constante. A santidade, fruto da graça, começa por despertar o conhecimento e a promoção da autenticidade humana, suscita a ética do cuidado, da proteção e preservação do universo, criado pelo mesmo Amor, de onde vem o dom da santidade e sua livre realização pela criatura racional elevada à intimidade com seu Criador.

Dois aspectos distintos e complementares completam a visão geral dessa doutrina ética e teológica da *Gaudium et Spes*. Ela se apresenta como uma integração harmoniosa da dimensão pessoal e social, do ser e da atividade humana, assumindo o duplo aspecto de doutrina e de práxis, fundando na antropologia uma ética humana e evangélica. Guardando as distinções convenientes entre o natural e o sobrenatural, a prioridade da formulação conciliar se concentra no empenho de pôr em relevo a união e a dinâmica da vida humana se realizando plenamente pela sua elevação à vocação e à livre acolhida da santidade evangélica, cuja Fonte e Modelo é Cristo, Homem e Deus.

Esse projeto de uma visão integral, harmoniosa e dinâmica da existência pessoal e da vocação social, histórica, da humanidade era um dos empenhos primordiais do Concílio para estabelecer e explicar as relações profundas da Igreja com a humanidade, especialmente com a humanidade em marcha no mundo moderno, da tecnologia em vias de globalização. Para o Vaticano II, era urgente valorizar a ação, a atividade ética e técnica da criatura humana e, ao mesmo tempo, manifestar sua vocação a um destino transcendente.

Em si, a fé é uma fonte de salvação e uma ajuda à promoção de uma civilização autenticamente humana. Teólogos eminentes são convocados e se esmeram para que a última constituição conciliar realize essa síntese harmoniosa e verdadeiramente grandiosa. Entre outros se destacam M. D. Chenu, L. Lebret – assessorado pelo economista François Perroux –, Y. Congar – que colabora especialmente na redação do Proêmio da constituição –, Henri de Lubac – com sua ampla formação patrística e tomística.

Segundo informações transmitidas por Y. Congar nas últimas páginas do seu *Diário conciliar*, De Lubac, que gozava da estima geral, não esconderia a sua ideia de que o Vaticano II chegaria a uma síntese completa e equilibrada do que foi vislumbrado por Teilhard de Chardin. Seja qual for a exatidão desses interessantes pormenores, o certo é que o Concílio fez tudo para realizar a teologia, em sua dimensão doutrinal e prática, que venha despertar e guiar a ação dos cristãos, seu entendimento e mesmo sua colaboração com os construtores de um mundo de justiça e de solidariedade, em harmonia com o plano de Deus, Amor Universal, o que é a meta e a referência primordial do Concílio.

Ética integral, pessoal e social, humana e evangélica

A comunidade humana é a segunda dimensão – antropológica – abrindo-se à ética proposta no capítulo II.

Depois da dignidade da pessoa, *Gaudium et Spes* dá grande relevo às outras dimensões do ser humano, destacando aqui a dimensão social, mostrando-a como essencial à compreensão e à realização da "vocação humana". É uma das grandes novidades do Vaticano II, prolongando as encíclicas sociais de João XXIII, *Mater et Magistra* (1961) e *Pacem in Terris* (1963). Indicamos apenas o rico conteúdo desses capítulos que constituem o fundamento de uma ética cuja originalidade se afirma especialmente em sua dimensão social. Ela será apresentada em suas grandes linhas nos capítulos VI-IX. A articulação desses capítulos sobre os fundamentos de uma ética social e do seu conteúdo vem agora exposta com o objetivo de manifestar as grandes articulações da *Gaudium et Spes*, tendo em conta as dificuldades encontradas mesmo por grandes mestres da teologia, que finalmente aceitaram que o Vaticano II abrisse esses novos caminhos para a Igreja e para a civilização atual, uma e outra expostas ao risco de se deter mais na dimensão individual da ética.

A atividade humana no universo

Daí a insistência na "atividade humana no universo", objeto do capítulo III da *Gaudium et Spes*. No mesmo estilo integrador dos valores humanos, à luz da inspiração evangélica, aqui se desenvolve o tema geral da "atividade humana", um pouco na linha e no sentido da *Ação*, de Maurice Blondel.

Dá-se oportuna prioridade a um aspecto pouco tratado na moral clássica religiosa ou leiga. Na civilização moderna se evidencia mais e mais – e o Concílio o leva grandemente em consideração – o valor do ser humano enquanto produtor e consumidor, como protagonista da economia. As atividades produtivas do trabalho, as atividades estéticas e culturais e muito particularmente técnicas e comunicativas são os meios e formam o clima normal pelos quais o ser humano se realiza. Sem desconhecer os objetivos e valores econômicos (evocados no capítulo IV da Segunda Parte da *Gaudium et Spes*), o projeto de ética integral do Vaticano II começa pelo valor da atividade como qualidade aprimoradora da pessoa e modificadora do mundo, o que releva da dignidade e da autonomia do ser humano.

Note-se a importância e a novidade da noção de *autonomia* aplicada pelo Concílio às realidades terrestres (a profissão, a economia, a política, o direito). Elas têm uma consistência, uma racionalidade humana, constituindo domínios éticos, devendo ser plenamente realizadas em suas dimensões humanas para serem integradas e, eventualmente, elevadas na visão autêntica da vida cristã. Entenda-se autonomia subjetiva como sendo a dos agentes livres e objetiva como aquela dos domínios de ação em sua realidade própria. É a importante dessacralização e valorização do profano, remédio único contra a praga do clericalismo, bem como do laicismo.

O papel da Igreja no mundo de hoje

O capítulo IV realiza mais do que promete por seu título. Pois expõe a nova e autêntica atitude da Igreja em face do mundo, encarando-a em sua profundidade. A reciprocidade "a Igreja ajuda o mundo, o mundo ajuda a Igreja" é uma grande inovação que tem sua fonte no Evangelho que o Concílio redescobre.

A Igreja deve estar atenta ao que se passa no mundo, aos progressos da sociedade, ao desenvolvimento dos valores democráticos. E deve tirar proveito desses avanços qualitativos. Expresso de maneira discreta, esse ensinamento do Vaticano II é uma das maiores contribuições que passou à Igreja pós-conciliar e que está sempre pedindo a maior e melhor acolhida (ver *GS*, n. 44).

Problemas mais urgentes, Segunda Parte da constituição *Gaudium et Spes*

Esta parte é a mais prática, a mais atual e, igualmente, a mais contestada. Os temas escolhidos correspondem à sua grande importância e também à necessidade urgente de obviar às falhas imensas, não apenas na prática, mas no próprio ensinamento moral dentro e fora da Igreja.

É uma série bem ordenada de cinco capítulos, que partem da primeira unidade da sociedade, o casal e a família, e progressivamente se estendem às diferentes formas da vida e da organização social, à cultura, à economia, à política, culminando na comunidade mundial das nações. Esses temas serão retomados, em nossa reflexão, após essa simples indicação de seu lugar no conjunto das posições conciliares.

Dignidade do matrimônio e da família

É o capítulo I da Segunda Parte. Uma bela síntese doutrinal, inspirada na Escritura e em uma teologia do amor, da vida, da responsabilidade, renova a teologia oral e a ética da sociedade ocidental, propondo uma visão integral e atual do matrimônio, do casal, da fecundidade responsável.

A promoção da cultura

O capítulo II chega a surpreender, pois contém uma das contribuições mais originais e preciosas do Concílio, pouco ou nada explorada antes e depois dele. Mostra a afinidade da cultura com a ética, especialmente em sua dimensão cristã. Proclama a necessidade da cultura como um direito universal e imprescindível, e como condição indispensável para a viabilidade da presença dos outros valores e direitos humanos tanto na sociedade como na Igreja.

A vida econômica e social

No capítulo III temos uma síntese luminosa da ética econômica, de uma ética responsável, solidária e participativa. Será desenvolvida na encíclica *Populorum Progressio*, de Paulo VI, retomada e atualizada por Bento XVI na encíclica *Caritas in Veritate* ("Caridade na verdade"). Aqui se joga com o futuro da humanidade, com sua "sobrevivência ou seu suicídio" (expressão do Padre Lebret, colaborador do Concílio e conselheiro pessoal de Paulo VI).

A vida da comunidade política

Igualmente esta síntese do capítulo IV, mais sucinta do que a precedente, é uma contribuição original do Concílio que merece ser difundida para curar o mundo da desmobilização política e da manipulação economista da atualidade.

Promoção da paz e construção da comunidade das nações

O capítulo V é a conclusão da constituição *Gaudium et Spes*, emerge como o coroamento do Vaticano II, o

Concílio da total reconciliação da humanidade, segundo o desígnio de Deus Amor Universal, que a Igreja é chamada a proclamar indo ao encontro do que há de mais íntimo e de melhor no coração humano.

Tal é a conclusão que pode ser tida como um coroamento de todo o Concílio. Pois ela é um apelo ao diálogo universal de todos os homens e mulheres, de todos os povos, no sentido de construir um mundo humano, de justiça, de amor e de paz.

É uma das originalidades sempre presentes, de maneira explícita ou implícita, na mensagem conciliar. A religião não pode e não deve dividir. Ela deve favorecer a união de toda a humanidade na busca de seu verdadeiro destino histórico em sintonia com sua vocação transcendente. Esta é a grande insistência que traduz a inspiração profunda e o fio condutor do Vaticano II. Crendo e apostando no Amor Universal, a Igreja não pode deixar de dar o testemunho e transmitir a mensagem da fraternidade universal especialmente para uma humanidade em vias de globalização.

Antologia.
Amostras sobre a ética humana e evangélica do Vaticano II

Íntima união da Igreja com toda a família humana.
Surpreendente entrada no diálogo com a humanidade

> As alegrias e as esperanças, as tristezas e as angústias dos homens de hoje, sobretudo dos pobres e de todos aqueles que sofrem, são também as alegrias e as esperanças, as tristezas e as angústias dos discípulos de Cristo; e não há realidade alguma verdadeiramente humana que não encontre eco no seu coração. Porque a sua comunidade

é formada por homens, que, reunidos em Cristo, são guiados pelo Espírito Santo na sua peregrinação em demanda do reino do Pai, e receberam a mensagem da salvação para a comunicar a todos. Por este motivo, a Igreja sente-se real e intimamente ligada ao gênero humano e à sua história (GS, n. 1).

A quem se dirige o Concílio: todos os homens

Por isso, o Concílio Vaticano II, tendo investigado mais profundamente o mistério da Igreja, não hesita agora em dirigir a sua palavra, não já apenas aos filhos da Igreja e a quantos invocam o nome de Cristo, mas a todos os homens. Deseja expor-lhes o seu modo de conceber a presença e atividade da Igreja no mundo de hoje.

[...]

Eis a razão por que este sagrado Concílio, proclamando a sublime vocação do homem, e afirmando que nele está depositado um germe divino, oferece ao gênero humano a sincera cooperação da Igreja, a fim de instaurar a fraternidade universal que a esta vocação corresponde. Nenhuma ambição terrena move a Igreja, mas unicamente este objetivo: continuar, sob a direção do Espírito Consolador, a obra de Cristo que veio ao mundo para dar testemunho da verdade, para salvar e não para julgar, para servir e não para ser servido (GS, 2-3).

Esperanças e temores

Para levar a cabo esta missão, é dever da Igreja investigar a todo o momento os sinais dos tempos, e interpretá-los à luz do Evangelho; para que assim possa responder, de modo adaptado em cada geração, às eternas perguntas dos homens acerca do sentido da vida presente e da futura, e da relação entre ambas. É, por isso, necessário conhecer e compreender o mundo em que vivemos, as suas esperanças e aspirações, e o seu caráter tantas vezes dramático. Algumas das principais características do mundo atual podem delinear-se do seguinte modo.

A humanidade vive hoje uma fase nova da sua história, na qual profundas e rápidas transformações se estendem progressivamente a toda a terra. Provocadas pela inteligência e atividade criadora do homem, elas reincidem sobre o mesmo homem, sobre os seus juízos e desejos individuais e coletivos, sobre os seus modos de pensar e agir, tanto em relação às coisas como às pessoas. De tal modo que podemos já falar de uma verdadeira transformação social e cultural, que se reflete também na vida religiosa (*GS*, n. 4).

Evolução e domínio da técnica e da ciência

A atual perturbação dos espíritos e a mudança das condições de vida estão ligadas a uma transformação mais ampla, a qual tende a dar o predomínio, na formação do espírito, às ciências matemáticas e naturais, e, no plano da ação, às técnicas, fruto dessas ciências. Esta mentalidade científica modela a cultura e os modos de pensar de uma maneira diferente do que no passado. A técnica progrediu tanto que transforma a face da terra e tenta já dominar o espaço.

Também sobre o tempo estende a inteligência humana o seu domínio: quanto ao passado, graças ao conhecimento histórico; relativamente ao futuro, com a prospectiva e a planificação. Os progressos das ciências biológicas, psicológicas e sociais não só ajudam o homem a conhecer-se melhor, mas ainda lhe permitem exercer, por meios técnicos, uma influência direta na vida das sociedades. Ao mesmo tempo, a humanidade preocupa-se cada vez mais com prever e ordenar o seu aumento demográfico.

O próprio movimento da história torna-se tão rápido que os indivíduos dificilmente o podem seguir. O destino da comunidade humana torna-se um só, e não já dividido entre histórias independentes. A humanidade passa, assim, de uma concepção predominantemente estática da ordem das coisas para um outra, preferentemente dinâmica e evolutiva; daqui nasce uma nova e imensa problemática, a qual está a exigir novas análises e novas sínteses (*GS*, n. 5).

Mudanças na ordem social

Pelo mesmo fato, verificam-se cada dia maiores transformações nas comunidades locais tradicionais, como são famílias patriarcais, as clãs, as tribos, aldeias e outros diferentes grupos, e nas relações da convivência social.

Difunde-se progressivamente a sociedade de tipo industrial, levando algumas nações à opulência econômica e transformando radicalmente as concepções e as condições de vida social vigentes desde há séculos. Aumentam também a preferência e a busca da vida urbana, quer pelo aumento das cidades e do número de seus habitantes, quer pela difusão do gênero de vida urbana entre os camponeses.

Novos e mais perfeitos meios de comunicação social permitem o conhecimento dos acontecimentos e a rápida e vasta difusão dos modos de pensar e de sentir; o que, por sua vez, dá origem a numerosas repercussões. [...] (*GS*, n. 6).

Aspirações mais universais do gênero humano

Entretanto, vai crescendo a convicção de que o gênero humano não só pode e deve aumentar cada vez mais o seu domínio sobre as coisas criadas, mas também lhe compete estabelecer uma ordem política, social e econômica, que o sirva cada vez melhor e ajude indivíduos e grupos a afirmarem e desenvolverem a própria dignidade.

[...]

Os povos oprimidos pela fome interpelam os povos mais ricos. As mulheres reivindicam, onde ainda a não alcançaram, a paridade de direito e de fato com os homens. Os operários e os camponeses querem não apenas ganhar o necessário para viver, mas desenvolver, graças ao trabalho, as próprias qualidades; mais ainda, querem participar na organização da vida econômica, social, política e cultural. Pela primeira vez na história dos homens, todos os povos têm já a convicção de que os bens da cultura podem e devem estender-se efetivamente a todos.

Subjacente a todas estas exigências, esconde-se, porém, uma aspiração mais profunda e universal: as pessoas e os grupos anelam por uma vida plena e livre, digna do homem, pondo ao próprio serviço tudo quanto o mundo de hoje lhes pode proporcionar em tanta abundância. E as nações fazem esforços cada dia maiores por chegar a uma certa comunidade universal. [...] (GS, n. 9).

Jesus Cristo, resposta e solução da problemática humana

A Igreja, por sua parte, acredita que Jesus Cristo, morto e ressuscitado por todos, oferece aos homens pelo seu Espírito a luz e a força para poderem corresponder à sua altíssima vocação; nem foi dado aos homens sob o céu outro nome, no qual devam ser salvos. Acredita também que a chave, o centro e o fim de toda a história humana se encontram no seu Senhor e mestre. E afirma, além disso, que, subjacentes a todas as transformações, há muitas coisas que não mudam, cujo último fundamento é Cristo, o mesmo ontem, hoje, e para sempre. Quer, portanto, o Concílio, à luz de Cristo, imagem de Deus invisível e primogênito de toda a criação, dirigir-se a todos, para iluminar o mistério do homem e cooperar na solução das principais questões do nosso tempo (*GS*, n. 10).

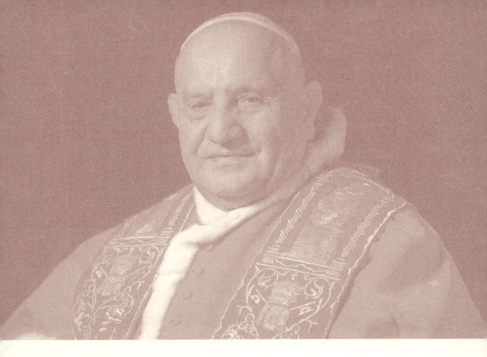

Parte III

Paradigma ético pessoal e social, antropológico e teológico do Vaticano II

1
Novo paradigma de uma ética antropológica, cristológica e escatológica
Princípios e valores de uma ética fundamental sintetizados na Primeira Parte da constituição *Gaudium et Spes*

Gaudium et Spes introduz um novo paradigma antropológico como fundamento a um novo paradigma ético. Nesta última constituição, o Vaticano II chegou finalmente a proferir sua definição do ser humano, após um trabalho exemplar, de longo e penoso tatear.

Pois sua antropologia é abrangente, pluridimensional. O ser humano é reconhecido e apreciado em si mesmo, em sua natureza, em sua complexidade e historicidade, como "fenômeno humano". No entanto, a mesma realidade humana, na visão integral do Concílio, é uma natureza criada por Deus e elevada em Cristo à condição de filiação divina adotiva. É chamada a participar na comunidade e na história da salvação. Seu livre aperfeiçoamento constitui a trama da cultura e da civilização e coincide com a sua marcha ascensional no conjunto e no dinamismo da escatologia, de que Cristo é o Alfa e o Ômega. A articulação do sentido da existência e da existência com o plano divino da salvação, está aí a grande inspiração harmonizadora do paradigma teológico do Vaticano II.

Opção negativa decisiva e paradigma ideal de renovação da teologia moral

Trata-se da rejeição do projeto pré-conciliar *De ordine morali christiano*. Nessa proposição de uma "ordem moral cristã" caprichosamente tecida pela Comissão dogmática pré-conciliar, dependente do antigo Santo Ofício, e na sua rejeição pelo Concílio, temos o mais claro e importante embate de paradigmas éticos dentro da mesma Igreja Católica e no interior de sua ortodoxia.

Um pouco antes da conclusão da *Gaudium et Spes*, no decreto sobre a formação dos padres, *Optatam Totius*, o Vaticano II apresenta uma espécie de paradigma ideal para o "aperfeiçoamento" da teologia moral. Ele consagra os resultados de um esforço renovador e propõe alguns parâmetros para a obtenção completa desses objetivos. Ele pede "especial cuidado em aperfeiçoar a teologia moral" pondo em relevo que sua "exposição científica, mais alimentada pela Sagrada Escritura, deve revelar a grandeza da vocação dos fiéis em Cristo e a sua obrigação de dar frutos na caridade para vida do mundo" (*Optatam Totius*, n. 16).

O paradigma de ética fundamental, típico da *Gaudium et Spes*, é plenamente evangélico, precisamente porque realiza a conjunção, a sinergia do humano e do divino. À luz e no prolongamento da Encarnação, tudo o que é humano é afirmado em sua consistência, em seu significado e em seu valor próprios, para se unir e se elevar no encontro de amor e de submissão a Deus, que se dá e se revela na sua intimidade e na sua transcendência.

Dignidade humana, imagem divina. Opção fundadora do paradigma ético

O grande achado do Concílio foi saber tirar todo proveito da junção dessa dupla visão cultural e bíblica para definir a pessoa humana pela sua dignidade singular e como a imagem divina, de que ela é revestida, no plano da criação e da salvação. Esse achado é atribuído ao trabalho conjunto do jesuíta J. Daniélou e do dominicano Y. Congar.

Essa noção tradicional da imagem divina em conexão com a dignidade pessoal já é uma proposta de reconciliação da visão cristã e dos valores modernos, paradigma teológico que está na base e na inspiração de toda essa constituição que culmina toda a marcha do Vaticano II. Pois nela se destacam e ordenam os elementos essenciais: de natureza e cultura, de presença no mundo e de capacidade de transcendência divina, da condição humana de criatura e de elevação gratuita à perfeita e total união com Deus. De vocação à santidade para a edificação de um mundo de justiça, de autonomia e identidade pessoal, de relação social, de missão histórica e de destino eterno do mesmo ser humano.

Portanto, a teologia integradora que guiou o Concílio nessa profunda e fecunda junção do divino e do humano foi a prioridade dada ao conceito abrangente que articulava a imagem divina e a dignidade humana. Ele passa, então, a fundamentar a sua compreensão e suas posições éticas em todas as esferas da realização pessoal e social do ser humano. Após ter aberto a sua exposição pelo enunciado da "dignidade da pessoa humana" (*Gaudium et Spes*, Primeira Parte, capítulo I), o Concílio não teme a redundância, falando com visível complacência da "dignidade da inteligência" (n. 15), da "consciência moral" (n. 16), da "liberdade" (n. 17), bem como exaltará a "dignidade do matrimônio e da família" (Segunda Parte, capítulo I, n. 47s). Mas, sobretudo, essa ideia-chave ilumina toda a exposição da doutrina e de suas aplicações.

Dignidade e responsabilidade, valores inovadores do paradigma ético

A ética fundamental do Concílio Vaticano II se caracteriza pela prioridade que ele dá à conjunção ou à sinergia desse duplo valor: a dignidade e a responsabilidade. Trata-se de uma prioridade absoluta e constante, de uma prioridade afirmada e aplicada efetivamente em todos os domínios da *Gaudium et Spes*. Dignidade e responsabilidade se afirmam como os dois princípios deveras fundadores, de onde derivará toda a constelação dos valores que formam o firmamento ético. Dessa forma, em vez de condenar o subjetivismo, o Concílio procura estabelecer o justo equilíbrio e a plena conciliação da dimensão objetiva e subjetiva da ética. Ele se inspira na tradição, dando provas de uma fidelidade dinâmica e criativa. Com um mesmo discernimento, acolhe a Modernidade em suas aspirações e seus valores mais profundos. É que o Vaticano II permanece atento ao Evangelho que afirma que nada da lei está abolido, mas insiste com o mesmo vigor: o homem não foi feito para o sábado, mas o sábado foi feito para o homem (cf. Mt 5,17; Mc 2,27).

Constelação de valores subjetivos e objetivos

Na *Gaudium et Spes* a ética é olhada e tratada de maneira integral, em sua dupla dimensão, pessoal e social. É o que se manifesta de maneira eminente na dignidade humana. Ela resplende qual valor social, pois é tida como referência normativa, objetiva e universal. De fato, o respeito à dignidade da pessoa humana se impõe como imperativo absoluto para o próprio sujeito ético, para todos e cada um dos membros da sociedade, e para essa mesma sociedade, considerada como um todo. Mas essa dignidade humana tem uma dimensão subjetiva igualmente fundamental. A dignidade da pessoa inspira e suscita a responsabilidade. A responsabilidade é a realização plena e adulta da liberdade, como apetite racional do bem, para si, para o outro e para a coletividade. Nessa perspectiva, a novidade mais típica do Concílio é a proposição de uma ética da responsabilidade, que integra e leva à perfeição a moderna aspiração à liberdade e às liberdades. Ainda no clima desse diálogo nas alturas com a humanidade e, muito especialmente, com a Modernidade, o Vaticano II consagra uma declaração sobre a liberdade religiosa (*Dignitates Humanae*), promulgada no mesmo dia 7 de dezembro, juntamente com *Gaudium et Spes*, enfrentando as mesmas dificuldades e oposições. Já pelo seu vocabulário, é significativa sua entrada na matéria: "Os homens de hoje tornam-se cada vez mais conscientes da dignidade da pessoa humana" (n. 1).

Em uma linguagem clara, mas fora da rudeza técnica e, sobretudo, do fraseado escolástico, o Concílio tece uma síntese precisa e sucinta da dimensão subjetiva da ética humana e cristã. Vai ao encontro do subjetivismo da

Modernidade, mas para superá-lo, integrando o que encerra de válido em suas aspirações pessoais e sociais. É um precioso tratado sobre a "dignidade" da inteligência, da consciência e sobre "grandeza" da liberdade.

"Dignidade" da inteligência

Retomando e repetindo o termo "dignidade", o Concílio se torna enfático em não somente homologar essas faculdades e qualidades do sujeito tão prezadas pela Modernidade, mas ainda as enaltece, articulando-as com a dignidade. Pois esta já tinha sido exaltada no texto como a dimensão humana da ética de que "imagem divina" indicava a transcendência do ser e do agir humanos.

Evocando que a inteligência, "nos nossos dias, alcançou notáveis sucessos, sobretudo na investigação e conquista do mundo material", o Concílio procura caminhar com a Modernidade, mas insistindo: "[...] a inteligência não se limita ao domínio dos fenômenos". E finalmente abre os horizontes da transcendência humana e evangélica: "Finalmente, a natureza espiritual da pessoa humana encontra e deve encontrar a sua perfeição na sabedoria, que suavemente atrai o espírito do homem à busca e amor da verdade e do bem, e graças à qual ele é levado por meio das coisas visíveis até as invisíveis". E depois de advertir sobre atuais riscos de profanação da inteligência, em tom quase místico da contemplação sob a docilidade ao Espírito: "Mais do que os séculos passados, o nosso tempo precisa de uma tal sabedoria, para que se humanizem as novas descobertas dos homens. [...] Pelo dom do Espírito Santo, o homem chega a contemplar e saborear, na fé, o mistério do plano divino".

"Dignidade" da consciência moral

Sob o título "Dignidade da consciência moral", em um texto denso e sucinto, apresenta-se uma das maiores contribuições do Vaticano II, que, ajudado por eminentes teólogos moralistas, como Labourdette e Häring, procura retificar as faltas e os desvios da consciência no mundo de hoje e apoiar uma verdadeira ética cristã da consciência, superando o moralismo legalista ainda grandemente presente no ensino eclesiástico.

Começa por evocar o dado universal da consciência não apenas psicológica, mas dotada de uma transcendência ética: "No fundo da própria consciência, o homem descobre uma lei que não se impôs a si mesmo, mas à qual deve obedecer; essa voz, que sempre o está a chamar ao amor do bem e fuga do mal, soa no momento oportuno, na intimidade do seu coração: faze isto, evita aquilo". A partir dessa experiência e dessa reflexão comuns, o Concílio amplia e eleva a compreensão da consciência apontando para sua riqueza pluridimensional: "O homem tem no coração uma lei escrita pelo próprio Deus; a sua dignidade está em obedecer-lhe, e por ela é que será julgado. A consciência é o centro mais secreto e o santuário do homem, no qual se encontra a sós com Deus, cuja voz se faz ouvir na intimidade do seu ser". Essa transcêndencia divina da consciência que a um tempo mostra Deus, referência ética suprema, também exalta a "dignidade" humana, a verdadeira autonomia da pessoa acima e fora do alcance de todo poder humano, até mesmo da Igreja encarada como poder de caráter dominativo. Percebe-se bem a coerência plena e total do Vaticano II. Ele é sempre fiel e pede a nossa fidelidade total à sua eclesiologia. Nela a

Igreja resplandece como o Mistério, como uma comunhão das consciências iluminada por Deus, Amor Universal... O texto conclui apontando para a sublime fraternidade de toda a humanidade:

> Graças à consciência, revela-se de modo admirável aquela lei que se realiza no amor de Deus e do próximo. Pela fidelidade à voz da consciência, os cristãos estão unidos aos demais homens, no dever de buscar a verdade e de nela resolver tantos problemas morais que surgem na vida individual e social. Quanto mais, portanto, prevalecer a reta consciência, tanto mais as pessoas e os grupos estarão longe da arbitrariedade cega e procurarão conformar-se com as normas objetivas da moralidade.

São palavras de ouro que têm o privilégio, o máximo e o melhor, condensado no mínimo de expressões.

E, então, a constituição evoca o elemento de suma importância para o Vaticano II, a grandeza da liberdade.

Grandeza da liberdade

> Mas é só na liberdade que o homem se pode converter ao bem. Os homens de hoje apreciam grandemente e procuram com ardor esta liberdade; e com toda a razão. Muitas vezes, porém, fomentam-na de um modo condenável, como se ela consistisse na licença de fazer seja o que for, mesmo o mal, contanto que agrade. A liberdade verdadeira é um sinal privilegiado da imagem divina no homem. Pois Deus quis "deixar o homem entregue à sua própria decisão", para que busque por si mesmo o seu Criador e livremente chegue à total e beatífica perfeição, aderindo a ele.
>
> Exige, portanto, a dignidade do homem que ele proceda segundo a própria consciência e por livre adesão, ou

seja, movido e induzido pessoalmente desde dentro e não levado por cegos impulsos interiores ou por mera coação externa. No momento em que se proclama essa verdade do ser humano na *Gaudium et Spes*, o Concílio acaba de promulgar uma declaração sobre a liberdade religiosa. Uma das características essenciais do Vaticano II é a opção pela liberdade como dado fundamental do paradigma teológico, na sua orientação propriamente divina e na sua abrangência eclesiológica. A sentença "é só na liberdade que o homem se pode converter ao bem" é lançada como o leme do Concílio que se celebrou na plena liberdade, nem sob a proteção nem sob a pressão de qualquer poder. O Concílio que emerge na história como libertador da Igreja para que ela seja libertadora. Mais ainda: só na liberdade o ser humano se pode converter ao bem é o primeiro princípio, o postulado fundador de toda religião. Ela pode ceder à fraqueza e à tentação de querer se impor e impor a lei de Deus. Neste caso ela peca contra o respeito ao ser humano em sua propriedede da liberdade e peca contra Deus, pretendendo oferecer-lhe o culto de uma homenagem forçada.

Quando uma sociedade se vê na situação de punir um culpado, ela pratica um ato de justiça que se trata de defender a segurança e o bem comum para todos. Mas àquele que foi justamente punido o processo de sua recuperação, de "sua conversão" ao bem só começará quando sua consciência for despertada para a Luz que brilha para ele, inaugurando na liberdade sua verdadeira conversão ao bem. E tal verdade do ser humano, que se cria na liberdade, na autonomia, se realiza em sua dignidade pessoal e como imagem criativa do Criador.

Sem dúvida, confessando e pregando o Evangelho a Igreja sempre professou essa verdade fundamental da liberdade humana. Mas semelhante liberdade foi muitas vezes, na história, ofuscada na cristandade pelas diveras formas de dominação do poder absoluto, tanto político como religioso. Reafirmando o caráter absoluto da liberdade durante todo o seu processo histórico, sobretudo na *Gaudium et Spes*, na constituição sobre a Revelação e na declaração específica sobre a liberdade, o Concílio mereceu aquele título que Paulo VI lhe atribuiu após ter assinado a promulgação desses documentos libertadores. É o maior de todos os concílios, o concílio da liberdade, da participação, da colegialidade, da comunhão, do diálogo e do amor.

Autonomia e valor da laicidade, do mundo profano e das realidades terrestres, do corpo e do prazer

Em sintonia com esses valores subjetivos da consciência e da liberdade e das qualidades que os aprimoram, emergem e são explicados os valores objetivos, todas as realidades humanas e, ainda mais, todas as realidades que constituem o quadro da vida pessoal e social da humanidade.

Seria proveitoso começar por olhar o surgimento desse tema e dos temas conexos, na preparação, na celebração e aplicação do Vaticano II. O Concílio homologou uma nova visão de Deus, da Igreja, do ser humano. Essa visão foi primeiro vivida pelos leigos, pelos movimentos renovadores que precederam e tornaram viável um Concílio inovador. Ele foi um carisma comunitário, de que os bispos foram os protagonistas. Mas esse carisma foi o ponto de chegada de muitos carismas que o Espírito Santo havia difundido, valorizando o Povo de Deus em sua missão régia, profética e sacerdotal.

Nesse sentido, o Concílio tem sua pré-história na livre e generosa atividade dos leigos, os quais, pelas vagas renovadoras da Ação Católica, dos movimentos litúrgicos, bíblicos, sociais, sem o saber, eram o instrumento do Espírito que preparava o advento do Concílio. A vida dos leigos antecedeu e preparou a doutrina dos bispos. Essa doutrina era renovada pela aceitação de um novo humanismo integral e solidário, histórico e transcendente. Era o surgimento de uma antropologia teológica. Apresentaremos a emergência histórica dessa antropologia, especialmente entre os leigos. A seguir, vamos esclarecer a inspiração teológica que anima o novo tipo de santidade dos leigos no mundo.

Assim, tal abordagem histórica permite que se veja como a Igreja, pelos leigos ativos e participantes, chegou a ter essa nova compreensão dela mesma, da humanidade e do novo estilo leigo de santidade.

Vamos dar nossa atenção, agora, a todo um conjunto de temas mais diretamente ligados à condição e à vida dos leigos, à vocação comum de todos os fiéis. Muitas vezes esses temas eram tratados na teologia e no ensino da Igreja na perspectiva da vocação religiosa ou do celibato sacerdotal.

A reflexão teológica e os movimentos cristãos renovadores que, sob a ação escondida do Espírito, se preparavam e marchavam para o Concílio, valorizavam:

- o casamento, visto como um caminho de perfeição, o que levava a uma verdadeira estima do Corpo, do prazer e do amor humano;

- a dignidade, o valor do trabalho, da profissão, da política e da ação política e social exercida no mundo.

Ética não é um acréscimo acidental à vida humana, menos ainda os valores evangélicos seriam elementos estranhos à plena realização humana. A compreensão abrangente da natureza e da graça, da ação primeira e constante de Deus Criador, Salvador e Santificador, Fonte primeira de um mesmo plano de amor, conduzida em uma lógica articulada de fé e razão, conduzia o Concílio a reconhecer que a autenticidade ética, a perfeição cristã não consistem em criar um campo artificial de religiosidade, sobrecarregando a existência individual e social de práticas artificiais. O Vaticano II se compraz em citar a sentença de Santo Irineu: "A Glória de Deus é a vida plena do ser humano".

Deus na vida, na história, nas realidades terrestres e profanas: no capítulo seguinte serão retomados esses dados da ética conciliar.

Antropologia, ética, escatologia e cristologia

A Primeira Parte da *Gaudium et Spes* é uma bela construção, a síntese do que se chama "uma ética fundamental". Para essa proeza intelectual devem ter concorrido os mais eminentes teólogos, clássicos e modernos, de formação bíblica, patrística, filosófica e ética. Deixaram sua marca no texto. Entre os mais conhecidos e assíduos se distinguem Karl Rahner, Daniélou, Benoît, Chenu, Congar, Lebret e Häring.

Gaudium et Spes retoma e ordena de maneira muitíssimo original a doutrina tradicional de que Tomás oferece uma síntese igualmente singular na perspectiva e na história da teologia cristã. É o que se evidencia na Parte I da *Suma teológica*. Mas na Primeira Parte da *Gaudium et Spes* o texto é mais sucinto e muito denso. O que mostra bem a articulação de visão antropológica: o ser humano, em sua natureza, em sua condição existencial e histórica, encerra a capacidade e necessidade de um aprimoramento ético. E esse aprimoramento ético é a forma eminente da evolução cultural, racional e livre, em sintonia com a evolução cósmica, com o desenrolar das coisas e da vida, no ritmo do tempo, no seu elã natural. O universo criado surge e é reconhecido na *uni*-diversidade, manifestando-se, na sua unidade plural, quais efeitos, em graus diferentes, mas articulados, do mesmo Amor Universal. É a coerência da visão cosmológica, antropológica, escatológica, racional e teológica que caracteriza o paradigma global do Vaticano II.

Assim, em uma disposição bem ordenada e ascendente, os patamares da plena realização da transcendência humana, amparada pelo auxílio divino e culminando na participação da Glória de Cristo, o Princípio e o Fim do plano divino e da história humana. Há uma correlação dinâmica e uma espécie de interação. Ética não advém ao ser humano como algo de acidental. Em si, a antropologia encerra uma possibilidade e uma exigência ética. Essa vocação humana a se aprimorar e a se superar recebe sua plena realização da cristologia, do Verbo encarnado, "unido a toda a humanidade e potencialmente a cada ser humano". A mensagem e a graça de Cristo não advêm e assumem cada homem e cada mulher, todos chamados à santidade, à maneira de uma intervenção estranha. Pois ele é o Alfa e o Ômega, o Princípio e o Fim da evolução cultural e espiritual da história e do universo.

Na Primeira Parte da *Gaudium et Spes*, essa síntese profunda e grandiosa da antropologia, da ética, da cristologia e da escatologia emerge como o centro ou o coração de todo o Concílio, de sua originalidade singular, que se afirma em contemplar e acolher o Amor divino universal como o fundamento e a explicação da realidade das coisas, das pessoas, da história pessoal e social, em uma atitude de sabedoria doutrinal e prática. Com isso o Concílio visava libertar a Igreja e, por ela, o mundo da perversão, da falta de sentido ético, ou da asfixia do moralismo legalista e autoritário que tanto afligiu a cristandade em certas épocas e em muitos de seus setores.

Ao coroar essa síntese tão tradicional e tão original, o Concílio como que retorna à sua visada Igreja, exposta em *Lumen Gentium* e aqui citada expressamente: "[...] todo o bem que o Povo de Deus pode prestar à família dos homens durante o tempo da sua peregrinação deriva do fato que a Igreja é o "sacramento universal da salvação", manifestando e atuando simultaneamente o mistério do amor de Deus pelos homens". E prossegue mostrando a coerência de sua eclesiologia, de sua cristologia e escatologia:

> Com efeito, o próprio Verbo de Deus, por quem tudo foi feito, fez-se homem, para, homem perfeito, a todos salvar e tudo recapitular. O Senhor é o fim da história humana, o ponto para onde tendem os desejos da história e da civilização, o centro do gênero humano, a alegria de todos os corações e a plenitude das suas aspirações. Foi ele que o Pai ressuscitou dos mortos, exaltou e colocou à sua direita, estabelecendo-o juiz dos vivos e dos mortos. Vivificados e reunidos no seu Espírito, caminhamos em direção à consumação da história humana, a qual corresponde plenamente ao seu desígnio de amor: "recapitular

todas as coisas em Cristo, tanto as do céu como as da terra" (Ef 1,10).

E termina, mostrando que o Concílio quer dizer, hoje, o que a Escritura diz sobre a marcha escatológica do mundo: "O próprio Senhor o diz: 'Eis que venho em breve, trazendo comigo a minha recompensa, para dar a cada um segundo as suas obras. Eu sou o alfa e o ômega, o primeiro e o último, o começo e o fim'" (Ap 22,12-13).

A Primeira Parte da *Gaudium et Spes* culmina em uma profissão de fé, em um elã de Esperança, articulando a linguagem bíblica da escatologia evangélica e as aspirações da humanidade moderna, desejosa de superar e integrar a marcha do cosmo, da cultura, dos valores éticos e espirituais.

Antologia.
Amostras sobre a antropologia ética e teológica da constituição *Gaudium et Spes*

Constituição do homem: sua natureza

O homem, ser uno, composto de corpo e alma, sintetiza em si mesmo, pela sua natureza corporal, os elementos do mundo material, os quais, por meio dele, atingem a sua máxima elevação e louvam livremente o Criador. Não pode, portanto, desprezar a vida corporal; deve, pelo contrário, considerar o seu corpo como bom e digno de respeito, pois foi criado por Deus e há de ressuscitar no último dia. Todavia, ferido pelo pecado, o homem experimenta as revoltas do corpo. É, pois, a própria dignidade humana que exige que o homem glorifique a Deus no seu corpo, não deixando que este se escravize às más inclinações do próprio coração. Não se engana o homem quando se reconhece por superior às coisas materiais e se considera como algo mais do que simples parcela da natureza ou anônimo elemento da cidade dos homens. Pela sua interioridade, transcende o universo das coisas: tal é o conhecimento profundo que ele alcança quando reentra no seu interior, onde Deus, que perscruta os corações, o espera, e onde ele, sob o olhar do Senhor, decide da própria sorte. Ao reconhecer, pois, em si uma alma espiritual e imortal, não se ilude com uma enganosa criação imaginativa, mero resultado de condições físicas e sociais; atinge, pelo contrário, a verdade profunda das coisas (n. 14).

Dignidade da inteligência culminando na sabedoria

Participando da luz da inteligência divina, com razão pensa o homem que supera, pela inteligência, o universo. Exercitando incansavelmente, no decurso dos séculos, o próprio engenho, conseguiu ele grandes progressos nas ciências empíricas, nas técnicas e nas artes liberais. Nos nossos dias, alcançou notáveis sucessos, sobretudo na investigação e conquista do mundo material. Mas buscou sempre, e encontrou, uma verdade mais profunda. Porque a inteligência não se limita ao domínio dos fenômenos; embora, em consequência do pecado, esteja parcialmente obscurecida e debilitada, ela é capaz de atingir com certeza a realidade inteligível.

Finalmente, a natureza espiritual da pessoa humana encontra e deve encontrar a sua perfeição na sabedoria, que suavemente atrai o espírito do homem à busca e amor da verdade e do bem, e graças à qual ele é levado por meio das coisas visíveis até as invisíveis.

Mais do que os séculos passados, o nosso tempo precisa de uma tal sabedoria, para que se humanizem as novas descobertas dos homens. Está ameaçado, com efeito, o destino do mundo, se não surgirem homens cheios de sabedoria. E é de notar que muitas nações, pobres em bens econômicos, mas ricas em sabedoria, podem trazer às outras inapreciável contribuição.

Pelo dom do Espírito Santo, o homem chega a contemplar e saborear, na fé, o mistério do plano divino (n. 15).

Dignidade da consciência moral

No fundo da própria consciência, o homem descobre uma lei que não se impôs a si mesmo, mas à qual deve obedecer; essa voz, que sempre o está a chamar ao amor do bem e fuga do mal, soa no momento oportuno, na intimidade do seu coração: faze isto, evita aquilo. O homem tem no coração uma lei escrita pelo próprio Deus; a sua dignidade está em obedecer-lhe, e por ela é que será julgado. A consciência é o centro mais secreto e o santuário do homem, no qual se encontra a sós com Deus, cuja voz se faz ouvir na intimidade do seu ser. Graças à consciência, revela-se de modo admirável aquela lei que se realiza no amor de Deus e do próximo. Pela fidelidade à voz da consciência, os cristãos estão unidos aos demais homens, no dever de buscar a verdade e de nela resolver tantos problemas morais que surgem na vida individual e social. Quanto mais, portanto, prevalecer a reta consciência, tanto mais as pessoas e os grupos estarão longe da arbitrariedade cega e procurarão conformar-se com as normas objetivas da moralidade. Não raro, porém, acontece que a consciência erra, por ignorância invencível, sem por isso perder a própria dignidade. Outro tanto não se pode dizer quando o homem se descuida de procurar a verdade e o bem e quando a consciência se vai progressivamente cegando, com o hábito do pecado (n. 16).

Grandeza da liberdade

Mas é só na liberdade que o homem se pode converter ao bem. Os homens de hoje apreciam grandemente e procuram com ardor esta liberdade; e com toda a razão. Muitas vezes, porém, fomentam-na de um modo condenável, como se ela consistisse na licença de fazer seja o que for, mesmo o mal, contanto que agrade. A liberdade verdadeira é um sinal privilegiado da imagem divina no homem. Pois Deus quis "deixar o homem entregue à sua própria decisão", para que busque por si mesmo o seu Criador e livremente chegue à total e beatífica perfeição, aderindo a ele. Exige, portanto, a dignidade do homem que ele proceda segundo a própria consciência e por livre adesão, ou seja, movido e induzido pessoalmente desde dentro e não levado por cegos impulsos interiores ou por mera coação externa. O homem atinge esta dignidade quando, libertando-se da escravidão das paixões, tende para o fim pela livre escolha do bem e procura a sério e com diligente iniciativa os meios convenientes. A liberdade do homem, ferida pelo pecado, só com a ajuda da graça divina pode tornar plenamente efetiva esta orientação para Deus. E cada um deve dar conta da própria vida perante o tribunal de Deus, segundo o bem ou o mal que tiver praticado (n. 17).

A imortalidade e o enigma da morte

É em face da morte que o enigma da condição humana mais se adensa. Não é só a dor e a progressiva dissolução do corpo que atormentam o homem, mas também, e ainda mais, o temor de que tudo acabe para sempre. Mas a intuição do próprio coração fá-lo acertar, quando o leva a aborrecer e a recusar a ruína total e o desaparecimento definitivo da sua pessoa. O germe de eternidade que nele existe, irredutível à pura matéria, insurge-se contra a morte. Todas as tentativas da técnica, por muito úteis que sejam, não conseguem acalmar a ansiedade do homem: o prolongamento da longevidade biológica não pode satisfazer aquele desejo de uma vida ulterior, invencivelmente radicado no seu coração.

Enquanto, diante da morte, qualquer imaginação se revela impotente, a Igreja, ensinada pela revelação divina, afirma que o homem foi criado por Deus para um fim feliz, para além dos limites da miséria terrena. A fé cristã ensina que a própria morte corporal, de que o homem seria isento se não tivesse pecado – acabará por ser vencida, quando o homem for pelo onipotente e misericordioso Salvador restituído à salvação que por sua culpa perdera. Com efeito, Deus chamou e chama o homem a unir-se a ele com todo o seu ser na perpétua comunhão da incorruptível vida divina. Esta vitória, alcançou-a Cristo ressuscitado, libertando o homem da morte com a própria morte. Portanto, a fé, que se apresenta à reflexão do homem apoiada em sólidos argumentos, dá uma resposta à sua ansiedade acerca do seu destino futuro; e ao mesmo tempo oferece a possibilidade de comunicar em Cristo com os irmãos queridos que a morte já levou, fazendo esperar que eles alcançaram a verdadeira vida junto de Deus (n. 18).

Interdependência da pessoa humana e da sociedade humana

A natureza social do homem torna claro que o progresso da pessoa humana e o desenvolvimento da própria sociedade estão em mútua dependência. Com efeito, a pessoa humana, uma vez que, por sua natureza, necessita absolutamente da vida social, é e deve ser o princípio, o sujeito e o fim de todas as instituições sociais. Não sendo, portanto, a vida social algo de adventício ao homem, este cresce segundo todas as suas qualidades e torna-se capaz de responder à própria vocação, graças ao contato com os demais, ao mútuo serviço e ao diálogo com seus irmãos.

Entre os laços sociais, necessários para o desenvolvimento do homem, alguns, como a família e a sociedade política, correspondem mais imediatamente à sua natureza íntima; outros são antes fruto da sua livre vontade. No nosso tempo, devido a várias causas, as relações e interdependências mútuas multiplicam-se cada vez mais; o que dá origem a diversas associações e instituições, quer públicas quer privadas. Este fato, denominado socialização, embora não esteja isento de perigos, traz, todavia, consigo muitas vantagens, em ordem a confirmar e desenvolver as qualidades da pessoa humana e a proteger os seus direitos.

Porém, se é verdade que as pessoas humanas recebem muito desta vida social, em ordem a realizar a própria vocação, mesmo a religiosa, também não se pode negar que os homens são muitas vezes afastados do bem ou impelidos ao mal pelas condições em que vivem e estão mergulhados desde a infância. É certo que as perturbações tão frequentes da ordem social vêm, em grande parte, das tensões existentes no seio das formas econômicas, políticas e sociais. Mas, mais profundamente, nascem do egoísmo e do orgulho dos homens, os quais também pervertem o ambiente social. Onde a ordem das coisas se encontra viciada pelas consequências do pecado, o homem, nascido com uma inclinação para o mal, encontra novos incitamentos para o pecado, que não pode superar sem grandes esforços e ajudado pela graça (n. 25).

Promoção do bem comum

A interdependência, cada vez mais estreita e progressivamente estendida a todo o mundo, faz com que o bem comum – ou seja, o conjunto das condições da vida social que permitem, tanto aos grupos como a cada membro, alcançar mais plena e facilmente a própria perfeição – se torne hoje cada vez mais universal e que, por esse motivo, implique direitos e deveres que dizem respeito a todo o gênero humano. Cada grupo deve ter em conta as necessidades e legítimas aspirações dos outros grupos e mesmo o bem comum de toda a família humana.

Simultaneamente, aumenta a consciência da eminente dignidade da pessoa humana, por ser superior a todas as coisas e os seus direitos e deveres serem universais e invioláveis. É necessário, portanto, tornar acessíveis ao homem todas as coisas de que necessita para levar uma vida verdadeiramente humana: alimento, vestuário, casa, direito de escolher livremente o estado de vida e de constituir família, direito à educação, ao trabalho, à boa fama, ao respeito, à conveniente informação, direito de agir segundo as normas da própria consciência, direito à proteção da sua vida e à justa liberdade mesmo em matéria religiosa.

A ordem social e o seu progresso devem, pois, reverter sempre em bem das pessoas, já que a ordem das coisas deve estar subordinada à ordem das pessoas e não ao contrário; foi o próprio Senhor quem o insinuou ao dizer que o sábado fora feito para o homem, não o homem para o sábado. Essa ordem, fundada na verdade, construída sobre a justiça e vivificada pelo amor, deve ser cada vez mais desenvolvida e, na liberdade, deve encontrar um equilíbrio cada vez mais humano. Para o conseguir, será necessária a renovação da mentalidade e a introdução de amplas reformas sociais.

O Espírito de Deus, que dirige o curso dos tempos e renova a face da terra com admirável providência, está presente a esta evolução. E o fermento evangélico despertou e desperta no coração humano uma irreprimível exigência de dignidade (n. 26).

Respeito da pessoa humana

Vindo a conclusões práticas e mais urgentes, o Concílio recomenda a reverência para com o homem, de maneira que cada um deve considerar o próximo, sem exceção, como um "outro eu", tendo em conta, antes de mais, a sua vida e os meios necessários para a levar dignamente, não imitando aquele homem rico que não fez caso algum do pobre Lázaro.

Sobretudo em nossos dias, urge a obrigação de nos tornarmos o próximo de todo e qualquer homem, e de o servir efetivamente quando vem ao nosso encontro – quer seja o ancião, abandonado de todos, ou o operário estrangeiro injustamente desprezado, ou o exilado, ou o filho de uma união ilegítima que sofre injustamente por causa de um pecado que não cometeu, ou o indigente que interpela a nossa consciência, recordando a palavra do Senhor: "todas as vezes que o fizestes a um destes meus irmãos mais pequeninos, a mim o fizestes" (Mt 25,40).

Além disso, são infames as seguintes coisas: tudo quanto se opõe à vida, como seja toda a espécie de homicídio, genocídio, aborto, eutanásia e suicídio voluntário; tudo o que viola a integridade da pessoa humana, como as mutilações, os tormentos corporais e mentais e as tentativas para violentar as próprias consciências; tudo quanto ofende a dignidade da pessoa humana, como as condições de vida infra-humanas, as prisões arbitrárias, as deportações, a escravidão, a prostituição, o comércio de mulheres e jovens; e também as condições degradantes de trabalho; em que os operários são tratados como meros instrumentos de lucro e não como pessoas livres e responsáveis.

Todas estas coisas e outras semelhantes são infamantes; ao mesmo tempo que corrompem a civilização humana, desonram mais aqueles que assim procedem, do que os que padecem injustamente; e ofendem gravemente a honra devida ao Criador (n. 27).

Respeito e amor dos adversários

O nosso respeito e amor devem estender-se também àqueles que pensam ou atuam diferentemente de nós em matéria social, política ou até religiosa. Aliás, quanto mais intimamente compreendermos, com delicadeza e caridade, a sua maneira de ver, tanto mais facilmente poderemos com eles dialogar.

Evidentemente, este amor e benevolência de modo algum nos devem tornar indiferentes perante a verdade e o bem. Pelo contrário, é o próprio amor que incita os discípulos de Cristo a anunciar a todos a verdade salvadora. Mas deve distinguir-se entre o erro, sempre de rejeitar, e aquele que erra, o qual conserva sempre a dignidade própria de pessoas, mesmo quando está atingido por ideias religiosas falsas ou menos exatas. Só Deus é juiz e penetra os corações; por esse motivo, proibe-nos ele de julgar da culpabilidade interna de qualquer pessoa.

A doutrina de Cristo exige que também perdoemos as injúrias, e estende a todos os inimigos o preceito do amor, que é o mandamento da lei nova: "ouvistes que foi dito: amarás o teu próximo, e odiarás o teu inimigo. Mas eu digo-vos: amai os vossos inimigos, fazei bem aos que vos odeiam e orai pelos que vos perseguem e caluniam" (Mt 5,43-44) (n. 28).

Igualdade essencial entre todos os homens

A igualdade fundamental entre todos os homens deve ser cada vez mais reconhecida, uma vez que, dotados de alma racional e criados à imagem de Deus, todos têm a mesma natureza e origem; e, remidos por Cristo, todos têm a mesma vocação e destino divinos.

Sem dúvida, os homens não são todos iguais quanto à capacidade física e forças intelectuais e morais, variadas e diferentes em cada um. Mas deve superar-se e eliminar-se, como contrária à vontade de Deus, qualquer forma social ou cultural de discriminação, quanto aos direitos fundamentais da pessoa, por razão do sexo, raça, cor, condição social, língua ou religião. É realmente de lamentar que esses direitos fundamentais da pessoa ainda não sejam respeitados em toda a parte. Por exemplo, quando se nega à mulher o poder de escolher livremente o esposo ou o estado de vida ou de conseguir uma educação e cultura iguais às do homem.

Além disso, embora entre os homens haja justas diferenças, a igual dignidade pessoal postula, no entanto, que se chegue a condições de vida mais humanas e justas. Com efeito, as excessivas desigualdades econômicas e sociais entre os membros e povos da única família humana provocam o escândalo e são obstáculo à justiça social, à equidade, à dignidade da pessoa humana e, finalmente, à paz social e internacional.

Procurem as instituições humanas, privadas ou públicas, servir a dignidade e o destino do homem, combatendo ao mesmo tempo valorosamente contra qualquer forma de sujeição política ou social e salvaguardando, sob qualquer regime político, os direitos humanos fundamentais. Mais ainda: é necessário que tais instituições se adaptem progressivamente às realidades espirituais, que são as mais elevadas de todas; embora por vezes se requeira um tempo razoavelmente longo para chegar a esse desejado fim (n. 29).

Superação da ética individualista

A profundidade e rapidez das transformações reclamam com maior urgência que ninguém se contente, por não atender à evolução das coisas ou por inércia, com uma ética puramente individualística. O dever de justiça e caridade cumpre-se cada vez mais com a contribuição de cada um em favor do bem comum, segundo as próprias possibilidades e as necessidades dos outros, promovendo instituições públicas ou privadas e ajudando as que servem para melhorar as condições de vida dos homens. Mas há pessoas que, fazendo profissão de ideias amplas e generosas, vivem sempre, no entanto, de tal modo como se nenhum caso fizessem das necessidades sociais. E até, em vários países, muitos desprezam as leis e prescrições sociais. Não poucos atrevem-se a eximir-se, com várias fraudes e enganos, aos impostos e outras obrigações sociais. Outros desprezam certas normas da vida social, como por exemplo as estabelecidas para defender a saúde ou para regularizar o trânsito de veículos, sem repararem que esse seu descuido põe em perigo a vida própria e alheia.

Todos tomem a peito considerar e respeitar as relações sociais como um dos principais deveres do homem de hoje. Com efeito, quanto mais o mundo se unifica, tanto mais as obrigações dos homens transcendem os grupos particulares e se estendem progressivamente a todo o mundo. O que só se poderá fazer se os indivíduos e grupos cultivarem em si mesmos e difundirem na sociedade as virtudes morais e sociais, de maneira a tornarem-se realmente, com o necessário auxílio da graça divina, homens novos e construtores de uma humanidade nova (n. 30).

Responsabilidade e participação social

Para que cada homem possa cumprir mais perfeitamente os seus deveres de consciência quer para consigo quer em relação aos vários grupos de que é membro, deve-se ter o cuidado de que todos recebam uma formação mais ampla, empregando-se para tal os consideráveis meios de que hoje dispõe a humanidade. Antes de mais, a educação dos jovens, de qualquer origem social, deve ser de tal maneira organizada que suscite homens e mulheres não apenas cultos mas também de forte personalidade, tão urgentemente exigidos pelo nosso tempo.

Mal poderá, contudo, o homem chegar a este sentido de responsabilidade, se as condições de vida lhe não permitirem tornar-se consciente da própria dignidade e responder à sua vocação, empenhando-se no serviço de Deus e dos outros homens. Ora a liberdade humana com frequência se debilita quando o homem cai em extrema miséria, e degrada-se quando ele, cedendo às demasiadas facilidades da vida, se fecha numa espécie de solidão dourada. Pelo contrário, ela robustece-se quando o homem aceita as inevitáveis dificuldades da vida social, assume as multiformes exigências da vida em comum e se empenha no serviço da comunidade humana.

Deve, por isso, estimular-se em todos a vontade de tomar parte nos empreendimentos comuns. E é de louvar o modo de agir das nações em que a maior parte dos cidadãos participa, com verdadeira liberdade, nos assuntos públicos. É preciso, porém, ter sempre em conta a situação real de cada povo e o necessário vigor da autoridade pública. Mas para que todos os cidadãos se sintam inclinados a participar na vida dos vários grupos de que se forma o corpo social, é necessário que encontrem nesses grupos bens que os atraiam e os predisponham ao serviço dos outros. Podemos legitimamente pensar que o destino futuro da humanidade está nas mãos daqueles que souberem dar às gerações vindouras razões de viver e de esperar (n. 31).

2
Novo paradigma de ética sexual, conjugal e familiar

Gaudium et Spes aborda, ou melhor, ataca de frente o problema da dimensão social da ética. O Concílio retoma, prolonga e aprofunda a atitude e a mensagem inovadora das encíclicas sociais de João XXIII, *Mater et Magistra* (1961) e *Pacem in Terris* (1963). Essas encíclicas tinham atraído a atenção dentro e mesmo fora da Igreja, em razão de uma dupla qualidade conexa: uma elaboração doutrinal precisa, próxima à linguagem moderna, bem como um empenho de analisar a realidade social e econômica, visando ao mesmo tempo diversos planos de exclusões ou de desigualdades, seja entre as categorias sociais, seja entre os setores econômicos, agricultura e indústria, seja entre os países e continentes em graus diferentes de desenvolvimento. *Gaudium et Spes*, de maneira mais sucinta, procura aprimorar essa abordagem de ética social que o papa legava ao Concílio.

O Vaticano II proclama com insistência que é preciso superar uma ética individualista: "Todos tomem a peito considerar e respeitar as relações sociais como um dos principais deveres do homem de hoje" (*GS*, n. 30). Tal é a conclusão do importante capítulo II da Primeira Parte, consagrado ao tema "A comunidade humana". Aí se desenvolvem o quadro e os pontos decisivos para uma visão ética de inspiração cristã: "A índole comunitária da vocação humana [no Plano de Deus]" (n. 24); a mútua dependência da pessoa e da sociedade em tudo o que concerne à realização e ao desenvolvimento humano (n. 25); a necessidade da "promoção do bem comum", que se torna mais premente com o desenrolar da história e a maior complexidade da sociedade de hoje (n. 26). Daí surge uma ética social, fundada e enraizada na visão antropológica, histórica e evangélica que guia e inspira o Concílio, e que ficou condensada nos nossos dois capítulos precedentes.

"Alguns problemas mais urgentes"

A Segunda Parte da *Gaudium et Spes* se anuncia como consagrada aos problemas mais urgentes porque atingem todo o gênero humano. O Concílio quis terminar a sua tarefa renovadora e mesmo inovadora esboçando um paradigma geral de uma ética mundial, visando a toda a humanidade em vias de globalização. Nela emergem novos modelos de família, de cultura em geral, de economia, de política. A análise inicial, delineada no limiar da constituição, mostra a Igreja em sua afetuosa preocupação com o mundo, com toda a humanidade. O Vaticano II propõe, então, a visão serena e positiva de um mundo em ritmo de desenvolvimento e em busca de organização, o que constitui uma série de "problemas" no sentido mais forte. Como proclamava anos antes um dos colabores principais da Segunda Parte da *Gaudium et Spes*, o Padre Lebret, sobretudo o Ocidente enfrenta uma crise "de suicídio ou de sobrevivência". Pois a humanidade dispõe dos recursos para uma convivência internacional próspera e pacífica, mas também conta com armas capazes de destruir a vida sobre o planeta.

O Vaticano II não entendeu o *aggiornamento* como um feixe qualquer de retoques ou de reformas parciais dentro da Igreja, visando torná-la mais aceitável ao mundo de hoje. O Concílio olhou em profundidade a Igreja e o mundo, os dons divinos com que a Igreja está cumulada, os valores e aspirações de que o mundo está animado. Mas não pode se esquivar da questão das questões: por que a Igreja e o mundo se sentem em crise e há séculos vivem em conflito, quando ambos deveriam visar ao bem comum da humanidade?

Aqui, como "problemas urgentes", *Gaudium et Spes* considera a *família*, a *cultura*, a *economia*, a *política* e toda a situação internacional como dentro de uma crise geral, que as envolve todas de maneira conexa. É um feixe de esperanças, mas rodeada de ameaças e desesperos de todos os lados. Em sua sabedoria, abstém-se de condenar pessoas ou instituições ou de prodigar bons conselhos. Empenha-se em ir à raiz dos "problemas urgentes", mostrando que a verdadeira esperança engendra a criatividade. E passa a apontar a necessidade e a busca da constituição e do funcionamento autêntico dessas formas primordiais de formação da sociedade, aceitas e reconhecidas em sua etapa moderna de surto crescente de desenvolvimento científico e tecnológico.

A interrogação se concretiza: que paradigma, que tipo de compreensão, que modelo de realização prática estão presentes e ativos agora na humanidade em marcha ou em crise, que paradigmas e que modelos são agora "urgentes" para que a humanidade se realize à luz e pela energia dos valores humanos e evangélicos de que é a feliz portadora?

"Dignidade do matrimônio e da família"

Pode-se, portanto, falar de uma virada decisiva. Já este capítulo I da Segunda Parte da *Gaudium et Spes* é uma joia preciosa e bem lapidada, fazendo resplandecer em sua dimensão familiar o paradigma ético geral, humano e evangélico que o Vaticano II se empenha em oferecer ao mundo de hoje.

Ele quer despertar as consciências, incitando a sanar uma grande falha na civilização e mesmo na cristandade. Reconhece a urgência de um novo paradigma sexual em plena sintonia com a dignidade do matrimônio e da família. Discretamente, como convém a essa sábia assembleia de pastores, *Gaudium et Spes* declara que vai se empenhar em "melhor elucidar alguns pontos importantes da doutrina da Igreja". Esse projeto de pôr *in clariorem lucem*, de "elucidar melhor" o que vem sendo ensinado e (mal) praticado, denota sem dúvida que há pelo menos sombras ou penumbras a clarear. Mas o olhar do Concílio vai mais longe e mais fundo em sua análise e em suas propostas.

Começa por proclamar suas esperanças de poder "ilustrar e robustecer os cristãos e todos os homens que se esforçam por proteger e fomentar a nativa dignidade do estado matrimonial e o seu alto e sagrado valor" (*GS*, n. 47, *in finem*). De permeio com essas esperanças, se insinua a consciência de certo risco em agitar assuntos tão delicados. Na verdade, esse breve capítulo da *Gaudium et Spes* representa um avanço considerável no domínio da ética sexual, matrimonial e familiar, elaborando um novo paradigma de conteúdo humano e de inspiração evangélica e levando em conta as condições da moderna civilização tecnológica.

O contraste era inevitável entre esse projeto de inovação e a moral tradicional, religiosa ou leiga, que transmitia normas acanhadas e restritivas nesse domínio fundamental. Essa moral negativa e legalista, que se expressa em termos obrigações e não de valores, estava longe de integrar e harmonizar todos os dados complexos da antropologia e da compreensão generalizada da sexualidade. O que lograva em grande escala era suscitar ressentimentos e revoltas, no quadro e no clima de emancipação universal e constante que anima o Ocidente. Pois este parece tudo apostar nas liberdades individuais, após os horrores das ditaduras tirânicas e da última guerra mundial.

Confronto de dois paradigmas

De fato, malgrado sua opção negativa, de não se ater aos projetos pré-conciliares, os padres conciliares não podem ignorá-los. Durante sua rude tarefa de elaborar a *Gaudium et Spes*, ei-los diante da curiosa proposta de uma imensa constituição – qualificada de "dogmática"! – cuidadosamente tecida pela Comissão preparatória e que tem o amplo título: *Schema Constitutionis dogmaticae de castitate, matrimonio, familia, virginitate* ("Projeto de constituição dogmática sobre a castidade, o matrimônio, a família e virgindade").

Elaborada com uma clareza meridiana e até com muita ênfase, aí se ostenta a velha moral que o Concílio se vê chamado a "melhor elucidar". Esse Projeto se desdobra em quatro partes, começando pela Castidade, estendendo-se ao Matrimônio e à Família, para culminar na Virgindade. Em cinquenta e três páginas, em bom latim, os padres conciliares dispunham de uma síntese aprimorada da moral sexual e familiar, então ensinada nos seminários para a formação do clero.[1]

O matrimônio é definido como contrato, sem dúvida singular, pelo objeto e pelo compromisso irrevogável que acarreta, decorrendo do livre consentimento do homem e da mulher, que assim se unem em uma comunhão indissolúvel de vida para exercerem as finalidades essenciais da procriação e educação da prole. Com esmero e minúcia se exaltam e explicam as propriedades que hão de refulgir nessa união conjugal: a indissolubilidade, a fidelidade e a fecundidade. Essa simples evocação mostra a proeza dessa moral matrimonial que consegue não falar em amor, mesmo definindo o matrimônio como sacramento. E, mais ainda, tendo diante dos olhos os textos do Novo Testamento que enaltecem o "mistério de Cristo e da Igreja", esposa bem-amada de Cristo, que lhe prova este amor pelo dom de sua vida (cf. Ef 5,25-27).

A razão dessa estranha omissão não se justifica, mas é compreensível. Vem qual simples consequência do paradigma legalista dessa moral. O antigo Direito Canônico já dava o exemplo dessa façanha, que é, na verdade, uma tragédia. O Código promulgado em 1918 nos cânones 1012-1143, Livro III, Título VII, dá o exemplo. Encerra uma exposição nítida e bem ordenada sobre o sacramento do Matrimônio sem nem mesmo mencionar a palavra amor.

A Comissão pré-conciliar tinha naturalmente esse texto diante de si e construía seu Projeto dentro dessa inspiração e desse contexto. Algo de semelhante já acontecera

---

[1] Esse Projeto pré-conciliar, em geral condensado nas introduções das diferentes edições da constituição *Gaudium et Spes*, se encontra na integra no volume 1 dos *Acta Synodalia Sacrosancti Concilii Vaticani II* (32 volumes), publicados pela Editora do Vaticano (1970-1999), Periodus I, p. 718-771.

com a encíclica *Casti Connubii*, de Pio XI, publicada em 31 de dezembro de 1931. A compreensão doutrinal do matrimônio cristão é aí sintetizada na trilogia dos "bens matrimoniais": *Fides, proles, sacramentum* – "a fidelidade, a prole e o sagrado vínculo indissolúvel" –, formulada e explicada com rara beleza por Santo Agostinho.

Esse Padre da Igreja é mestre por excelência do Ocidente cristão, especialmente no que toca ao amor divino e humano. Sua contribuição é menos feliz neste ponto essencial para a compreensão do matrimônio. Em sua mensagem, tomada dos seus Escritos sobre o matrimônio e de seu *Comentário literal ao Gênesis*, a dimensão sexual, o apetite e o prazer carnais, mesmo na intimidade conjugal dos esposos cristãos, guardam sempre uma veemência desordenada. O ato conjugal, sempre marcado pela desordem do pecado original, será "escusado" (!) apenas pela sua orientação à boa finalidade da procriação. Em uma das raras vezes que ousa opor-se a Agostinho, Santo Tomás de Aquino declara: não se trata de "escusa": a união sexual entre esposos cristãos é algo de "bom e mesmo santo". Para infelicidade geral, foi a influência negativa de Agostinho que marcou grandemente a moral e a espiritualidade conjugais através dos séculos de cristandade.

O paradigma ético do Concílio supera todas essas falhas, imprecisões e incertezas. Reúne e entrelaça estes três valores como essenciais ao matrimônio e à família: amor, responsabilidade e fecundidade. Nossa reflexão se restringe à consideração da originalidade do paradigma conciliar. Só se evocam documentos e circunstâncias que contribuam a compreender a marcha, a atitude e a mensagem do Vaticano II.

Paradigma integrador e bem ordenado

Com o risco de esquematizar uma doutrina tão sublime, mas bastante complexa, parece oportuno destacar em algumas proposições o essencial da originalidade do paradigma do Vaticano II.

Primado absoluto do amor

O matrimônio é definido como "íntima comunhão de vida e de amor" (cf. *GS*, n. 48). O Vaticano II faz do amor o fundamento, a inspiração, a alma do matrimônio e da família. "Esse amor associa o divino e o humano" (cf. *GS*, n. 49). O amor divino exige, suscita e desenvolve o amor humano na sua densidade carnal e na sua profundidade espiritual. É o amor mais total que move ao dom completo e perfeito das pessoas dos cônjuges. Ao falar de "pecado contra a natureza", se há de proclamar que nesse domínio o pecado contra a natureza por excelência é a sexualidade praticada sem amor, é o matrimônio realizado e vivido sem amor, é a procriação de filhos sem amor. O matrimônio visa a criar condições de viver e conviver na plena realização do ser humano em sua qualidade mais sublime e mais cotidiana de amar e ser amado.

O Vaticano II opera uma troca de paradigmas

A moral católica foi grandemente marcada pela visão primordial do matrimônio enquanto "função natural de procriação". O Vaticano II quer manter, mas na sua integralidade e na sua hierarquia bem ordenada, os dados essenciais que este ensino tradicional sempre visou transmitir, fazendo-o, por vezes, de maneira parcial e algo distorcida. Partindo do humano, no que o distingue como racional e livre, a elaboração conciliar não deixa de lado o biológico, mas o integra nesta realização natural superior que é a vida humana. Comunhão de duas vidas humanas, para transmitir a vida humana, de maneira humana, é esta a função primordial, de que o paradigma antigo falava como "função natural" do matrimônio, e de que o paradigma conciliar falará como a "missão humana", em sua "dignidade pessoal", que o sacramento virá confirmar, elevar e consagrar.

O matrimônio se constitui por uma aliança de amor, em vista de uma comunhão estável e de uma transmissão responsável da vida

O Vaticano II insiste sobre três pontos que marcarão doravante, de maneira mais clara e mais forte, a consciência e as posições da Igreja. Esses três pontos – a responsabilidade, o amor e a fecundidade – se unem como prioridades fundadoras do novo paradigma de ética matrimonial, proposto pelo Concílio.

Merecem a maior atenção as insistências e os matizes da *Gaudium et Spes* quando propõe sua doutrina da responsabilidade. Trata-se de uma "responsabilidade humana e cristã". "Os cônjuges, em um comum acordo e um mesmo empenho" tomarão diante de Deus uma decisão que leve em conta todas as faces do bem que estão em jogo na sua vida matrimonial. "São os próprios esposos, enfatiza o Concílio, que devem em última análise formar esse juízo diante de Deus." Ajuntando que eles o farão em uma plena docilidade ao Magistério da Igreja. Assim, chega-se a sintetizar a mensagem inovadora, tão elevada e tão exigente, sobretudo tão promissora, contida especialmente nos números 50-51.

No número 51, a famosa Nota 14, em que se indicam referências aos ensinamentos de Pio XI, de Pio XII e do próprio Paulo VI. E se declara que este se reserva a si mesmo, após estudos acurados por uma Comissão *ad hoc*, propor "soluções concretas", o que o Concílio não tem a intenção de fazer. Essa nota de rodapé contém uma das decisões mais importantes na história da moral católica.

Quando a ética corre risco de virar uma novela

Bem sabemos a questão candente, colocada à consciência da humanidade e da Igreja, em razão dos progressos decisivos realizados nos conhecimentos biológicos e embriológicos na segunda metade do século XX. Simplificada em extremo, como a aceitação ou a condenação da "pílula", dos contraceptivos orais, essa questão crucial exigia, de fato, o ajustamento de toda uma ética matrimonial. A contribuição original do Concílio será antes de tudo elaborar essa ética, ao passo que a resposta precisa da liceidade ou não da "pílula" foi retirada da competência conciliar pelo Papa Paulo VI. Na verdade, ele quis levar a cabo a rude tarefa, já assumida por João XXIII, e para cujo estudo este papa tinha formado uma Comissão em 1963, contando com a colaboração do Santo Ofício e sob a égide do Cardeal Ottaviani.

Sob a presidência desse cardeal, a Comissão constava inicialmente de sete membros. Mas foi crescendo à medida que se constatavam a dificuldade e a delicadeza da questão da "regulação da natalidade". Em 1965, na fase definitiva da elaboração da *Gaudium et Spes*, a Comissão chegava a mais de setenta componentes, entre os quais se contavam especialistas em ciências humanas e nos diferentes ramos da teologia, mantendo certo intercâmbio com assessores e bispos do Concílio.

Em oposição ao parecer do Cardeal Ottaviani e de apenas uma dezena de membros, a maioria de seis das sete dezenas da Comissão se inclinava a uma revisão aprimorada da doutrina tida como tradicional e cujo dado fundamental remontava concretamente à citada encíclica *Casti Connubii*.

Em um documento preliminar, essa maioria, presidida pelo vice-presidente da Comissão, o Cardeal Julius Döpfner,[2] em um primeiro documento, se empenhou em mostrar uma evolução da doutrina tradicional sobre a sexualidade e o matrimônio. Houve um progresso, era bom e legítimo que o houvesse, e agora ele tem um momento oportuno e todos os recursos para se efetuar. Tal a tese sustentada pelo primeiro texto da maioria. A minoria se limitou a afirmar e a documentar sua convicção: não houve e não deve haver mudança na doutrina tradicional da Igreja, tal como se acha sintetizada na encíclica *Casti Connubii*. Consequente com sua opção inicial, a maioria redigiu um projeto positivo de uma ética sexual autêntica e esboçou um modelo de regulação da natalidade à luz dos valores humanos e cristãos.

Em 1967, os resultados da Comissão, quando eram entregues ao Santo Padre, caíram no domínio público pelo efeito da indiscrição de um de seus membros. O que levou o papa a constituir logo uma outra Comissão bem restrita, contando com a colaboração do Cardeal Wojtyla, futuro João Paulo II. E apressou sua decisão. Ele responde

---
2 Grande líder inovador, de quem o teólogo Joseph Ratzinger, futuro Papa Bento XVI, foi o assessor durante o Concílio.

finalmente à espinhosa questão pela célebre encíclica *Humanae Vitae*, de 25 de julho de 1968.

A qualidade moral dos atos conjugais se aprecia dentro de um novo paradigma ético

Na verdade, essa encíclica merece celebridade maior e bem outra do que dar resposta a uma questão incandescida pela curiosidade pública. Pois ela não se limita a buscar pôr um termo à delicada controvérsia. Ela começa por sintetizar o essencial da posição profunda e original do Vaticano II. Convém partir dessa doutrina conciliar para bem apreciar a situação atual da moral e da pastoral da Igreja atual no que concerne à sexualidade, ao matrimônio e à família.

O Concílio se caracteriza pelo empenho de bem elucidar e exprimir sua doutrina, que assume, prolonga e aprimora a tradição recebida. Suas palavras são cuidadosamente escolhidas:

> A sexualidade própria do homem e a faculdade humana de gerar excedem maravilhosamente o que se encontra nos graus inferiores da vida. Em consequência [= dessa superioridade propriamente humana], os atos próprios da vida conjugal, regulados segundo a autêntica dignidade humana, devem ser o objeto de um grande respeito (cf. *GS*, n. 51).

A partir dessa premissa – a qualidade propriamente humana da sexualidade – o Concílio aborda a questão crucial da moralidade dos atos conjugais: "Por isso, a moralidade da maneira de agir, quando se trata de harmonizar o amor conjugal com a transmissão responsável da vida não depende apenas da intenção sincera e da reta apreciação dos motivos, mas deve ser determinada segundo critérios objetivos" (cf. *GS*, n. 51).

Até aqui, o Concílio se limita apenas a fazer sua e a melhor formular a doutrina comum. Mas em seguida ele elabora sua contribuição original, verdadeiramente típica do seu paradigma ético fundamental.

Aqui está o texto, que esconde em sua densidade um laborioso esforço de redação, pois inaugura a novidade da abordagem conciliar: tirados "da natureza *da pessoa* e dos seus atos, esses critérios respeitarão o *sentido integral* da doação mútua e da procriação *humana*, dentro do contexto do *verdadeiro amor*" (cf. *GS*, n. 51).

Estão aí harmoniosamente articulados (e por nós sublinhados) os diferentes parâmetros do paradigma de ética matrimonial que nos legou o Concílio. Em um domínio em que a doutrina se fundava tradicionalmente na "natureza", na "lei natural", o Vaticano II enuncia qual fonte primeira dos critérios objetivos "a natureza *da pessoa* e dos seus atos". O ser humano enquanto pessoa, os atos humanos enquanto pessoais, é este o princípio de uma lei natural a que somos enviados. Esse princípio se determina e concretiza no "respeito do sentido integral da doação mútua (= dos esposos) e da procriação humana".

A sexualidade é enaltecida como linguagem do amor. Pela primeira vez, no Magistério da Igreja, a sexualidade é reconhecida como uma linguagem, "cujo sentido integral" emerge da conjunção desse duplo elemento: "doação mútua" dos cônjuges e "procriação humana". Essa conjunção harmoniosa da "mútua doação" e de uma "procriação" enfatizada como "humana", esse "sentido integral" da sexualidade conjugal, indica o Concílio, só se obterá "no contexto do verdadeiro amor." Esse "contexto do verdadeiro amor" é como a matriz do "sentido integral" da ética sexual que o Vaticano II sugeria à Igreja, dando prioridade a esse feixe de valores da pessoa, da responsabilidade, da doação de si, da procriação e da educação dos filhos.

Regulação ética da fecundidade

Esse paradigma conciliar de ética matrimonial será acolhido pelo magistério pós-conciliar, que, no entanto, julgou necessário completá-lo, sobretudo, procurando rejuvenescer o paradigma da "lei natural" e da "natureza do ato" em sua estrutura e seu funcionamento biológico. Assim, desde a encíclica *Humanae Vitae* (de 25 de julho de 1968), um novo paradigma fez sua entrada no ensinamento católico. Ele tenta operar a fusão do paradigma do Vaticano II com o paradigma que o Concílio deixara de lado, sem o aprovar ou desaprovar. Essa encíclica, em toda a sua primeira parte doutrinal (n. 1-12), assume o princípio do primado do amor, desdobrando-se em responsabilidade na vida do casal, na determinação conveniente do número dos filhos e na solicitude por sua educação. Esse dado primordial da mensagem original do Concílio passou para todos os documentos do magistério pós-conciliar, sendo exposta quanto ao essencial na exortação *Familiaris Consortio*, no *Catecismo da Igreja Católica*, no novo *Código de Direito Canônico*, e no *Compêndio da Doutrina Social da Igreja*.

Na sua segunda parte prática (especialmente nos números 13-14) – aqui bate o ponto, e bate para fazer estremecer a história da Igreja –, a encíclica *Humanae Vitae* retoma e atualiza a posição corrente no magistério eclesiástico, já condensada na encíclica *Casti Connubii*.

Reconhece a legitimidade, a plena liceidade, a bondade ética dos atos conjugais "naturalmente" infecundos, mas considera como "intrinsecamente maus" os atos voluntariamente privados de uma "abertura à fecundidade", mediante processos artificiais ou técnicos que excluam essa "abertura", seja antes dos atos sexuais dos esposos, seja durante ou após eles. Na verdade, reconhecer a liceidade e a eventual bondade moral dos atos (naturalmente) infecundos representava um progresso, derivado da influência do Concílio, que libertara a moral dos influxos negativos do estoicismo, a que se aliara o augustinismo. Este vinha marcado por uma visão da sexualidade tida como desordenada por efeito do pecado original. Há, assim, a recusa de reconhecer a liceidade de métodos artificiais ou de processos técnicos que garantissem a infecundidade dos atos sexuais, fazendo, portanto, artificialmente uma ampliação do processo natural dos "períodos infecundos".

Tal é a característica própria da encíclica *Humanae Vitae* e dos atos magisteriais que a prolongam e buscam aprimorá-la. A intenção do Magistério é manter nos casais cristãos uma perfeita docilidade à Lei divina, traduzindo-se no respeito dos "ritmos naturais" da sexualidade da criatura humana. Esta não pode usurpar o poder normativo, inscrito pelo Criador na natureza da sexualidade, insurgindo-se pela pretensão de se tornar e dona absoluta da sua sexualidade.

O Vaticano II tinha oferecido uma oportunidade alternativa, elucidada pela Comissão Pontifícia sobre a Regulação da Fecundidade. No domínio específico da fecundidade conjugal, como em tantos outros planos da vida e da atividade humana, essa ética integradora reconhece o sentido positivo de uma intervenção artificial, de uma intervenção técnica que vem aprimorar a natureza da pessoa e de seus atos pessoais. Essa função positiva da técnica, utilizada de maneira responsável, constitui um dos dados da "cultura", que o Vaticano II integra em seu paradigma ético, consagrando-lhe todo um capítulo após essa reflexão sobre a ética conjugal e familiar.

Ocasião oportuna?

Comemoramos o jubileu, os cinquenta anos do Vaticano II, quase outro tanto da *Humanae Vitae*. Levando em conta a prática e as atitudes dos fiéis, não seria uma ocasião mais do que oportuna, para a Santa Igreja de Deus, de ajudar mais ainda o progresso da consciência – tão exaltada pelo Concílio! – na busca de uma ética e de uma espiritualidade, bem informadas, tranquilas e criativas neste delicado domínio da sexualidade como em tantos outros?

Nossa reflexão se concentra na originalidade singular do carisma renovador do Vaticano II. Convém insistir. O tema da fecundidade mereceu um exame cuidadoso, pois o Concílio não quis repetir simplesmente as formulações do passado, mesmo aquelas que eram tidas como as mais autorizadas. Em uma fidelidade criativa à tradição, ele abre caminhos novos com uma soberana simplicidade.

Ele tem sempre em vista a transmissão da vida em sua qualidade humana, nesta sua "dignidade" que se guia pela razão e pela Palavra de Deus. Fala sempre da procriação e da educação dos filhos, indicando aos cônjuges que encontrem no amor a luz e a força para organizar e dispor sua vida para esse objetivo completo e complexo do matrimônio. A fecundidade integralmente considerada compreende procriação e educação da prole, e está intimamente ligada ao matrimônio e ao amor conjugal: "Por sua índole natural, a instituição do matrimônio e o amor dos esposos se ordenam à procriação e à educação da prole, e nelas [= procriação e educação] encontram seu sublime coroamento" (cf. GS, n. 48).

O Vaticano II abordou esse campo do matrimônio e da família, encontrando ou criando para si as condições mais favoráveis, com que jamais puderam contar outras instâncias e outras épocas do magistério eclesiástico. Os Padres conciliares estão cercados e são ajudados por especialistas nas diversas disciplinas humanas, por grupos de leigos e representantes de movimentos familiares cristãos. Ele recebe o forte estímulo vindo da opinião pública interna e externa à Igreja, extremamente atenta às atitudes e posições do Concílio, dele esperando especialmente uma orientação ética para o problema da "regulação dos nascimentos". O mundo profano se preocupava com os aspectos demográficos, no prolongamento do maltusianismo.

Por outro lado, como se descreve com certa ênfase na Primeira Parte da constituição *Gaudium et Spes*, o conjunto da civilização moderna, ocidental, avança no sentido da afirmação e da conquista da emancipação muito particularmente no campo da sexualidade, da busca da felicidade nas experiências do amor sexual. O Vaticano II abre o campo do diálogo, enaltecendo os verdadeiros valores do amor, neles incluindo o prazer partilhado, como outras formas de relacionamento positivo, a autonomia e o consenso no seio da família. Mais ainda: ele deu à Igreja e por ela à humanidade um paradigma ético, tecido desses valores básicos: o amor recíproco e fecundo dos cônjuges, a responsabilidade pessoal e partilhada para, juntos e diante de Deus, enfrentarem os problemas em uma comunhão total de vida e de doação mútua de suas pessoas, a começar pelos seus corpos, que concretizam e simbolizam o realismo desse intercâmbio afetivo e efetivo.

A revolução na família e a revolução pela família

Tanto e mais do que para os demais temas, a antologia de textos que acompanha este capítulo pode permitir um contato com a mensagem do Vaticano II em sua originalidade. As mudanças acentuadas depois do Concílio nas mentalidades e nos costumes, os novos modelos, social e juridicamente aceitos, de família e de casal tornam mais oportuna uma leitura e mesmo um estudo sereno da mensagem do Vaticano II. Após cinquenta anos, sua originalidade não resplandeceria com mais firmeza e fulgor? Antes de tudo, a primeira exigência que será normalmente o caminho para reencontrar a energia reformadora do Concílio não será tal atitude particular que encomenda ou sugere. Pois o Vaticano II se move e está em parte envolvido por modelos familiares e sociais outros que os nossos na Pós-Modernidade. O essencial será redescobrir seu espírito, sua inspiração e o tecido profundo de sua mensagem. Ele não propõe, menos ainda impõe, normas e modelos particulares de comportamentos. Ele encaminha a uma convicção de fé e razão, a uma atitude de esperança criativa.

O Concílio propõe que, fora e acima de críticas ou de conselhos gerais, a Igreja se empenhe em buscar e a passar para a humanidade o discernimento do sentido da vida, a junção harmoniosa e efetiva da felicidade e da santidade. Pois o Concílio não hesita diante dessa radicalidade do Evangelho. No capítulo do matrimônio e da família, não repete os conselhos de submissão costumeiros na família patriarcal como na sociedade hierarquizada. Mas aponta para a questão concreta: haja sede e busca do amor divino e humano, espiritual e carnal. E que a humanidade se empenhe em descobrir ou criar hoje os caminhos para realizar a "dignidade" do matrimônio e da família. Quando se assegura o essencial, o "resto virá por acréscimo".

Visando às falhas e a certa mesquinhez da família antiga, patriarcal, piramidal, André Gide sintetizou certo ressentimento generalizado na famigerada sentença "Famílias, eu vos detesto". E ele prossegue descrevendo o tipo de família que ele odeia: "Lares herméticos, portas trancadas, apegos ciumentos à felicidade". Essa família estigmatizada nas *Nourritures terrestres* (livro publicado em 1897) é o retrato da família egocêntrica, a antítese total da família que se une, pelo amor dom de si e fonte de felicidade, sintonizando fidelidade, autonomia e criatividade.

Hoje há outro tipo de família que está na ponta do movimento de emancipação geral da sociedade Moderna e Pós-Moderna. É a família que se monta e desmonta ao gosto ou segundo o desgosto dos seus componentes, sobretudo do casal. O direito, enquanto sistema ordenador do consenso e da estabilidade da sociedade, retardou durante certo tempo a fragmentação ou a dissolução da família. Hoje vai encontrando modelos jurídicos que evitem ou atenuem as consequências sociais do desmantelamento da família.

Essa situação é sem dúvida nova e está fora das citações e preocupações do Concílio. Mas na medida em que resulta dos valores de liberdade, de autonomia, de emancipação levadas ao extremo limite, abre espaços para apreciação desses valores, para críticas a excessos e à busca da autenticidade e de uma nova ordem de relações familiares no amor, na responsabilidade, na autonomia e criatividade, no prolongamento do paradigma conciliar.

Na fidelidade profunda e criativa ao Concílio, bem se pode falar da urgência de uma revolução da família, em sintonia e em sincronismo com uma revolução ética e cultural da sociedade. Esta, como a família, se modificou enormemente depois do Concílio, mas precisamente seguindo a marcha, a lógica, o dinamismo de seus sistemas, econômicos, políticos, comunicacionais, de que o Vaticano II tinha proposto uma retificação e a reorientação segundos os valores e direitos humanos fundamentais. A ética de inspiração cristã, mas essencialmente humana, proposta pelo Vaticano II indica e exige a remodelação humana de cada um e de toda a rede dos grandes sistemas sociais, cujo influxo, sobretudo negativo, pesou forte sobre a família que é o sistema reduzido de base de todo o sistema global da sociedade.

O Concílio começou pela família. A revolução espiritual e cultural que ele propõe à livre e generosa opção da Igreja e da humanidade tem essa primeira instância mais acessível. É a revolução ou a inovação a partir da família.

Mas, a partir do capítulo seguinte, o Vaticano II vai mostrar que a renovação qualitativa da sociedade passa pela *cultura*, atinge todos os sistemas sociais, sobretudo a economia e a política, e culmina em uma nova ordem, e mesmo em um governo mundial correspondendo à globalização das relações humanas, que exigem um mundo de justiça, de responsabilidade, de fraternidade e de paz.

Antologia.
Sobre a ética sexual, conjugal e familiar

O amor conjugal

> A Palavra de Deus convida repetidas vezes os noivos a alimentar e robustecer o seu noivado com um amor

casto, e os esposos a sua união com um amor indiviso.[3] E também muitos dos nossos contemporâneos têm em grande apreço o verdadeiro amor entre marido e mulher, manifestado de diversas maneiras, de acordo com os honestos costumes dos povos e dos tempos. Esse amor, dado que é eminentemente humano – pois vai de pessoa a pessoa com um afeto voluntário – compreende o bem de toda a pessoa e, por conseguinte, pode conferir especial dignidade às manifestações do corpo e do espírito, enobrecendo-as como elementos e sinais peculiares do amor conjugal. E o Senhor dignou-se sanar, aperfeiçoar e elevar este amor com um dom especial de graça e caridade. Unindo o humano e o divino, esse amor leva os esposos ao livre e recíproco dom de si mesmos, que se manifesta com a ternura do afeto, e com as obras, e penetra toda a sua vida; e aperfeiçoa-se e aumenta pela sua própria generosa atuação. Ele transcende, por isso, de longe a mera inclinação erótica, a qual, fomentada egoisticamente, rápida e miseravelmente se desvanece.

Este amor tem a sua expressão e realização peculiar no ato próprio do matrimônio. São, portanto, honestos e dignos os atos pelos quais os esposos se unem em intimidade e pureza; realizados de modo autenticamente humano, exprimem e alimentam a mútua entrega pela qual se enriquecem um ao outro na alegria e gratidão. Esse amor, ratificado pela promessa de ambos e, sobretudo, sancionado pelo sacramento de Cristo, é indissoluvelmente fiel, de corpo e de espírito, na prosperidade e na adversidade; exclui, por isso, toda e qualquer espécie de adultério e divórcio. A unidade do matrimônio, confirmada pelo Senhor, manifesta-se também claramente na igual dignidade da

---

3 Aqui uma nota de rodapé nos surpreende agradavelmente, pois nos envia a toda uma bela série de textos sobre o amor, até mesmo ao Cântico dos Cânticos (1,2-3; 1,18; 4,10–5,1; 7,5-14), descrevendo os gestos de ternura do Esposo e da Esposa, o que é deveras inédito na história dos Concílios.

mulher e do homem que se deve reconhecer no mútuo e pleno amor. Mas, para cumprir com perseverança os deveres desta vocação cristã, requer-se uma virtude notável; por este motivo, hão de os esposos, fortalecidos pela graça para levarem uma vida de santidade, cultivar assiduamente e impetrar com a oração a fortaleza do próprio amor, a magnanimidade e o espírito de sacrifício.

O autêntico amor conjugal será mais apreciado, e formar-se-á a seu respeito uma sã opinião pública, se os esposos cristãos derem um testemunho eminente de fidelidade e harmonia e de solicitude na educação dos filhos e se participarem na necessária renovação cultural, psicológica e social em favor do casamento e da família. Os jovens devem ser conveniente e oportunamente instruídos, sobretudo no seio da própria família, acerca da dignidade, missão e exercício do amor conjugal. Deste modo, educados na castidade, poderão, chegada a idade conveniente, entrar no casamento depois de um noivado puro (GS, n. 49).

A fecundidade do matrimônio

O matrimônio e o amor conjugal ordenam-se por sua própria natureza à geração e educação da prole. Os filhos são, sem dúvida, o maior dom do matrimônio e contribuem muito para o bem dos próprios pais. O mesmo Deus que disse "não é bom que o homem esteja só" (Gn 2,88) e que "desde a origem fez o homem varão e mulher" (Mt 19,14), querendo comunicar-lhe uma participação especial na sua obra criadora, abençoou o homem e a mulher dizendo: "sede fecundos e multiplicai-vos" (Gn 1,28). Por isso, o autêntico cultivo do amor conjugal, e toda a vida familiar que dele nasce, sem pôr de lado os outros fins do matrimônio, tendem a que os esposos, com fortaleza de ânimo, estejam dispostos a colaborar com o amor do criador e salvador, que por meio deles aumenta cada dia mais e enriquece a sua família.

Os esposos sabem que no dever de transmitir e educar a vida humana – dever que deve ser considerado como a sua missão específica – eles são os cooperadores do amor de Deus criador e como que os seus intérpretes. Desempenhar-se-ão, portanto, desta missão com a sua responsabilidade humana e cristã; com um respeito cheio de docilidade para com Deus, de comum acordo e com esforço comum, formarão retamente a própria consciência, tendo em conta o seu bem próprio e o dos filhos já nascidos ou que preveem virão a nascer, sabendo ver as condições de tempo e da própria situação e tendo, finalmente, em consideração o bem da comunidade familiar, da sociedade temporal e da própria Igreja. São os próprios esposos que, em última instância, devem diante de Deus tomar esta decisão. Mas, no seu modo de proceder, tenham os esposos consciência de que não podem agir arbitrariamente, mas que sempre se devem guiar pela consciência, que se deve conformar com a lei divina, e ser dóceis ao magistério da Igreja, que autenticamente a interpreta à luz do Evangelho. Essa lei divina manifesta a plena significação do amor conjugal, protege-o e estimula-o para a sua perfeição autenticamente humana. Assim, os esposos cristãos, confiados na divina Providência e cultivando o espírito de sacrifício, dão glória ao Criador e caminham para a perfeição em Cristo quando se desempenham do seu dever de procriar com responsabilidade generosa, humana e cristã. Entre os esposos que deste modo satisfazem à missão que Deus lhes confiou, devem ser especialmente lembrados aqueles que, de comum acordo e com prudência, aceitam com grandeza de ânimo educar uma prole numerosa.

No entanto, o matrimônio não foi instituído só em ordem à procriação da prole. A própria natureza da aliança indissolúvel entre as pessoas e o bem da prole exigem que o mútuo amor dos esposos se exprima convenientemente, aumente e chegue à maturidade. E por isso, mesmo que faltem os filhos, tantas vezes ardentemente desejados, o matrimônio conserva o seu valor e indissolubilidade, como comunidade e comunhão de toda a vida (GS, n. 50).

O amor conjugal e o respeito pela vida humana

O Concílio não ignora que os esposos, na sua vontade de conduzir harmonicamente a própria vida conjugal, encontram frequentes dificuldades em certas circunstâncias da vida atual; que se podem encontrar em situações em que, pelo menos temporariamente, não lhes é possível aumentar o número de filhos e em que só dificilmente se mantêm a fidelidade do amor e a plena comunidade de vida. Mas quando se suspende a intimidade da vida conjugal, não raro se põe em risco a fidelidade e se compromete o bem da prole; porque, nesse caso, ficam ameaçadas tanto a educação dos filhos como a coragem necessária para ter mais filhos.

Não falta quem se atreva a dar soluções imorais a estes problemas, sem recuar sequer perante o homicídio. Mas a Igreja recorda que não pode haver verdadeira incompatibilidade entre as leis divinas que regem a transmissão da vida e o desenvolvimento do autêntico amor conjugal.

Com efeito, Deus, senhor da vida, confiou aos homens, para que estes desempenhassem de um modo digno dos mesmos homens, o nobre encargo de conservar a vida. Esta deve, pois, ser salvaguardada, com extrema solicitude, desde o primeiro momento da concepção; o aborto e o infanticídio são crimes abomináveis. A índole sexual humana e o poder gerador do homem, eles superam de modo admirável o que se encontra nos graus inferiores da vida; daqui se segue que os mesmos atos específicos da vida conjugal, realizados segundo a autêntica dignidade humana, devem ser objeto de grande respeito. Quando se trata, portanto, de conciliar o amor conjugal com a transmissão responsável da vida, a moralidade do comportamento não depende apenas da sinceridade da intenção e da apreciação dos motivos; deve também determinar-se por critérios objetivos, tomados da natureza da pessoa e dos seus atos; critérios que respeitem, num contexto de autêntico amor, o sentido da mútua doação e da procriação humana. Tudo isto só é possível se se cultivar sinceramente a virtude da castidade conjugal. Segundo estes princípios, não é lícito aos filhos da Igreja adotar, na regulação dos nascimentos, caminhos que o magistério, explicitando a lei divina, reprova. [...] (*GS*, n. 51).

3

Ética social da constituição *Gaudium et Spes* diante dos desafios socioeconômicos e políticos do mundo de hoje. Paradigma econômico

Opções e palavras decisivas na hora derradeira. É o que acontece no momento em que o Concílio chega à derradeira etapa de sua caminhada histórica. Há documentos que vêm rompendo a golpes de uma força tranquila, na base de diálogo e convicção. Mas é a hora da última batalha.

O Concílio irá ocupar-se de economia, de política, de questões profanas e contingentes?

A interrogação é lançada no meio do caminho do Vaticano II, quando ele vai tentar imprimir a sua marca inovadora, evangelizadora sobre questões como a liberdade religiosa, sobre o valor das religiões e a posição missionária da Igreja e, sobretudo, sobre a complexidade e ambiguidade do mundo moderno na última parte do famoso Projeto 13, que vai virar a constituição *Gaudium et Spes*, "A alegria e a esperança". A Igreja conciliar vai mesmo dar a sua palavra sobre a necessária reconstrução do mundo, indo ao encontro das aspirações de boa parte da humanidade. Ela prolongava a abertura simpática à Modernidade, a qual vinha se esboçando desde Leão XIII, em parte continuada por Pio XI e Pio XII e culminando agora com João XXIII, com Paulo VI e os dois mil e seiscentos bispos em concílio.

A dialética da marcha conciliar ostenta dois polos resplandecentes na sua extrema tensão. De um lado, mais de uma centena de bispos hasteiam a bandeira da Igreja dos pobres. Que o Concílio vá até o fim na lógica de sua opção pelo Deus, Amor Universal, o Deus de todos, que rejeita a pretensão dominadora e excludente dos ricos e poderosos, tendo um amor preferencial pelos pobres, sobretudo pelos empobrecidos e por aqueles que os veem como os verdadeiros vigários de Cristo pobre, que privilegiou a evangelização dos pobres.

Procurado pelos partidários da Igreja dos pobres, Paulo VI lhes dá razão. Mas pede paciência. Escreverá uma encíclica prolongando o Concílio e irá partilhar os compromissos sociais dos bispos latino-americanos, como de fato o irá fazer em 1968. Mas a outra tendência se afirmou mais e mais e ganhou terreno na última hora. Estão de olho no fatídico sete de dezembro, em que se devem aprovar e promulgar os documentos mais típicos do *aggiornamento* inovador, sobretudo a constituição em que a Igreja abraça o mundo, a *Gaudium et Spes*.

Não se pense em conchavo, em conspiração, em reação negativa de qualquer grupo de maldade. O que domina mesmo é o medo de comprometer a Igreja, a Igreja que aí está. Em alguns prevalece aquele medo miúdo de perder prestígio ou poder na sua, talvez já reduzida, carreira eclesiástica. E circulava até um argumento de feitio eclesiológico. Temas sociais, no prolongamento da questão social, desde Leão XIII, são da alçada do soberano pontífice. Mais tarde, em tempo oportuno, o papa lançará uma ou mais encíclicas no estilo da *Rerum Novarum*, ou da recente *Pacem in Terris*, de João XXIII. Alguns dos grandes teólogos aderiam à argumentação especiosa.

Por uma vez, aqui vai um testemunho pessoal. Por gentileza do bispo de Friburgo, na Suíça, Dom Pierre Mamy, antigo secretário do Cardeal Journet, tive a oportunidade de tomar conhecimento da carta que Sua Eminência escrevera a Paulo VI. Nela solicitava que o papa barrasse a aprovação da constituição *Gaudium et Spes*. Ou pelo menos que se eliminasse sua última parte, que toca em assuntos políticos, econômicos, pouco convenientes em um concílio ecumênico. Sem jogar pedra em ninguém, bem se compreendem os equívocos que estavam na base de muita oposição ao paradigma renovador do Concílio. Este pedia conversão da inteligência e do coração, o que implica a necessária mudança de mentalidades e o abandono de velhas formas de entender a história, a Igreja e o mundo.

Tal era a exigência profunda e global reclamada pelos três últimos capítulos da *Gaudium et Spes*, com sua proposição bem formulada e justificada de uma ética econômica, política, visando a uma nova ordem mundial inspirada e formada pela justiça, a solidariedade e a paz nos povos e entre os povos.

O Vaticano II recapitula sua visão e sua opção própria e estritamente teológicas

Convém, ainda uma vez, insistir sobre a inspiração e a motivação que o próprio Concílio dá ao abordar a última, mas não a menos importante, de sua mensagens para o futuro da Igreja e do mundo.

Precisamente ao abordar essas questões mais delicadas, em que ele faz intervir seu paradigma inovador, o Concílio relembra explicitamente sua visão da Igreja como mistério da presença santificadora da comunhão trinitária. É o que nota, no limiar da declaração sobre a liberdade religiosa ou sobre as relações da Igreja com as religiões não cristãs. E muito particularmente aqui, ao se encaminhar para a longa e complexa seção sobre a Igreja diante dos sistemas que constituem o grande sistema do mundo atual.

Mais ainda, em todo o percurso da antropologia da *Gaudium et Spes*, o Concílio eleva sempre o pensamento para o Mistério da comunhão trinitária: para realçar a dignidade da pessoa (*GS*, n. 22,4), o sentido profundo da comunidade humana (*GS*, n. 24,1), quando inicia a exposição do tema da "função da Igreja no mundo de hoje" (*GS*, n. 40,2). Nessa passagem, reenviando explicitamente à constituição *Lumen Gentium*, *Gaudium et Spes* estabelece o nexo entre os dois aspectos, transcendente e histórico, da Igreja:

> A Igreja, que tem a sua origem no amor do eterno Pai, foi fundada, no tempo, por Cristo Redentor, e reúne-se no Espírito Santo, tem um fim salvador e escatológico, o qual só se poderá atingir plenamente no outro mundo. Mas ela existe já atualmente na terra, composta de homens que são membros da cidade terrena e chamados a formar já na história humana a família dos filhos de Deus, a qual deve crescer continuamente até a vinda do Senhor. Unida em vista dos bens celestes e com eles enriquecida, esta família foi por Cristo "constituída e organizada

como sociedade neste mundo", dispondo de "convenientes meios de unidade visível e social". Deste modo, a Igreja, simultaneamente "agrupamento visível e comunidade espiritual", caminha juntamente com toda a humanidade, participa da mesma sorte terrena do mundo e é como que o fermento e a alma da sociedade humana, a qual deve ser renovada em Cristo e transformada em família de Deus.

É na própria contemplação da Igreja, mistério de comunhão à semelhança e união com a Santíssima Trindade, que o Vaticano II funda sua atitude de preocupação com os problemas temporais da humanidade, a economia e a política, a ordem do mundo e a paz entre todos.

A vida econômico-social

Este enunciado do capítulo III da Segunda Parte da *Gaudium et Spes* relembra a opção básica do Concílio. Ele deixa de lado a formulação "A ordem econômica" preferindo este título mais dinâmico: "A vida econômico-social", acatando, provavelmente, a sugestão do Padre Lebret e de François Perroux, que são assessores ativos nessa importante etapa.

Após um balanço sobre as situações, os problemas e aspirações da época, o Vaticano II manifesta seu empenho de corroborar e atualizar a doutrina social da Igreja, ajuntando que irá insistir, sobretudo, nas "exigências do progresso econômico" (n. 63, fim).

Inserindo-se na problemática e nas esperanças da década de 1960 – as quais serão fortemente realçadas pela encíclica *Populorum Progressio* (de 1967) –, o Concílio, na *Gaudium et Spes*, traça um programa de "desenvolvimento econômico a serviço do homem" (n. 64). Dá uma ênfase particular a este princípio que fora inculcado com felicidade por João XXIII na encíclica *Pacem in Terris*: "O desenvolvimento econômico deve permanecer sob a decisão do homem" (n. 65). O que é entendido e explicado no sentido da necessária participação de todos, e não apenas de alguns privilegiados, na orientação da economia nos planos nacional e internacional.

Abordando os princípios gerais da justiça e da equidade, que exigem a supressão das desigualdades, das discriminações e exclusões, o Vaticano II se mostra grandemente original, dando provas de sensibilidade aos novos desafios da economia contemporânea que começavam apenas a se manifestar, particularmente a flexibilidade exigida dos trabalhadores, suas capacidades e disponibilidades para mudar de emprego e de região.

É preciso que essas novas condições e imperativos econômicos não redundem em "instabilidade e precariedade para os indivíduos e suas famílias" (cf. n. 66).

Empregos e trabalho escravo

Com a delicadeza que convém à linguagem da estância suprema da Igreja, o Concílio denuncia o flagelo do trabalho escravo:

> Não raro, os que são contratados a trabalhar pelos proprietários ou exploram, em regime de arrendamento, uma parte das propriedades, apenas recebem um salário ou um rendimento indigno de um homem, carecem de habitação decente e são explorados pelos intermediários. Desprovidos de qualquer segurança, vivem num tal regime de dependência pessoal que perdem quase por completo a capacidade de iniciativa e responsabilidade (n. 71).

Ainda um exemplo de uma indicação e de uma crítica exata no que toca ao capital. Eis como se fala dos investimentos e da política monetária:

> Os investimentos, por sua parte, devem tender a assegurar suficientes empregos e rendimentos, tanto para a população atual como para a de amanhã. Todos os que decidem destes investimentos e da organização da vida econômica – indivíduos, grupos ou poderes públicos – devem ter presentes estes fins e reconhecer a grave obrigação que têm de vigiar para que assegurem os requisitos necessários a uma vida digna dos indivíduos e de toda a comunidade; e, ainda, de prever o futuro e garantir um são equilíbrio entre as necessidades do consumo hodierno, individual e coletivo, e as exigências de investimentos para a geração futura (n. 70).

É mais do que interessante verificar que os receios do Vaticano II se tornaram calamitosas realidades. O que mostra a atualidade acrescida dessa análise. A sabedoria conciliar se vê recompensada de estar bem assessorada neste como em outros diferentes domínios que escapam à competência dos clérigos. O quadro de diretivas e indicações práticas, que se seguem a essa visão ética e a essa análise global, se insere na perspectiva de uma conjuntura de expansão da economia, de confiança na planificação e mesmo de esperança em novas formas de aperfeiçoamento ou mudança dos sistemas.

O Vaticano II quer ir ao essencial. Insiste na necessária participação dos trabalhadores na vida das empresas e no conjunto da economia, bem como na superação dos conflitos pelas vias do diálogo, da negociação e do acordo, sem excluir o extremo recurso da greve (n. 68). Bem sabemos o quanto o antagonismo dos blocos, o clima da guerra fria, os regimes africanos e latino-americanos de violência comprometeram a viabilidade do desenvolvimento harmonioso e fecharam os ouvidos à mensagem da Igreja.

Afinar a ética do capital

Essa mensagem elaborada pelo Concílio mostra uma lucidez profética e um discernimento realista abordando os problemas do capital. Apoiando-se em uma rica documentação patrística, começa por estabelecer "a destinação dos bens terrenos a todos os homens" (cf. n. 69). Daí infere a necessidade do acesso à propriedade e a condenação dos latifúndios e da especulação imobiliária. Sobretudo, indica os caminhos indispensáveis do que se reclama nos países menos desenvolvidos sob o nome de reforma agrária (n. 71). Já atento à abundância e ao deslocamento de capitais que se anuncia e que dominará os decênios seguintes, o Vaticano II põe em relevo a importância e a necessidade de investimentos justa e convenientemente distribuídos, especialmente em proveito do desenvolvimento das regiões e povos mais pobres e menos avançados (n. 70).

Esses princípios, normas e sugestões vêm completados, de maneira densa e harmoniosa, no capítulo final da *Gaudium et Spes*, sobre "a construção da paz" (capítulo V, n. 85-90). Com grande profundidade se mostra aqui que só os caminhos da solidariedade e da cooperação econômica podem conduzir a humanidade à paz verdadeira e duradoura.

Salientemos apenas os dados essenciais de um ensino claro e apropriado, sem exortações e retóricas que costumam sobrecarregar os documentos eclesiásticos. Nas novas condições criadas pelas estruturas e conjunturas atuais, o Concílio, com rara felicidade, retoma, aprofunda e amplia as grandes intuições que teólogos espanhóis, sobretudo Vitória, e mais ainda Las Casas, haviam desenvolvido no momento da descoberta da América. Eles vislumbravam, então, a necessidade de uma ordem econômica mundial, uma vez que os homens e os povos começavam a se encontrar e a formar uma só família neste planeta maravilhoso, mas limitado, que é a Terra.

Esse ideal que surgiu, ainda, uma ou outra vez, sob forma de utopia, é proposto pelo Vaticano II, nas perspectivas realistas da moderna situação da economia. As dependências entre as regiões, as nações e os continentes estão aí como uma realidade e uma imposição. Cumpre assumir essa interdependência sob a forma de solidariedade e de cooperação, e tornar realidade "uma ordem econômica internacional" (n. 85).

A indispensável educação ético-econômica

Para a obtenção desse elevadíssimo objetivo, o Concílio traça um programa concreto de atitudes, de medidas e de encaminhamento educativo. É uma marcha progressiva dos povos para um encontro nas alturas da justiça, da mútua ajuda e colaboração, em um empenho coletivo de superação da ganância, de busca da igualdade e da fraternidade. Assim se desdobra um paradigma de solidariedade universal na economia mundial, evocando certa analogia com o paradigma ecumênico que o Vaticano II propõe às comunidades cristãs no plano da fé e da caridade evangélicas.

Jamais talvez o ensino social da Igreja tenha sido tão bem ajustado às realidades econômicas e às necessidades efetivas da humanidade, especialmente dos países menos favorecidos do hemisfério sul. A qualidade dessa doutrina, a sabedoria do diagnóstico e o acerto das medidas propostas se devem sem dúvida ao desinteresse, à serenidade, ao zelo pastoral que animavam o colégio episcopal em um momento excepcional de graça e de isenção de ambições terrenas. Mas tal êxito se há de atribuir à sabedoria do Concílio de ouvir e seguir realmente os assessores leigos, liderados, neste capítulo, por Lebret e Perroux.

A atividade econômico-social e o Reino de Cristo

Sob este título se manifesta a constante preocupação do Concílio de não dissociar o céu e a terra. A vocação cristã se caracteriza por tal aliança, o profano permanece profano, mas é suscetível de retificação ética, o que é uma exigência primordial no campo da vida autenticamente humana e, mais ainda, cristã. É o que acentua a conclusão da exposição conciliar:

> Os cristãos que desempenham parte ativa no atual desenvolvimento econômico-social e lutam pela justiça e pela caridade, estejam convencidos de que podem contribuir muito para o bem da humanidade e paz do mundo. Em todas estas atividades, quer sozinhos quer associados, sejam exemplo para todos. Adquirindo a competência e experiência absolutamente indispensáveis, respeitem a devida hierarquia entre as atividades terrenas, fiéis a Cristo e ao seu Evangelho, de maneira que toda a sua vida, tanto individual como social, seja penetrada do espírito das bem-aventuranças, e especialmente do espírito de pobreza. Todo aquele que, obedecendo a Cristo, busca primeiramente o Reino de Deus, recebe daí um amor mais forte e mais puro, para ajudar os seus irmãos e realizar, sob o impulso da caridade, a obra da justiça (n. 72).

Antologia.
Ética econômica

Visão global da ética econômica

Também na vida econômica e social se devem respeitar e promover a dignidade e a vocação integral da pessoa humana e o bem de toda a sociedade. Com efeito, o homem é o protagonista, o centro e o fim de toda a vida econômico-social.

A economia atual, de modo semelhante ao que sucede noutros campos da vida social, é caracterizada por um crescente domínio do homem sobre a natureza, pela multiplicação e intensificação das relações e mútua dependência entre os cidadãos, grupos e nações e, finalmente, por mais frequentes intervenções do poder político. Ao mesmo tempo, o progresso das técnicas de produção e do intercâmbio de bens e serviços fizeram da economia um instrumento capaz de prover mais satisfatoriamente às acrescidas necessidades da família humana.

Mas não faltam motivos de inquietação. Não poucos homens, com efeito, sobretudo nos países economicamente desenvolvidos, parecem dominados pela realidade economica; toda a sua vida está penetrada por um certo espírito economístico tanto nas nações favoráveis à economia coletiva como nas outras. No preciso momento em que o progresso da vida economica permite mitigar as desigualdades sociais, se for dirigido e organizado de modo racional e humano, vemo-lo muitas vezes levar ao agravamento das mesmas desigualdades e até em algumas partes a uma regressão dos socialmente débeis e ao desprezo dos pobres. Enquanto multidões imensas carecem ainda do estritamente necessário, alguns, mesmo nas regiões menos desenvolvidas, vivem na opulência e na dissipação. Coexistem o luxo e a miséria. Enquanto um pequeno número dispõe de um grande poder de decisão, muitos estão quase inteiramente privados da possibilidade de agir por própria iniciativa e responsabilidade, e vivem e trabalham em condições indignas da pessoa humana.

Semelhantes desequilíbrios se verificam tanto entre a agricultura, a indústria e os serviços como entre as diferentes regiões do mesmo país. A oposição entre as economicamente mais desenvolvidas e as outras torna-se cada vez mais grave e pode pôr em risco a própria paz mundial.

Os nossos contemporâneos têm uma consciência cada vez mais viva destas desigualdades, pois estão convencidos de que as maiores possibilidades técnicas e econômicas de que desfruta o mundo atual podem e devem corrigir este funesto estado de coisas. Mas, para tanto, requerem-se muitas reformas na vida econômico-social, e uma mudança de mentalidade e de hábitos por parte de todos. Com esse fim, a Igreja, no decurso dos séculos e sobretudo nos últimos tempos, formulou e proclamou à luz do Evangelho os princípios de justiça e equidade, postulados pela reta razão tanto na vida individual e social como na internacional. O sagrado Concílio quer confirmar estes princípios, tendo em conta as condições atuais, e dar algumas orientações, tendo presentes antes de mais as exigências do progresso econômico (*GS*, n. 63).

Desenvolvimento econômico a serviço do homem

Hoje, mais do que nunca, para fazer frente ao aumento populacional e satisfazer às crescentes aspirações do gênero humano, com razão se faz um esforço por aumentar a produção agrícola e industrial e a prestação de serviços. Deve, por isso, favorecer-se o progresso técnico, o espírito de inventiva, a criação e ampliação dos empreendimentos, a adaptação dos métodos e os esforços valorosos de todos os que participam na produção; numa palavra, todos os fatores que contribuem para tal desenvolvimento. Mas a finalidade fundamental da produção não é o mero aumento dos produtos, nem o lucro ou o poderio, mas o serviço do homem; do homem integral, isto é, tendo em conta a ordem das suas necessidades materiais e as exigências da sua vida intelectual, moral, espiritual e religiosa; de qualquer homem ou grupo de homens, de qualquer raça ou região do mundo. A atividade econômica, regulando-se pelos métodos e leis próprias, deve, portanto, exercer-se dentro dos limites da ordem moral, para que assim se cumpra o desígnio de Deus sobre o homem (*GS*, n. 64).

O controle do desenvolvimento econômico

O desenvolvimento econômico deve permanecer sob a direção do homem; nem se deve deixar entregue só ao arbítrio de alguns poucos indivíduos ou grupos economicamente mais fortes ou só da comunidade política ou de algumas nações mais poderosas. Pelo contrário, é necessário que, em todos os níveis, tenha parte na sua direção o maior número possível de homens, ou todas as nações, se se trata de relações internacionais. De igual modo, é necessário que as iniciativas dos indivíduos e das associações livres sejam coordenadas e organizadas harmonicamente com a atividade dos poderes públicos.

O desenvolvimento não se deve abandonar ao simples curso quase mecânico da atividade econômica, ou à autoridade pública somente. Devem, por isso, denunciar-se como errôneas tanto as doutrinas que, a pretexto de uma falsa liberdade, se opõem às necessárias reformas, como as que sacrificam os direitos fundamentais dos indivíduos e das associações à organização coletiva da produção.

Lembrem-se, de resto, os cidadãos, ser direito e dever seu, que o poder civil deve reconhecer, contribuir, na medida das próprias possibilidades, para o verdadeiro desenvolvimento da sua comunidade. Sobretudo nas regiões economicamente menos desenvolvidas, onde é urgente o emprego de todos os recursos disponíveis, fazem correr grave risco ao bem comum todos aqueles que conservam improdutivas as suas riquezas ou, salvo o direito pessoal de emigração, privam a própria comunidade dos meios materiais ou espirituais de que necessita (*GS*, n. 65).

A remoção das desigualdades econômico-sociais

Para satisfazer às exigências da justiça e da equidade, é necessário esforçar-se energicamente para que, respeitando os direitos das pessoas e a índole própria de cada povo, se eliminem o mais depressa possível as grandes e por vezes crescentes desigualdades econômicas atualmente existentes, acompanhadas da discriminação individual e social. De igual modo, tendo em conta as especiais dificuldades da agricultura em muitas regiões, quer na produção quer na comercialização dos produtos, é preciso ajudar os agricultores no aumento e venda da produção, na introdução das necessárias transformações e inovações e na obtenção de um justo rendimento; para que não continuem a ser, como muitas vezes acontece, cidadãos de segunda categoria. Quanto aos agricultores, sobretudo os jovens, dediquem-se com empenho a desenvolver a própria competência profissional, sem a qual é impossível o progresso da agricultura.

É também exigência da justiça e da equidade que a mobilidade, necessária para o progresso econômico, seja regulada de tal maneira que a vida dos indivíduos e das famílias não se torne insegura e precária. Deve, portanto, evitar-se cuidadosamente toda e qualquer espécie de discriminação quanto às condições de remuneração ou de trabalho com relação aos trabalhadores oriundos de outro país ou região, que contribuem com o seu trabalho para o desenvolvimento econômico da nação ou da província. Além disso, todos, e antes de mais os poderes públicos, devem tratá-los como pessoas, e não como simples instrumentos de produção, ajudá-los para que possam trazer para junto de si a própria família e arranjar conveniente habitação, e favorecer a sua integração na vida social do povo ou da região que os acolhe. Todavia, na medida do possível, criem-se fontes de trabalho nas suas próprias regiões.

Nas economias hoje em transformação, bem como nas novas formas de sociedade industrial, nas quais, por exemplo, a automação se vai impondo, deve ter-se o cuidado de que se proporcione a cada um trabalho suficiente e adaptado, juntamente com a possibilidade de uma conveniente formação técnica e profissional; e garantam-se o sustento e a dignidade humana sobretudo àqueles que, por causa de doença ou de idade, têm maiores dificuldades (*GS*, n. 66).

Trabalho, condições de trabalho, descanso

O trabalho humano, que se exerce na produção e na troca dos bens econômicos e na prestação de serviços, sobreleva aos demais fatores da vida econômica, que apenas têm valor de instrumentos.

Este trabalho, empreendido por conta própria ou a serviço de outrem, procede imediatamente da pessoa, a qual como que marca com o seu zelo as coisas da natureza, e as sujeita ao seu domínio. É com o seu trabalho que o homem sustenta de ordinário a própria vida e a dos seus; por meio dele se une e serve aos seus irmãos, pode exercitar uma caridade autêntica e colaborar no acabamento da criação divina. Mais ainda: sabemos que, oferecendo a Deus o seu trabalho, o homem se associa à obra redentora de Cristo, o qual conferiu ao trabalho uma dignidade sublime, trabalhando com as suas próprias mãos em Nazaré. Daí nasce para cada um o dever de trabalhar fielmente, e também o direito ao trabalho; à sociedade cabe, por sua parte, ajudar em quanto possa, segundo as circunstâncias vigentes, os cidadãos para que possam encontrar oportunidade de trabalho suficiente. Finalmente, tendo em conta as funções e produtividade de cada um, bem como a situação da empresa e o bem comum, o trabalho deve ser remunerado de maneira a dar ao homem a possibilidade de cultivar dignamente a própria vida material, social, cultural e espiritual e a dos seus.

Dado que a atividade econômica é, na maior parte dos casos, fruto do trabalho associado dos homens, é injusto e desumano organizá-la e dispô-la de tal modo que isso resulte em prejuízo para qualquer dos que trabalham.

Ora, é demasiado frequente, mesmo em nossos dias, que os trabalhadores estão de algum modo escravizados à própria atividade. Isto não encontra justificação alguma nas pretensas leis econômicas. É preciso, portanto, adaptar todo o processo do trabalho produtivo às necessidades da pessoa e às formas de vida; primeiro que tudo da doméstica, especialmente no que se refere às mães, e tendo sempre em conta o sexo e a idade. Proporcione-se, além disso, aos trabalhadores a possibilidade de desenvolver, na execução do próprio trabalho, as suas qualidades e personalidade. Ao mesmo tempo que aplicam responsavelmente a esta execução o seu tempo e forças, gozem, porém, todos de suficiente descanso e tempo livre para atender à vida familiar, cultural, social e religiosa. Tenham mesmo oportunidade de desenvolver livremente as energias e capacidades que talvez pouco possam exercitar no seu trabalho profissional (*GS*, n. 67).

Participação na empresa e no conjunto da economia. Conflitos de trabalho

Nas empresas econômicas, são pessoas as que se associam, isto é, homens livres e autônomos, criados à imagem de Deus. Por isso, tendo em conta as funções de cada um –proprietários, empresários, dirigentes ou operários – e salva a necessária unidade de direção, promova-se, segundo modalidades a determinar convenientemente, a participação ativa de todos na gestão das empresas. E dado que frequentemente não é ao nível da empresa mas num mais alto de instituições superiores que se tomam as decisões econômicas e sociais de que depende o futuro dos trabalhadores e de seus filhos, eles devem participar também no estabelecimento dessas decisões, por si ou por delegados livremente eleitos.

Entre os direitos fundamentais da pessoa humana deve contar-se o de os trabalhadores criarem livremente associações que os possam representar autenticamente e contribuir para a reta ordenação da vida econômica; e ainda o direito de participar, livremente, sem risco de represálias, na atividade delas. Graças a esta ordenada participação, junta com uma progressiva formação econômica e social, aumentará cada vez mais em todos a consciência da própria função e dever; ela os levará a sentirem-se associados, segundo as próprias possibilidades e aptidões, a todo o trabalho de desenvolvimento econômico e social e à realização do bem comum universal.

Quando, porém, surgem conflitos econômico-sociais, devem fazer-se esforços para que se chegue a uma solução pacífica deles. Mas ainda que, antes de mais, se deva recorrer ao sincero diálogo entre as partes, toda via, a greve pode ainda constituir, mesmo nas atuais circunstâncias, um meio necessário, embora extremo, para defender os próprios direitos e alcançar as justas reivindicações dos trabalhadores. Mas procure-se retomar o mais depressa possível o caminho da negociação e do diálogo da conciliação (GS, n. 68).

Os bens da terra, destinados a todos

Deus destinou a terra com tudo o que ela contém para uso de todos os homens e povos; de modo que os bens criados devem chegar equitativamente às mãos de todos, segundo a justiça, secundada pela caridade. Sejam quais forem as formas de propriedade, conforme as legítimas instituições dos povos e segundo as diferentes e mutáveis circunstâncias, deve-se sempre atender a este destino universal dos bens. Por esta razão, quem usa desses bens não deve considerar as coisas exteriores que legitimamente possui só como próprias, mas também como comuns, no sentido de que possam beneficiar não só a si mas também aos outros. De resto, todos têm o direito de ter uma parte de bens suficientes para si e suas famílias. Assim pensaram os Padres e Doutores da Igreja, ensinando que os homens têm obrigação de auxiliar os pobres e não apenas com os bens supérfluos. Aquele, porém, que se encontra em extrema necessidade, tem direito de tomar, dos bens dos outros, o que necessita. Sendo tão numerosos os que no mundo padecem fome, o sagrado Concílio insiste com todos, indivíduos e autoridades, para que, recordados daquela palavra dos Padres – "alimenta o que padece fome, porque, se o não alimentaste, mataste-o" – repartam realmente e distribuam os seus bens, procurando sobretudo prover esses indivíduos e povos daqueles auxílios que lhes permitam ajudar-se e desenvolver-se a si mesmos.

Nas sociedades economicamente menos desenvolvidas, o destino comum dos bens é frequentes vezes parcialmente atendido graças a costumes e tradições próprias da comunidade, que asseguram a cada membro os bens indispensáveis. Mas deve evitar-se considerar certos costumes como absolutamente imutáveis, se já não correspondem às exigências do tempo atual; por outro lado, não se proceda imprudentemente contra os costumes honestos, que, uma vez convenientemente adaptados às circunstâncias atuais, continuam a ser muito úteis. De modo análogo, nas nações muito desenvolvidas economicamente, um conjunto de instituições sociais de previdência e seguro pode constituir uma realidade parcial do destino comum dos bens. Deve prosseguir-se o desenvolvimento dos serviços familiares e sociais, sobretudo daqueles que atendem à cultura e educação. Na organização de todas estas instituições, porém, deve atender-se a que os cidadãos não sejam levados a uma certa passividade com relação à sociedade ou à irresponsabilidade e recusa de serviço (*GS*, n. 69).

Investimentos e política monetária

Os investimentos, por sua parte, devem tender a assegurar suficientes empregos e rendimentos, tanto para a população atual como para a de amanhã. Todos os que decidem destes investimentos e da organização da vida econômica – indivíduos, grupos ou poderes públicos – devem ter presentes estes fins e reconhecer a grave obrigação que têm de vigiar para que assegurem os requisitos necessários a uma vida digna dos indivíduos e de toda a comunidade; e, ainda, de prever o futuro e garantir um são equilíbrio entre as necessidades do consumo hodierno, individual e coletivo, e as exigências de investimentos para a geração futura. Tenham-se sempre também em conta as necessidades urgentes das nações ou regiões economicamente menos desenvolvidas. Em matéria de política monetária, evite-se prejudicar o bem quer da própria nação quer das outras. E tomem-se providências para que os economicamente débeis não sofram injusto prejuízo com a desvalorização da moeda (*GS*, n. 70).

Acesso à propriedade e domínio privado. Problemas dos latifúndios

Dado que a propriedade e as outras formas de domínio privado dos bens externos contribuem para a expressão da pessoa e lhe dão ocasião de exercer a própria função na sociedade e na economia, é de grande importância que se fomente o acesso dos indivíduos e grupos a um certo domínio desses bens.

A propriedade privada ou um certo domínio sobre os bens externos asseguram a cada um a indispensável esfera de autonomia pessoal e familiar, e devem ser considerados como que uma extensão da liberdade humana. Finalmente, como estimulam o exercício da responsabilidade, constituem uma das condições das liberdades civis.

As formas desse domínio ou propriedade são atualmente variadas e cada dia se diversificam mais. Mas todas continuam a ser, apesar dos fundos sociais e dos direitos e serviços assegurados pela sociedade, um fator não desprezível de segurança. O que se deve dizer não só dos bens materiais, mas também dos imateriais, como é a capacidade profissional.

No entanto, o direito à propriedade privada não é incompatível com as várias formas legítimas de direito de propriedade pública. Quanto à apropriação pública dos bens, ela só pode ser levada a cabo pela legítima autoridade, segundo as exigências e dentro dos limites do bem comum, e mediante uma compensação equitativa. Compete, além disso, à autoridade pública impedir o abuso da propriedade privada em detrimento do bem comum.

De resto, a mesma propriedade privada é de índole social, fundada na lei do destino comum dos bens. O desprezo deste caráter social foi muitas vezes ocasião de cobiças e de graves desordens, chegando mesmo a fornecer um pretexto para os que contestam esse próprio direito.

Em bastantes regiões economicamente pouco desenvolvidas, existem grandes e até vastíssimas propriedades rústicas, fracamente cultivadas ou até deixadas totalmente incultas com intentos lucrativos, enquanto a maior parte do povo não tem terras ou apenas possui pequenos campos e, por outro lado, o aumento da produção agrícola apresenta um evidente caráter de urgência. Não raro, os que são contratados a trabalhar pelos proprietários ou exploram, em regime de arrendamento, uma parte das propriedades, apenas recebem um salário ou um rendimento indigno de um homem, carecem de habitação decente e são explorados pelos intermediários. Desprovidos de qualquer segurança, vivem num tal regime de dependência pessoal que perdem quase por completo a capacidade de iniciativa e responsabilidade e lhes está vedada toda e qualquer promoção cultural ou participação na vida social e política. Impõem-se, portanto, reformas necessárias, segundo os vários casos: para aumentar os rendimentos, corrigir as condições de trabalho, reforçar a segurança do emprego, estimular a iniciativa e, mesmo, para distribuir terras não suficientemente cultivadas àqueles que as possam tornar produtivas. Neste último caso, devem assegurar-se os bens e meios necessários, sobretudo de educação e possibilidades de uma adequada organização cooperativa. Sempre, porém, que o bem comum exigir a expropriação, a compensação deve ser equitativamente calculada, tendo em conta todas as circunstâncias (*GS*, n. 71).

4
Paradigma de ética política

Ainda aqui o Concílio escolhe falar da "vida da comunidade política" (*Gaudium et Spes*, capítulo IV), e não de ordem ou sistema político. Sugere, assim, o seu intento de abordar o tema da política, de maneira "viva", ampla e dinâmica, sob o ângulo dos princípios, mas tendo em conta a situação atual, encarada pelo lado da necessidade e da busca de formas concretas de convivência harmoniosa no seio de cada nação e entre os povos.

Grandes linhas doutrinais

Retomando o esquema inicial, que distingue a dupla dimensão negativa e positiva de um paradigma ético, pode-se dizer que *Gaudium et Spes* mostra claramente as opções negativas do Vaticano II. Ele deixa de lado as concepções e as práticas da união da Igreja e do Estado, ou o apoio ostensivo ou discreto a partidos ou a movimentos confessionais. Essas atitudes, que se veem aqui superadas, tinham uma longa história, mas caracterizavam ainda dados e fatos, por vezes penosos, do pontificado de Pio XII.

Na realidade, a passagem da visão política de Pio XII a João XXIII nos dá, na época Moderna, um exemplo sugestivo da capacidade da Igreja de se desfazer de posições provisórias, ocasionadas por momentos de crise ou conjunturas especiais, e de reconhecer finalmente o que é essencial e perene, em um domínio de ética pessoal, familiar ou política. Já o notamos a propósito do matrimônio e da família.

Agora, o Concílio encara e analisa a "vida", "a natureza e o fim da comunidade política" na perspectiva do bem comum, da dignidade da pessoa, da necessária participação de todos, no empenho de assegurar o respeito e a promoção de todos os direitos para todos. Essa visão geral traduz a opção positiva do Vaticano II, consciente de estar diante e mesmo dentro de um "mundo pluralista" (n. 76). Ele condena de maneira universal regimes e sistemas opressores, sob a bandeira dos partidos únicos salvadores ou dos chefes interesseiros. Faz apelo à educação política, especialmente dos jovens, pede engajamento político e competência de quantos se veem chamados à "difícil e nobilíssima arte política" (cf. n. 75, 6).

A vida política atual

O Concílio esboça uma análise que vem sendo confirmada e deve ser prosseguida. Segundo *Gaudium et Spes*, profundas transformações se verificam nos nossos dias também nas estruturas e instituições dos povos, em consequência da sua evolução cultural, econômica e social. Pois todas essas transformações têm uma grande influência na vida da comunidade política, especialmente no que se refere aos direitos e deveres de cada um no exercício da liberdade cívica, na promoção do bem comum e na estruturação das relações dos cidadãos entre si e com o poder público.

Mas há dados positivos que se hão de investigar e favorecer. O progresso da consciência social em relação à dignidade humana dá origem em diversas regiões do mundo ao desejo de instaurar uma ordem político-jurídica em que os direitos da pessoa na vida pública sejam mais bem assegurados, tais como os direitos de livre reunião e associação, de expressão das próprias opiniões e de profissão privada e pública da religião. A salvaguarda dos direitos da pessoa é, com efeito, uma condição necessária para que os cidadãos, quer individualmente, quer em grupo, possam participar ativamente na vida e gestão da coisa pública.

Há um avanço mais profundo ainda, constata *Gaudium et Spes* no justo desejo de tomar maior parte na organização da comunidade política. Aumenta na consciência de muitos o empenho em assegurar os direitos das minorias, sem esquecer de resto os seus deveres para com a comunidade política; cresce, além disso, cada dia o respeito pelos homens que professam uma opinião ou religião diferente; e estabelece-se ao mesmo tempo uma colaboração mais ampla, a fim de que todos os cidadãos, e não apenas alguns privilegiados, possam gozar realmente dos direitos da pessoa.

Condenam-se, pelo contrário, todas as formas políticas, existentes em algumas regiões, que impedem a liberdade civil ou religiosa, multiplicam as vítimas das paixões e dos crimes políticos e desviam do bem comum o exercício da autoridade, em benefício de alguma facção ou dos próprios governantes.

Para estabelecer uma vida política verdadeiramente humana, nada melhor do que fomentar sentimentos interiores de justiça, de benevolência e serviço do bem comum e reforçar as convicções fundamentais acerca da verdadeira natureza da comunidade política, bem como do fim, reto exercício e limites da autoridade.

Toda essa mensagem se mostra coerente com toda a ética social exposta ou indicada em todo o Concílio, pois decorre de uma teologia integral, realmente de inspiração evangélica, mas voltada à compreensão da realidade humana pessoal e social. Essa dimensão social da ética humana e cristã é característica da originalidade do Vaticano II e tem alguma relação com o que se chama doutrina social da Igreja antes e depois do Concílio. Mas, para este, o domínio social, econômico e político não é uma simples resposta às crises da sociedade, de que a Igreja se ocupa nos momentos dos conflitos sociais, de concentração e dos abusos do capitalismo moderno.

Difícil ruptura com erros e equívocos de um longo passado

A ética política, esboçada de modo concreto e sucinto e envolta em uma ética econômica nas chamadas encíclicas sociais de João XXIII, e elaborada de forma bem ordenada pelo Vaticano II, contrasta com um longo passado de ausência do social no pensamento e na prática das religiões e na cristandade, quando o Cristianismo se torna uma grande religião. A data simbólica seria a chamada conversão de Constantino. De início, o Cristianismo não faz a crítica do poder com que passa a conviver e cujos modelos ao menos parciais de compreensão e prática de poder absoluto são assumidos na organização eclesiástica. A Igreja lutará contra os abusos dos tiranos, dos maus governantes, na medida em que eles eram perseguidores ou surgiam mais tarde como rivais e adversários do poder religioso, já bem consolidado.

Os cristãos não são despertados e educados em sua consciência política, em sua responsabilidade de cidadãos. São instruídos em uma caridade, que se deseja generosa e compassiva, mas pouco ou nada consciente de zelar pelo bem público, de promover formas autênticas de sociedade que garantam e promovam o bem de todos.

Um testemunho significativo nos vem de onde menos se espera. A oração pública da Igreja, a liturgia, a grande escola espiritual da Igreja, é a expressão da fé, dos sentimentos e desejos da comunidade em comunhão com Deus. Pois nos tempos antigos, na venerável liturgia dos Santos Padres, das grandes solenidades ou da prece cotidiana, não se deixa de orar pelos reis, pelos soberanos, pelas autoridades para que haja prosperidade, tranquilidade e paz para todo o povo. Mas nunca se reza, como também não se exorta o povo, para que este assuma sua responsabilidade como comunidade de cidadãos, para que ajudem, estimulem e eventualmente critiquem seus governos. O Povo de Deus permanece politicamente passivo, ausente, por que não dizer alienado, orando para que os reis bem governem, sejam felizes e garantam a felicidade de todos. Isso por todos os séculos dos séculos.

Essas evidências merecem ser lembradas para que se compreenda a originalidade singular do Vaticano II, que assumiu e prolongou a preocupação essencial da caridade de João XXIII diante das carências fundamentais. O egoísmo político perverte o mundo e faz a infelicidade de todo o povo. E esse povo que a linguagem democrática declara soberano continua no seu absenteísmo, na sua inércia, na simples aceitação do que aí está.

O Vaticano II assume o que se pode considerar como o núcleo central dos valores democráticos, mas dando-lhes uma nova inspiração, um sentido plenamente autêntico, e apontando para sua urgência inadiável. Destaca dois pontos essenciais pouco ou nada presentes na mentalidade da cristandade e mesmo no ensino de seus mestres:

- O primeiro dado primordial e fundador da ética política é a compreensão exata do poder, como não tendo outra natureza, outro sentido, outra razão de ser e outra função senão só e absolutamente o bem comum a manter, guardar e promover. Toda utilização de qualquer forma de autoridade em proveito de pessoas ou grupos sendo uma forma da corrupção e da perversão, o mal social em si e em suas consequências.

- O segundo dado, tão simples e quase corriqueiro na linguagem, apenas na linguagem comum, é que a única fonte do poder é a comunidade, o povo soberano.

Desde o estabelecimento da cristandade, bem se poderia esperar que esse duplo princípio tivesse sido sempre acatado e reforçado. Infelizmente, equívocos profundos e desastrosos parasitaram a marcha e a compreensão da cristandade:

- O primeiro deles é a identificação do poder divino, da autoridade apostólica na Igreja com diferentes formas do poder absoluto e mesmo personalizado.

- O outro seu irmão gêmeo foi confraternização. Do poder absoluto civil e do poder absoluto religioso.

O Vaticano II visou lograr para nossos tempos a felicidade de falar de tudo isso como simples evocação dos tempos passados.

Natureza e fim da comunidade política

Lembrando os grandes princípios da finalidade da comunidade política, a promoção do bem comum para todos, o Concílio lembra um dos pontos de sua insistência, a necessária liberdade de opinião e de expressão É um dos progressos do Magistério da Igreja, após as terríveis crises culminando com a condenação ambígua das "liberdades modernas". A sociedade deve agir mediante a prática da informação e da convicção, "como força moral, que se apoia na liberdade e na consciência do próprio dever e sentido de responsabilidade" (n. 74).

Em um clima de muita reivindicação e de revoluções sociais, na década de 1960 o Concílio evoca os direitos dos cidadãos nessas condições que, aliás, deveriam ser excepcionais:

> Mas quando a autoridade pública, excedendo os limites da própria competência, oprime os cidadãos, estes não se recusem às exigências objetivas do bem comum; mas é-lhes lícito, dentro dos limites traçados pela lei natural e pelo Evangelho, defender os próprios direitos e os dos seus concidadãos, contra o abuso desta autoridade (n. 74).

A colaboração de todos na vida política

Essa necessária participação política, que hoje sofre de todo um processo social de desmobilização geral, sob influência do utilitarismo econômico, é objeto de uma recomendação judiciosa e oportuna:

> É plenamente conforme com a natureza do homem que se encontrem estruturas jurídico-políticas nas quais todos os cidadãos tenham a possibilidade efetiva de participar livre e ativamente, de um modo cada vez mais perfeito e sem qualquer discriminação, tanto no estabelecimento das bases jurídicas da comunidade política como na gestão da coisa pública e na determinação do campo e fim das várias instituições e na escolha dos governantes.

Todos os cidadãos se lembrem, portanto, do direito e simultaneamente do dever que têm de fazer uso do seu voto livre em vista da promoção do bem comum [...] (n. 75).

Nesse contexto de infiltração de ditaduras camufladas, é bem oportuna a recomendação bem marcada: "[...] Evitem, por isso, os cidadãos quer individual quer associativamente, conceder à autoridade um poder excessivo, nem lhe peçam, de modo inoportuno, demasiadas vantagens e facilidades, de modo a que se diminua a responsabilidade das pessoas, famílias e grupos sociais" (n. 75).

A comunidade política e a Igreja

É de grande importância, sobretudo onde existe uma sociedade pluralística, que se tenha uma concepção exata das relações entre a comunidade política e a Igreja, e, ainda, que se distingam claramente as atividades que os fiéis, isoladamente ou em grupo, desempenham em próprio nome como cidadãos guiados pela sua consciência de cristãos, e aquelas que exercitam em nome da Igreja e em união com os seus pastores.

A Igreja que, em razão da sua missão e competência, de modo algum se confunde com a sociedade nem está ligada a qualquer sistema político determinado, é ao mesmo tempo o sinal e salvaguarda da transcendência da pessoa humana.

No domínio próprio de cada uma, comunidade política e Igreja são independentes e autônomas. Mas, embora por títulos diversos, ambas servem a vocação pessoal e social dos mesmos homens. E tanto mais eficazmente exercitarão este serviço para bem de todos quanto melhor cultivarem entre si uma sã cooperação, tendo igualmente em conta as circunstâncias de lugar e tempo. Porque o homem não se limita à ordem temporal somente; vivendo na história humana, fundada sobre o amor do Redentor, ela contribui para que se difundam mais amplamente, nas nações e entre as nações, a justiça e a caridade. Pregando a verdade evangélica e iluminando com a sua doutrina e o testemunho dos cristãos todos os campos da atividade humana, ela respeita e promove também a liberdade e responsabilidade política dos cidadãos.

Os Apóstolos e os sucessores deles, com os seus cooperadores, enviados para anunciar aos homens Cristo, salvador do mundo, têm por sustentáculo do seu apostolado o poder de Deus, o qual muitas vezes manifesta a força do Evangelho na fraqueza das suas testemunhas. É preciso, pois, que todos os que se consagram ao ministério da Palavra de Deus utilizem os caminhos e meios próprios do Evangelho, tantas vezes diferentes dos meios da cidade terrena.

É certo que as coisas terrenas e as que, na condição humana, transcendem este mundo, se encontram intimamente ligadas; a própria Igreja usa das coisas temporais, na medida em que a sua missão o exige. Mas ela não coloca a sua esperança nos privilégios que lhe oferece a autoridade civil; mais ainda, ela renunciará ao exercício de alguns direitos legitimamente adquiridos, quando verificar que o seu uso põe em causa a sinceridade do seu testemunho ou que novas condições de vida exigem outras disposições. Porém, sempre lhe deve ser permitido pregar com verdadeira liberdade a fé; ensinar a sua doutrina acerca da sociedade; exercer sem entraves a própria missão entre os homens; e pronunciar o seu juízo moral mesmo acerca das realidades políticas, sempre que os direitos fundamentais da pessoa ou a salvação das almas o exigirem e utilizando todos e só aqueles meios que são conformes com o Evangelho e, segundo a variedade dos tempos e circunstâncias, são para o bem de todos.

Aderindo fielmente ao Evangelho e realizando a sua missão no mundo, a Igreja – a quem pertence fomentar e elevar tudo o que de verdadeiro, bom e belo se encontra na comunidade dos homens – consolida, para glória de Deus, a paz entre os homens (n. 76).

Antologia.
Ética política

Natureza e fim da comunidade política

Os indivíduos, as famílias e os diferentes grupos que constituem a sociedade civil, têm consciência da própria insuficiência para realizar uma vida plenamente humana e percebem a necessidade de uma comunidade mais ampla, no seio da qual todos conjuguem diariamente as próprias forças para cada vez melhor promoverem o bem comum. E por esta razão constituem, segundo diversas formas, a comunidade política. A comunidade política existe, portanto, em vista do bem comum; nele encontra a sua completa justificação e significado e dele deriva o seu direito natural e próprio. Quanto ao bem comum, ele compreende o conjunto das condições de vida social que permitem aos indivíduos, famílias e associações alcançar mais plena e facilmente a própria perfeição.

Porém, os homens que se reúnem na comunidade política são muitos e diferentes, e podem legitimamente divergir de opinião. E assim, para impedir que a comunidade política se desagregue ao seguir cada um o próprio parecer, requer-se uma autoridade que faça convergir para o bem comum as energias de todos os cidadãos; não de uma maneira mecânica ou despótica, mas sobretudo como força moral, que se apoia na liberdade e na consciência do próprio dever e sentido de responsabilidade.

Resulta, portanto, claro que a comunidade política e a autoridade pública se fundam na natureza humana e que, por conseguinte, pertencem à ordem estabelecida por Deus, embora a determinação do regime político e a designação dos governantes se deixem à livre vontade dos cidadãos.

Segue-se também que o exercício da autoridade política, seja na comunidade como tal, seja nos organismos representativos, se deve sempre desenvolver e atuar dentro dos limites da ordem moral, em vista do bem comum, dinamicamente concebido, de acordo com a ordem jurídica legitimamente estabelecida ou a estabelecer. Nestas condições, os cidadãos têm obrigação moral de obedecer. Daqui a responsabilidade, dignidade e importância dos que governam.

Mas quando a autoridade pública, excedendo os limites da própria competência, oprime os cidadãos, estes não se recusem às exigências objetivas do bem comum; mas é-lhes lícito, dentro dos limites traçados pela lei natural e pelo Evangelho, defender os próprios direitos e os dos seus concidadãos, contra o abuso desta autoridade.

Os modos concretos como a comunidade política organiza a própria estrutura e o equilíbrio dos poderes públicos podem variar, segundo a diferente índole e o progresso histórico dos povos; mas devem sempre ordenar-se à formação de homens cultos, pacíficos e benévolos para com todos, em proveito de toda a família humana (*GS*, n. 74).

A colaboração de todos na vida política

É plenamente conforme com a natureza do homem que se encontrem estruturas jurídico-políticas nas quais todos os cidadãos tenham a possibilidade efetiva de participar livre e ativamente, de um modo cada vez mais perfeito e sem qualquer discriminação, tanto no estabelecimento das bases jurídicas da comunidade política como na gestão da coisa pública e na determinação do campo e fim das várias instituições e na escolha dos governantes. Todos os cidadãos se lembrem, portanto, do direito e simultaneamente do dever que têm de fazer uso do seu voto livre em vista da promoção do bem comum. A Igreja louva e aprecia o trabalho de quantos se dedicam ao bem da nação e tomam sobre si o peso de tal cargo, em serviço dos homens.

Para que a cooperação responsável dos cidadãos leve a felizes resultados na vida pública de todos os dias, é necessário que haja uma ordem jurídica positiva, que estabeleça convenientemente divisão das funções e dos órgãos da autoridade pública e ao mesmo tempo proteção do direito eficaz e plenamente independente de quem quer que seja. Juntamente com os deveres a que todos os cidadãos estão obrigados, sejam reconhecidos, assegurados e fomentados os direitos das pessoas, famílias e grupos sociais, bem como o seu exercício. Entre aqueles, é preciso recordar o dever de prestar à nação os serviços materiais e pessoais que são requeridos pelo bem comum. Os governantes tenham o cuidado de não impedir as associações familiares, sociais ou culturais e os corpos ou organismos intermédios, nem os privem da sua atividade legítima e eficaz; pelo contrário, procurem de bom grado promovê-la ordenadamente. Evitem, por isso, os cidadãos, quer individual quer associativamente, conceder à autoridade um poder excessivo, nem lhe peçam, de modo inoportuno, demasiadas vantagens e facilidades, de modo a que se diminua a responsabilidade das pessoas, famílias e grupos sociais.

A crescente complexidade das atuais circunstâncias força com frequência o poder público a intervir nos assuntos sociais, econômicos e culturais, com o fim de introduzir condições mais favoráveis em que os cidadãos e grupos possam livremente e com mais eficácia promover o bem humano integral. As relações entre a socialização e a autonomia e desenvolvimento pessoais podem conceber-se diferentemente, conforme a diversidade das regiões e o grau de desenvolvimento dos povos. Mas quando, por exigência do bem comum, se limitar temporariamente o exercício dos direitos, restabeleça-se quanto antes a liberdade, logo que mudem as circunstâncias. É, porém, desumano que a autoridade política assuma formas totalitárias ou ditatoriais, que lesam os direitos das pessoas ou dos grupos sociais.

Os cidadãos cultivem com magnanimidade e lealdade o amor da pátria, mas sem estreiteza de espírito, de maneira que, ao mesmo tempo, tenham sempre presente o bem de toda a família humana, que resulta das várias ligações entre as raças, povos e nações.

Todos os cristãos tenham consciência da sua vocação especial e própria na comunidade política; por ela são obrigados a dar exemplo de sentida responsabilidade e dedicação pelo bem comum, de maneira a mostrarem também com fatos como se harmonizam a autoridade e a liberdade, a iniciativa pessoal e a solidariedade do inteiro corpo social, a oportuna unidade com a proveitosa diversidade. Reconheçam as legítimas opiniões, divergentes entre si, acerca da organização da ordem temporal, e respeitem os cidadãos e grupos que as defendem honestamente. Os partidos políticos devem promover o que julgam ser exigido pelo bem comum, sem que jamais seja lícito antepor o próprio interesse ao bem comum.

Deve atender-se cuidadosamente à educação cívica e política, hoje tão necessária à população e sobretudo aos jovens, para que todos os cidadãos possam participar na vida da comunidade política. Os que são ou podem tornar-se aptos para exercer a difícil e muito nobre arte da política, preparem-se para ela; e procurem exercê-la sem pensar no interesse próprio ou em vantagens materiais. Procedam com inteireza e prudência contra a injustiça e a opressão, contra o arbitrário domínio de uma pessoa ou de um partido, e contra a intolerância. E dediquem-se com sinceridade e equidade, mais ainda, com caridade e fortaleza política, ao bem de todos (GS, n. 75).

A comunidade política e a Igreja

É de grande importância, sobretudo onde existe uma sociedade pluralística, que se tenha uma concepção exata das relações entre a comunidade política e a Igreja, e, ainda, que se distingam claramente as atividades que os fiéis, isoladamente ou em grupo, desempenham em próprio nome como cidadãos guiados pela sua consciência de cristãos, e aquelas que exercitam em nome da Igreja e em união com os seus pastores.

A Igreja que, em razão da sua missão e competência, de modo algum se confunde com a sociedade nem está ligada a qualquer sistema político determinado, é ao mesmo tempo o sinal e salvaguarda da transcendência da pessoa humana.

No domínio próprio de cada uma, comunidade política e Igreja são independentes e autônomas. Mas, embora por títulos diversos, ambas servem a vocação pessoal e social dos mesmos homens. E tanto mais eficazmente exercitarão este serviço para bem de todos quanto melhor cultivarem entre si uma sã cooperação, tendo igualmente em conta as circunstâncias de lugar e tempo. Porque o homem não se limita à ordem temporal somente; vivendo na história humana, fundada sobre o amor do Redentor, ela contribui para que se difundam mais amplamente, nas nações e entre as nações, a justiça e a caridade. Pregando a verdade evangélica e iluminando com a sua doutrina e o testemunho dos cristãos todos os campos da atividade humana, ela respeita e promove também a liberdade e responsabilidade política dos cidadãos. [...] (*GS*, n. 76).

5
Promoção da paz e construção da comunidade humana

Tal é o tema final da constituição *Gaudium et Spes* e o digno coroamento do Concílio Vaticano II. São duas seções do capítulo V da *Gaudium et Spes* que realizam a proeza de abordar com serenidade e objetividade as questões que dividiam o mundo de após guerra.

O Concílio propõe um projeto de paz pela proscrição da indústria e do comércio armamentistas e aponta para o caminho de uma nova humanidade graças ao estabelecimento efetivo e bem ordenado de uma comunidade das nações. Em sua perspectiva de propor uma comunhão de consciências, de despertar um movimento pela fraternidade universal, o Vaticano II está em sintonia profunda com as aspirações da humanidade expressas na Declaração Universal dos Direitos Humanos, da ONU, em 1948.

O tema, já pressentido por Pio XII, cujo lema era "Paz, fruto da justiça", será lançado com clareza e firmeza por João XXIII. Em parte retomado e prolongado por Paulo VI na encíclica *Populorum Progressio* (26.3.1967). Será prosseguido, de maneira parcial, porém mais concreta e realista, pelas Conferências Gerais do Episcopado Latino-Americano e do Caribe.

Não se poderia vislumbrar nessas mensagens a indicação profética do verdadeiro futuro da humanidade?

Necessidade e desejos atuais da paz

Com a desejável nitidez, *Gaudium et Spes* faz o diagnóstico:

> Nestes nossos tempos, em que as dores e angústias derivadas da guerra ou da sua ameaça ainda oprimem tão duramente os homens, a família humana chegou a uma hora decisiva no seu processo de maturação. Progressivamente unificada, e por toda a parte mais consciente da própria unidade, não pode levar a cabo a tarefa que lhe incumbe de construir um mundo mais humano para todos os homens, a não ser que todos se orientem com espírito renovado à verdadeira paz (n. 77).

E propõe a terapia que melhor correspondia "a endemia que assolava a humanidade e "a compreensão da verdadeira paz". Na década de 1960, os donos dos dois Blocos, os poderes militares e econômicos, juravam pela segurança nacional, continental internacional. E para garantir essa segurança, impunham ditaduras a serviço dos interesses da direita e da esquerda, sem jamais pensar no essencial, descartar o capitalismo do Estado ou seu sucedâneo, o capitalismo das grandes empresas. O Vaticano II levanta a voz profética da esperança e aponta para suas exigências:

> A mensagem evangélica, tão em harmonia com os mais altos desejos e aspirações do gênero humano, brilha assim com novo esplendor nos tempos de hoje, ao proclamar felizes os construtores da paz "porque serão chamados filhos de Deus" (Mt. 5,9). Por isso, o Concílio, explicando a verdadeira e nobilíssima natureza da paz, e uma vez condenada a desumanidade da guerra, quer apelar ardentemente para que os cristãos, com a ajuda de Cristo, autor da paz, colaborem com todos os homens no

estabelecimento da paz na justiça e no amor e na preparação dos instrumentos da mesma paz (n. 77).

Há uma mística aliada ao realismo, não por acaso, mas pela verdade profunda do Evangelho. Não se elevam as mãos para Deus, que é o Amor Universal, se elas não estão calejadas na busca do pão e da paz para todos.

A mensagem e a linguagem do Concílio eram plenamente atuais. Nos países dos dois Blocos, falando em paz se faziam guerras e se multiplicavam as guerrilhas, se desenvolvia a indústria de guerra e se aprimoravam as polícias políticas, ou os exércitos assumiam a missão de garantir a segurança engrossando em suas fileiras as polícias das diferenrtes armas. Esses são os mais ostensivos instrumentos de guerra, que, na hora aprazada, cederão o lugar a estratégias, mas delicadamente camufladas, e contra os quais o Concílio proclama a necessárria alternativa: os "instrumentos de paz".

Natureza da paz e sua consecução

Tal é o contexto realista em que o Vaticano II desenvolve uma doutrina da "natureza da paz" e dos meios, dos caminhos que levam à sua consecução. "A paz não é ausência de guerra; nem se reduz ao estabelecimento do equilíbrio entre as forças adversas, nem resulta de uma dominação despótica" (n. 77). Essas exclusões visam a situações bem reais e dominantes e condenam as orientações dadas, então, pelos líderes políticos, quase todos eles ditadores ou criaturas de ditadores, mais ou menos bem fardados.

E a constituição conciliar prossegue, propondo a noção, para depois sugerir a estratégia da paz:

Com toda a exatidão e propriedade ela é chamada "obra da justiça" (Is 32,7). É um fruto da ordem que o divino Criador estabeleceu para a sociedade humana, e que deve ser realizada pelos homens, sempre anelantes por uma mais perfeita justiça. Com efeito, o bem comum do gênero humano é regido, primária e fundamentalmente, pela lei eterna; mas, quanto às suas exigências concretas, está sujeito a constantes mudanças, com o decorrer do tempo. Por esta razão, a paz nunca se alcança de uma vez para sempre, antes deve estar constantemente a ser edificada. Além disso, como a vontade humana é fraca e ferida pelo pecado, a busca da paz exige o constante domínio das paixões de cada um e a vigilância da autoridade legítima. [...] (n. 78).

O diagnóstico conciliar vai em frente, mostrando necessidades e propondo soluções, tendo os olhos bem abertos sobre o contexto real da humanidade. O Concílio desdobra a lógica social da paz, as aspirações e as ambições que hão de ser satisfeitas para que as sociedades não vivam em uma espécie de estado de guerra, atormentadas por assaltos, por escaramuças ou guerrilhas internas entre a polícia e agressores, pela rapina técnica e ardilososamente bem montada. Só há segurança, sobretudo, só existe e persiste a paz, se toda a população vive feliz. O que quer dizer, concretamente, se se sente bem realizada e participante do bem comum, do conforto, da cultura e do lazer disponíveis em um momento em tal espaço da sociedade.

É o que o Concílio lembra com firmeza e precisão em 1965:

> [...] Esta paz não se pode alcançar na terra a não ser que se assegure o bem das pessoas e que os homens compartilhem entre si livre e confiadamente as riquezas do seu espírito criador. Absolutamente necessárias para a

edificação da paz são ainda a vontade firme de respeitar a dignidade dos outros homens e povos e a prática assídua da fraternidade. A paz é assim também fruto do amor, o qual vai além do que a justiça consegue alcançar. A paz terrena, nascida do amor do próximo, é imagem e efeito da paz de Cristo, vinda do Pai. Pois o próprio Filho encarnado, príncipe da paz, reconciliou com Deus, pela cruz, todos os homens; restabelecendo a unidade de todos num só povo e num só corpo, extinguiu o ódio e, exaltado na ressurreição, derramou nos corações o Espírito de amor.

Todos os cristãos são, por isso, insistentemente chamados a que, "praticando a verdade na caridade" (Ef 4,15), se unam com os homens verdadeiramente pacíficos para implorarem e edificarem a paz (n. 78).

O Vaticano II encara e promove a fraternidade ecumênica em um sentido amplo, profundo e realista, dado que ele recomenda a cooperação e o entendimento, consistindo em saber apreciar, admirar e louvar as iniciativas vindas de outros setores ou protagonistas fora da Igreja. Assim, os padres conciliares prosseguem sua mensagem pela paz apontando para os exemplos da não violência e para os movimentos pacifistas:

Levados pelo mesmo espírito, não podemos deixar de louvar aqueles que, renunciando à violência na reivindicação dos próprios direitos, recorrem a meios de defesa que estão também ao alcance dos mais fracos – sempre que isto se possa fazer sem lesar os direitos e obrigações de outros ou da comunidade.

Estratégia da paz

Passando a propor e descrever uma espécie de estratégia concreta, *Gaudium et Spes* vai do mais urgente e do imediatamente viável: buscar os meios de refrear a crueldade das guerras e tentar reduzir os estragos e danos por elas causados. Tinha diante dos olhos conflitos particulares que assolavam então várias regiões da África e da Ásia, especialmente.

De maneira progressiva, portanto, o Vaticano II vai desdobrando um plano que parte da triste realidade da persistência das guerras, o que deve ser humanizado, ou pelo menos amenizado. O Concílio se mostra atento à relevância do Direito internacional, às convenções e aos tratados visando minorar a desumanidade das atividades bélicas. Mostra-se sempre informado e interessado pelo que se passa. Ele o destaca e aprova a objeção de consciência dos que recusam ser mobilizados para a guerra: "Parece, além disso, justo que as leis tenham em conta com humanidade o caso daqueles que, por motivo de consciência, recusam combater, contanto que aceitem outra forma de servir a comunidade humana" (n. 79).

Prosseguindo a exposição progressiva de seu projeto ou sua estatégia, a constituição *Gaudium et Spes* dá um passo à frente no que concerne à doutrina clássica da "guerra justa", só reconhecendo a justiça da guerra defensiva, que não implica qualquer direito ou vantagem ao vencedor.

Doravante, os progressos técnicos em geral, especialmente nas indútrias bélicas, fazem com que a guerra se torne total, atingindo toda a população e danificando a terra. Essa guerra "total" é em si plenamente perversa e injusta.

Daí uma atitude original do Vaticano II, que neste ponto não foi muito seguido pelas autoridades religiosas.

Ele denuncia e condena com clareza e veemência a indústria armamentista.

O flagelo da indústria armamentista

E dentro desse terrível contexto e da mentalidade da agressividade real sem declaração e nome de guerra, o Vaticano II assume, na Modernidade, a missão corajosa dos profetas bíblicos.

> É verdade que não se acumulam as armas científicas só com o fim de serem empregadas na guerra. Com efeito, dado que se pensa que a solidez defensiva de cada parte depende da sua capacidade de resposta fulminante, esta acumulação de armas, que aumenta de ano para ano, serve, paradoxalmente, para dissuadir possíveis inimigos. Muitos pensam que este é hoje o meio mais eficaz para assegurar uma certa paz entre as nações (n. 81).

Então, sentencia:

> [...]o pretenso equilíbrio daí resultante não é uma paz segura nem verdadeira.

> Corre-se o perigo de que, com isso, em vez de se eliminarem as causas da guerra, antes se agravem progressivamente. E enquanto se dilapidam riquezas imensas no constante fabrico de novas armas, torna-se impossível dar remédio suficiente a tantas misérias de que sofre o mundo atualmente. Mais do que sanar verdadeiramente e plenamente as discórdias entre as nações, o que se consegue é contagiar com elas outras partes do mundo. É preciso escolher outros caminhos, partindo da reforma das mentalidades, para eliminar este escândalo e poder-se restituir ao mundo, liberto da angústia que o oprime, uma paz verdadeira (n. 81).

E vem a conclusão clara e rija:

> Por tal razão, de novo se deve declarar que a corrida aos armamentos é um terrível flagelo para a humanidade e prejudica os pobres de um modo intolerável. E é muito de temer, se ela continuar, que um dia provoque as exterminadoras calamidades de que já presentemente prepara os meios (n. 81).

E o Concílio fala a linguagem da razão e da responsabiliade:

> Advertidos pelas calamidades que o gênero humano tornou possíveis, aproveitemos o tempo de que ainda dispomos para, tornados mais conscientes da própria responsabilidade, encontrarmos os caminhos que tornem possível resolver os nossos conflitos de um modo mais digno de homens. A Providência Divina instantemente nos pede que nos libertemos da antiga servidão da guerra. Se nos recusamos a fazer este esforço, não sabemos aonde nos levará o funesto caminho por onde enveredamos (n. 81).

Propostas concretas

Em uma primeira conclusão geral de seus diagnósticos e das soluções propostas, *Gaudium et Spes* termina toda sua visão de ética racional e teológica em duas propostas:

- Uma negativa: a necessidade e os meios de proscrever a guerra de modo absoluto e total,
- bem como de promover uma ação internacional para evitá-la.
- A segunda conclusão visa à construção da paz mediante o encontro de uma humanidade que se una e

se entenda para estabelecer um governo democrático mundial, empenhado na busca do que é do bem e do interesse de todos os povos, confirmando e mesmo acelerando sua marcha na promoção de todos os valores e de todos os direitos para todos.

O Concílio propõe para tanto uma estratégia bem articulada, que assume e completa o prólogo da Declaração Universal da ONU de 1948. É urgente realizar o já possível hoje, articulando um processo de educação para a paz plena, total, estável. Essa orientação pedagógica das consciências deve ativar no mundo inteiro os sistemas educativos, culturais e comunicacionais, de modo que a educação incentive a ação e a ação amplie e intensifique a convição e a certeza de que a paz é a única forma humana de viver e conviver.

Os textos citados mais adiante na antologia levam a esta simples constatação: em sua mensagem final, o Vaticano II condensa o bem supremo do Evangelho em resposta à suprema aspiração da humanidade. Ele mostra, em um só retrato concentrado, o que ele quis ser, desdobrando seu imenso labor de reflexão desinteressada sobre um mundo esperançoso, mas atordoado pelas ambições políticas e financeiras dominantes. Ele oferece um feixe de indicadores do caminho a seguir a partir não de uma ortodoxia prefixada, mas de uma inspiração profunda e constante, a fé no Amor Universal, que está no princípio, no fim e no meio de sua caminhada.

A despedida que apela para o diálogo universal e criativo

Na véspera do solene adeus do Vaticano II à Igreja e à humanidade, no encerramenrto festivo e faustoso do dia

8 de dezembro de 1965, já no dia 7 a própria assembleia conciliar fechava sua última constituição, *Gaudium et Spes*, com uma última palavra. É sua despedida significativa porque antevê sua sorte na qualidade de recepção que iria ter. Que recepção deseja para sua mensagem, e que reclama do alto e do íntimo de sua consciência conciliar?

Merecem, portanto, suprema atenção essas *ultima verba*, essas palavras derradeiras do "maior de todos os concílios" (Paulo VI): "Em virtude da sua missão de iluminar o mundo inteiro com a mensagem de Cristo e de reunir sob um só Espírito todos os homens, de qualquer nação, raça ou cultura, a Igreja constitui um sinal daquela fraternidade que torna possível e fortalece o diálogo sincero" (n. 92).

Daí vem a consequência:

> Isto exige, em primeiro lugar, que, reconhecendo toda a legítima diversidade, promovamos na própria Igreja a mútua estima, respeito e concórdia, em ordem a estabelecer entre todos os que formam o Povo de Deus, pastores ou fiéis, um diálogo cada vez mais fecundo. Porque o que une entre si os fiéis é bem mais forte do que o que os divide: haja unidade no necessário, liberdade no que é duvidoso, e em tudo caridade.

> [Em segundo lugar] Abraçamos também em espírito os irmãos que ainda não vivem em plena comunhão conosco, e as suas comunidades, com os quais estamos unidos na confissão do Pai, Filho e Espírito Santo, e pelo vínculo da caridade, lembrados de que a unidade dos cristãos é hoje esperada e desejada mesmo por muitos que não creem em Cristo. Com efeito, quanto mais esta unidade progredir na verdade e na caridade, pela poderosa ação do Espírito Santo, tanto mais será para o mundo um presságio de unidade e de paz. Unamos, pois, as nossas

forças e, cada dia mais fiéis ao Evangelho, procuremos, por modos cada vez mais eficazes para alcançar este fim tão alto, cooperar fraternalmente no serviço da família humana, chamada, em Cristo, a tornar-se a família dos filhos de Deus.

[Em trerceiro lugar] Voltamos também o nosso pensamento para todos os que reconhecem Deus e guardam nas suas tradições preciosos elementos religiosos e humanos, desejando que um diálogo franco nos leve a todos a receber com fidelidade os impulsos do Espírito e a segui-los com entusiasmo.

[Em quarto lugar] Por nossa parte, o desejo de um tal diálogo, guiado apenas pelo amor pela verdade e com a necessária prudência, não exclui ninguém; nem aqueles que cultivam os altos valores do espírito humano, sem ainda conhecerem o seu autor; nem aqueles que se opõem à Igreja, e de várias maneiras a perseguem. Como Deus Pai é o princípio e o fim de todos eles, todos somos chamados a ser irmãos. Por isso, chamados pela mesma vocação humana e divina, podemos e devemos cooperar pacificamente, sem violência nem engano, na edificação do mundo na verdadeira paz (n. 92).

Ao apagar suas luzes, ao dissolver sua assembleia, o Vaticano II quer sobreviver no diálogo universal inspirado por sua consagração total ao Amor Universal. Não deixa um pacote de dogmas, um código de ortodoxia, conforme os planos minguados dos anteprojetos forjados por aqueles que só pensam religião em termos de autoridade. Com a suprema autoridade de um Concílio, o Vaticano II quer estabelecer a Igreja em estado de diálogo universal e permanente, a partir da Verdade confiada e vivida pela Igreja, e se estendendo a toda a humanidade, representada por aqueles que são parceiros (e irmãos!) na busca livre e amorosa da Verdade.

E depois dessa despedida um tanto construída, a partir do paradigma fundador herdado de João XXIII, o Vaticano II dirige uma palavra simples aos cristãos. É o tipo de recado que não se pode de forma alguma perder ou olvidar. Vai aqui, desdobrado em uma espécie de poema em prosa, o último parágrafo (n. 93) da constituição *Gaudium et Spes* e de todo o Concílio Vaticano II:

> Lembrados da palavra do Senhor:
> "nisto reconhecerão todos que sois meus discípulos,
> se vos amardes uns aos outros" (Jo 13,35),
> os cristãos nada podem desejar mais ardentemente
> do que servir sempre com maior generosidade e eficácia
> os homens do mundo de hoje.
> E assim, fiéis ao Evangelho e graças à sua força,
> unidos a quantos amam e promovem a justiça,
> têm a realizar aqui na terra uma obra imensa,
> da qual prestarão contas Aquele
> que a todos julgará no último dia.
> Nem todos os que dizem "Senhor, Senhor"
> entrarão no Reino dos Céus,
> mas aqueles que cumprem a vontade do Pai
> e põem seriamente mãos a obra.
> Ora, a vontade do Pai é que reconheçamos e amemos
> efetivamente em todos os homens a Cristo,
> por palavra e por obras,
> dando assim testemunho da verdade
> e comunicando aos outros o mistério
> do amor do Pai celeste.
> Deste modo, em toda a terra,
> os homens serão estimulados à esperança viva,
> dom do Espírito Santo,
> para que finalmente sejam recebidos

na paz e felicidade infinitas,
na pátria que refulge com a glória do Senhor.

E como soa verdadeiro e por isso muito comovedor este voto que o Vaticano II toma ao Apóstolo e lança sobre nós como a bênção do Concílio que apostou no Amor Universal:

> Aquele que, em virtude do poder que atua em nós,
> é capaz de fazer que superabundemos
> para além do que pedimos ou pensamos,
> a ele seja dada a glória na Igreja e em Cristo Jesus,
> por todos os séculos dos séculos. Amém (Ef 3,20-21).

Antologia.
Sobre a paz e a comunidade humana universal

Natureza da paz e sua consecução

A paz não é ausência de guerra; nem se reduz ao estabelecimento do equilíbrio entre as forças adversas, nem resulta de uma dominação despótica. Com toda a exatidão e propriedade ela é chamada "obra da justiça" (Is 32,7). É um fruto da ordem que o divino Criador estabeleceu para a sociedade humana, e que deve ser realizada pelos homens, sempre anelantes por uma mais perfeita justiça. Com efeito, o bem comum do gênero humano é regido, primária e fundamentalmente, pela lei eterna; mas, quanto às suas exigências concretas, está sujeito a constantes mudanças, com o decorrer do tempo. Por esta razão, a paz nunca se alcança de uma vez para sempre, antes deve estar constantemente a ser edificada (*GS*, n. 78).

Lamentável corrida aos armamentos

É verdade que não se acumulam as armas científicas só com o fim de serem empregadas na guerra. Com efeito, dado que se pensa que a solidez defensiva de cada parte depende da sua capacidade de resposta fulminante, esta acumulação de armas, que aumenta de ano para ano, serve, paradoxalmente, para dissuadir possíveis inimigos. Muitos pensam que este é hoje o meio mais eficaz para assegurar uma certa paz entre as nações.

Seja o que for deste meio de dissuasão, convençam-se os homens de que a corrida aos armamentos, a que se entregam muitas nações, não é caminho seguro para uma firme manutenção da paz; e de que o pretenso equilíbrio daí resultante não é uma paz segura nem verdadeira. Corre-se o perigo de que, com isso, em vez de se eliminarem as causas da guerra, antes se agravem progressivamente. E enquanto se dilapidam riquezas imensas no constante fabrico de novas armas, torna-se impossível dar remédio suficiente a tantas misérias de que sofre o mundo atualmente. Mais do que sanar verdadeiramente e plenamente as discórdias entre as nações, o que se consegue é contagiar com elas outras partes do mundo. É preciso escolher outros caminhos, partindo da reforma das mentalidades, para eliminar este escândalo e poder-se restituir ao mundo, liberto da angústia que o oprime, uma paz verdadeira.

Por tal razão, de novo se deve declarar que a corrida aos armamentos é um terrível flagelo para a humanidade e prejudica os pobres de um modo intolerável. E é muito de temer, se ela continuar, que um dia provoque as exterminadoras calamidades de que já presentemente prepara os meios. [...] (*GS*, n. 81).

A comunidade das nações e instituições internacionais

Para que o bem comum universal se procure convenientemente e se alcance com eficácia, torna-se já necessário, dado o aumento crescente de estreitos laços de mútua dependência entre todos os cidadãos e entre todos os povos do mundo, que a comunidade dos povos se dê a si mesma uma estrutura à altura das tarefas atuais, sobretudo relativamente àquelas numerosas regiões que ainda padecem intolerável indigência.

Para obterem tais fins, as instituições da comunidade internacional devem prover, cada uma por sua parte, às diversas necessidades dos homens, no domínio da vida social – a que pertencem a alimentação, saúde, educação, trabalho – como em certas circunstâncias particulares, que podem surgir aqui ou ali, tais como a necessidade geral de favorecer o progresso das nações em vias de desenvolvimento, de obviar às necessidades dos refugiados dispersos por todo o mundo, ou ainda de ajudar os emigrantes e suas famílias.

As instituições internacionais, mundiais ou regionais, já existentes, são beneméritas do gênero humano. Aparecem como as primeiras tentativas para lançar os fundamentos internacionais da inteira comunidade humana, a fim de se resolverem os gravíssimos problemas dos nossos tempos, se promover o progresso em todo o mundo e se prevenir qualquer forma de guerra. A Igreja alegra-se com o espírito de verdadeira fraternidade que em todos estes campos floresce entre cristãos e não cristãos, e tende a intensificar os esforços por remediar tão grande miséria (*GS*, n. 84).

A cooperação internacional no campo econômico

A unificação atual do gênero humano requer também uma cooperação internacional mais ampla no campo econômico. Com efeito, embora quase todos os povos se tenham tornado independentes, estão ainda longe de se encontrarem livres de excessivas desigualdades ou de qualquer forma de dependência indevida, ou ao abrigo de graves dificuldades internas.

O crescimento de um país depende dos recursos humanos e financeiros. Em cada nação, os cidadãos devem ser preparados pela educação e formação profissional, para desempenharem as diversas funções da vida econômica e social. Para tal, requer-se a ajuda de peritos estrangeiros; estes, ao darem tal ajuda, não procedam como dominadores, mas como auxiliares e cooperadores. Não será possível prestar o auxílio material às nações em desenvolvimento, se não se mudarem profundamente no mundo as estruturas do comércio atual. Os países desenvolvidos prestar-lhes-ão ainda ajuda sob outras formas, tais como dons, empréstimos ou investimentos financeiros; os quais se devem prestar generosamente e sem cobiça, por uma das partes, e receber com inteira honestidade, pela outra.

Para se estabelecer uma autêntica ordem econômica internacional, é preciso abolir o apetite de lucros excessivos, as ambições nacionais, o desejo de domínio político, os cálculos de ordem militar, bem como as manobras para propagar e impor ideologias. Apresentam-se muitos sistemas econômicos e sociais; é de desejar que os especialistas encontrem neles as bases comuns de um são comércio mundial; o que mais facilmente se conseguirá se cada um renunciar aos próprios preconceitos e se mostrar disposto a um diálogo sincero (GS, n. 85).

Parte IV

Visão global da Igreja e da humanidade à luz de Deus, Amor Universal

1
Igreja, comunhão, colegialidade e participação

A uma leitura atenta e comparativa de seus documentos, o paradigma eclesiológico do Vaticano II surge e se afirma com duas grandes qualidades. Longe de fechar a Igreja em si mesma em uma atitude eclesiocêntrica, ele a contempla à luz do Amor divino universal. Ela resplandece, então, qual comunhão viva e irradiante do Mistério do Amor. É a visão teocêntrica que a enaltece, no sentido rigoroso, como Igreja de Deus. É por isso mesmo, a Igreja para todos, para os outros que não professam a mesma religião, pois a Igreja tem o discernimento de que todos são envolvidos pelo Amor Universal, agindo nos corações e utilizando as instituições e outros meios objetivos para que a humanidade marche na busca da verdade e da salvação. Esse é o primeiro aspecto fundador de todos os outros e inspirador das atitudes primordiais da Igreja.

Mas o outro aspecto do paradigma eclesiológico conciliar, bem conexo e de que, em parte, depende o precedente, é que a Igreja é chamada a se unir e plasmar conformando-se ao paradigma eclesiológico renovador e inovador, porque retoma e aprimora o paradigma evangélico, fazendo-o limpo e livre de certas manchas e distorções com que a história da cristandade, se não o corrompeu, afetou bastante.

O Mistério e a estrutura da Igreja nas quatro constituições

A fidelidade dinâmica renovadora e inovadora do Vaticano II transparece e resplandece particularmente nas suas outras constituições. Cada uma nos apresenta a imagem da Igreja, clareando mais um de seus aspectos de sociedade humana, muito humana, de comunidade divina, maravilhosa como mistério revelador e portador do Amor infinito e universal. O projeto de base a que chegou o Concílio no apagar das luzes de sua I Sessão, e que procurou realizar corajosamente, se apresenta com um modelo bipartido: a Igreja em si e a Igreja em sua relação com a humanidade – concretamente, com o mundo de hoje.

A Igreja em si é visada, descrita e definida na constituição *Lumen Gentium*. No processo histórico do Concílio, ela emerge bem no centro dos projetos e dos trabalhos, assinalando a plena maturidade de sua consciência colegial. Esse primeiro modelo da Igreja vem completado pela consideração de sua atividade cultual, a Igreja do Louvor, comemorando, tornando presente e ativa a obra redentora do Verbo Encarnado. É o que nos apresenta a constituição *Sacrosanctum Concilium*, a primeira que o Vaticano II logrou elaborar e promulgar no fim da II Sessão. A terceira constituição – *Dei Verbum* – mostra a Igreja surgindo do dom divino da Revelação, acolhido na escuta religiosa da fé.

A Igreja em sua relação com o mundo é o tema amplo e complexo da quarta constituição – *Gaudium et Spes* –, cuja elaboração atravessou todo o quadriênio do Vaticano

II, encontrando e superando todas as dificuldades e adversidades enfrentadas pelo conjunto de projetos renovadores durante todo esse percurso.

Após a reflexão sobre as quatro constituições, é a hora de completar-lhes a mensagem, assumindo os nove decretos e três declarações conciliares e ordenando suas contribuições em torno das constituições, articulando esses doze documentos em dois grupos:

- Em torno e confronto com as três primeiras constituições e dando destaque à *Lumen Gentium*, que vem a ser a matriz de toda a obra conciliar, serão reunidos os documentos que abordam e explicitam os aspectos da vida interna da Igreja, considerada nos membros da Igreja e em suas propriedades. Serão condensados sete documentos, que oferecem o paradigma da doutrina e certas indicações dos modelos históricos visando renovar e por vezes inovar a Igreja em sua vida e comunhão no Amor.

- Em seguida, serão considerados cinco documentos que visam aclarar a Igreja em suas relações com o "outro", são exposições doutrinais e pastorais sobre o ecumenismo cristão e inter-religioso, contendo indicações preciosas sobre o diálogo na comunicação com o mundo. Esses cinco documentos serão o objeto do capítulo seguinte.

Articulação dos doze documentos, nove decretos e três declarações em referência às quatro constituições, especialmente à *Lumen Gentium*

Nos debates, nos diálogos e nas primeiras posições tomadas pelo Vaticano II no fim da I Sessão na segunda quinzena de novembro de 1962, ficou clara a opção de centrar todo o Concílio na consideração e realização da renovação da Igreja, ela mesma apreciada como comunhão divina, predominando sobre aspecto de sociedade humana.

Esse paradigma da Igreja, mistério divino e realidade humana, ilumina a distinção dos elementos que dizem respeito mais à vida interna da Igreja, à "Igreja *ad intra*", e outros que concernem às relações com o exterior, a "Igreja *ad extra*", umas e outras relações sempre renovadas à luz desse paradigma integral.

As relações com o exterior, com as outras comunidades cristãs, com as religiões não cristãs e com o mundo em geral, é tema fundamental na estima do Concílio, que considera todos esses elementos dentro de sua visão original de Deus Amor Universal. Os principais documentos conciliares que abordam e iluminam esses feixes de relações de diálogo e intercâmbio da Igreja são os dois decretos sobre o ecumenismo cristão – sobre o ecumenismo, *Unitatis Redintegratio* (21.11.1964); e sobre as Igrejas orientais, *Orientalium Ecclesiarum* (21.11.1964); declaração sobre as relações da Igreja com as religiões não cristãs, *Nostra Aetate* (28.10.1965); declaração sobre a liberdade religiosa, *Dignitatis Humanae* (7.12.1965); decreto sobre a atividade missionária da Igreja, *Ad Gentes* (7.12.1965); decreto sobre os Meios de Comunicação Social, *Inter Mirifica* (4.12.1963). Todos eles, especialmente o último, se relacionam com a constituição sobre a Igreja e o mundo *Gaudium et Spes* (7.12.1965). Esses temas e esses textos serão abordados no capítulo seguinte.

Note-se que a distinção entre documentos em relação à Igreja *ad intra* e à Igreja *ad extra* não é exclusiva. Há conexões de temas entre documentos assim repartidos.

Dinamismo espiritual, apostólico e social da Igreja, do Povo de Deus, em seus membros: o laicato, a vida religiosa e o ministério hierárquico

Merece atenção o corajoso e paciente labor conciliar. Há um trabalho intenso e inteligente confiado às Comissões especializadas sobre os diferentes temas. Desenvolve-se um processo paciente de ida e vinda dos projetos dessas Comissões e das Sessões plenárias dos padres conciliares, nelas empenhados em apreciar os trabalhos preparatórios. Daí resultam a visão clara, bem informada dos bispos e o conjunto de documentos com que propõem os projetos de reforma ou renovação da Igreja. Umas simples indicações são dispostas aqui seguindo a ordem em que essas importantes questões são ordenadas na constituição *Lumen Gentium*, a começar pela hierarquia eclesiástica, cuja doutrina o Vaticano II quer completar e aprimorar, pois ficara inacabada na exposição do Vaticano I. A partir do episcopado e em união com ele são estudadas as outras instâncias do ministério sacerdotal. Para o Concílio, não se trata de compor uma espécie de compêndio abstrato de doutrina eclesiástica. No limiar dos documentos sobre o ministério e sobre a formação dos presbíteros, há uma insistência. O tema é abordado na perspectiva da renovação da Igreja, que é o objetivo e a preocupação primordial do Concílio. Dessa mesma perspectiva vem condensado aqui o feixe desses documentos, a começar pelo que toca ao episcopado. Eles devem ser lidos em contato e confronto com a realidade da Igreja, sempre se olhando e olhando seus ministros à luz do Evangelho.

Decreto *Christus Dominus* (*CD*), sobre o múnus pastoral dos bispos, dos presbíteros e dos diáconos permanentes (28.10.1965)

Retomando o tema do capítulo III da *Lumen Gentium*, o Concílio realizou um de seus projetos de completar a eclesiologia apenas iniciada pelo Vaticano I. Ofereceu à Igreja um tratado sobre a hierarquia, reiterando a doutrina do primado de Pedro e articulando-a com o múnus dos bispos. É uma síntese bem realizada, insistindo sobre a missão dos bispos em relação à Igreja universal e à frente de suas dioceses. Desenvolve igualmente os temas da preocupação do episcopado, sobretudo os campos da ação pastoral, missionária e social de toda a Igreja. A doutrina da colegialidade é ampliada e aprofundada. Há um apelo notável ao papa para que aperfeiçoe e adapte a Cúria Romana (n. 9). O Concílio apresenta uma eclesiologia completa, superando ou alargando as posições do Magistério eclesiástico no passado. Sobre este ponto importante, como em muitos outros, o Vaticano II merece realmente o elogio de Paulo VI, no encerramento do Concílio (dia 8 de dezembro de 1965: o Vaticano II é o maior e mais completo de todos os concílios).

Decretos sobre o ministério e a vida dos sacerdotes, *Presbyterorum Ordinis* (*PO*) (7.12.1965), e sobre sua formação, *Optatam Totius* (*OT*) (28.10.1965)

Indicar os caminhos ou como buscar os caminhos da renovação. Assim se pode resumir a intenção do Concílio nestes decretos que compendiam sua doutrina e suas sugestões sobre o sacerdócio católico hoje. Suas propostas partem da sublimidade da vocação e da missão dos sacerdotes, os verdadeiros protagonistas se fundam na grandeza dos valores de liberdade, de amor e dom de si, da compreensão da humanidade de hoje, de um trabalho em comunhão e de parceria para ajudar os homens, as mulheres, as várias camadas da sociedade a encontrar qualidades e felicidades de bem viver na complexidade do mundo moderno. O Concílio aposta no amor e quer levar os padres à mesma atitude. A originalidade do Concílio é mostrar uma segurança nos meios e caminhos de enfrentar as dificuldades.

Seria interessante destacar os modelos de trabalhos, de formação intelectual, espiritual e pastoral.

O programa eclesial do Concílio, a necessiade da comunhão, do diálogo, da participação da colegialidade são apresentados de modo bem concreto e rente à vida:

> A união dos presbíteros com os seus Bispos é tanto mais necessária em nossos dias quanto, por diversas razões, os empreendimentos apostólicos não só revestem múltiplas formas, mas também ultrapassam necessariamente os limites da paróquia ou diocese. Assim, nenhum presbítero pode realizar suficientemente a sua missão, isoladamente, mas só num esforço comum com os outros presbíteros, sob a direção dos que estão à frente da Igreja (PO, n. 7).

É surpreendente como os padres conciliares empenham sua autoridade suprema não para ditar normas, mas para incitar os padres a praticarem a comunhão e a terem iniciativas:

> Os presbíteros, elevados ao presbiterado pela ordenação, estão unidos entre si numa íntima fraternidade sacramental. Especialmente na diocese a cujo serviço, sob o Bispo respectivo, estão consagrados, formam um só

presbitério. Embora ocupados em diferentes obras, exercem o mesmo ministério sacerdotal a favor dos homens. Todos são enviados para cooperarem na obra comum, quer exerçam o ministério paroquial ou supraparoquial, quer se dediquem à investigação científica ou ao ensino, quer se ocupem em trabalhos manuais compartilhando a sorte dos operários, onde isso pareça conveniente e a competente autoridade o aprove, quer realizem qualquer outra obra apostólica ou orientada ao apostolado (PO, n. 8).

Sobre o celibato, é instrutivo refletir sobre a sabedoria, a firmeza e a suavidade do Vaticano II, cujos textos são citados na antologia a seguir. Uns simples destaques reveladores do teor e da tonalidade deste Concílio tão evangélico e tão humano:

> Recomendando o celibato eclesiástico, este sagrado Concílio de forma nenhuma deseja mudar a disciplina contrária, legitimamente vigente nas Igrejas orientais, e exorta amorosamente a todos os que receberam o presbiterado já no matrimônio, a que, perseverando na sua santa vocação, continuem a dispensar generosa e plenamente a sua vida pelo rebanho que lhes foi confiado (PO, n. 16).

E recomenda aos candidatos ao sacerdócio:

> [...] Considerem profundamente como devem receber de ânimo agradecido aquele estado, não só como prescrito pela lei eclesiástica, mas como precioso dom de Deus que deve ser humildemente implorado, ao qual se apressem a corresponder livre e generosamente, estimulados e ajudados pela graça do Espírito Santo.
>
> Conheçam devidamente os deveres e a dignidade do matrimônio cristão, que simboliza o amor entre Cristo e a sua Igreja (cf. Ef 5,32s). Compreendam, porém, a excelência maior da virgindade consagrada a Cristo, de tal

maneira que, por uma opção maduramente deliberada e magnânima, se entreguem ao Senhor por uma inteira doação de corpo e alma (*OT*, n. 10).

A proposta integral e bem ordenada que, ao findar seus trabalhos, o Concílio tece e oferece à Igreja, visa aprimorar e renovar a vida, o ministério e a formação dos sacerdotes, unidos em comunhão e solícitos em discernir como estar a serviço do mundo de hoje.

No intuito de apreciar esse paradigma renovador e inovador do Vaticano II, convém destacar o paradigma de teologia, especialmente da teologia moral que ele sugere, ao qual se começou a esboçar uma referência ao tratar do imenso projeto ético que é *Gaudium et Spes*. Dentro do contexto de uma formação geral, sabendo que assim se isole o que deve estar bem integrado, cita-se o texto seguinte, primeiro sobre a teologia em geral:

> Os alunos sejam formados com particular empenho no estudo da Sagrada Escritura, que deve ser como que a alma de toda a teologia. Depois da conveniente introdução, iniciem-se cuidadosamente no método da exegese, estudem os temas de maior importância da Revelação divina e encontrem na leitura e meditação dos Livros sagrados estímulo e alimento.

> A teologia dogmática ordene-se de tal forma que os temas bíblicos se proponham em primeiro lugar. Exponha-se aos alunos o contributo dos Padres da Igreja oriental e ocidental para a Interpretação e transmissão fiel de cada uma das verdades da Revelação, bem como a história posterior do Dogma, tendo em conta a sua relação com a história geral da Igreja. Depois, para aclarar, quanto for possível, os mistérios da salvação de forma perfeita, aprendam a penetrá-los mais profundamente pela especulação,

tendo por guia Santo Tomás, e a ver o nexo existente entre eles. Aprendam a vê-los presentes e operantes nas ações litúrgicas e em toda a vida da Igreja. Saibam buscar, à luz da Revelação, a solução dos problemas humanos, aplicar as verdades eternas à condição mutável das coisas humanas e anunciá-las de modo conveniente aos homens seus contemporâneos (*OT*, n. 16).

Em seguida, sobre a teologia, se ajunta: "[...] Ponha-se especial cuidado em aperfeiçoar a teologia moral, cuja exposição científica, mais alimentada pela Sagrada Escritura, deve revelar a grandeza da vocação dos fiéis em Cristo e a sua obrigação de dar frutos na caridade para vida do mundo. [...]" (*OT*, n. 16). Como acontece nos programas positivos propostos pelo Concílio, aqui cada palavra corresponde ao recomendado abandono de um velho feitio de fazer moral, com a correspondente sugestão de um novo paradigma.

Decreto sobre o apostolado dos leigos, *Apostolicam Actuositatem* (AA) (18.11.1965)

Para completar o tema amplamente desenvolvido na constituição *Lumen Gentium* (capítulos IV, III, V) sobre a vocação dos leigos e a evangelização, o Concílio consagrou o longo e cuidadoso decreto *Apostolicam Actuositatem*. É um tratado amplo, cuidadoso, que em seis capítulos relembra e amplia o tema da vocação para o Apostolado, os objetivos, os campos e a modalidade do bom trabalho de leigos e leigas, abordando os problemas práticos da mútua ajuda do clero e do laicato, bem como a conveniente formação deste para a plena eficácia de sua atividade evangelizadora e promotora de civilização. Há boas indicações para a cooperação com os outros cristãos e não cristãos.

Vida religiosa, elemento essencial da Igreja definida como comunidade de santidade: decreto *Perfectae Caritatis* (*PC*) (28.10.1965)

Sobre a vida religiosa, incluída como elemento constitutivo da Igreja na constituição *Lumen Gentium* (capítulo V) – o que é uma novidade do Concílio –, o Vaticano II consagra, ainda, o decreto *Perfectae Caritatis*.

Princípios gerais para a conveniente renovação da vida religiosa (*PC*, n. 2)

A conveniente renovação da vida religiosa compreende não só um contínuo regresso às fontes de toda a vida cristã e à genuína inspiração dos Institutos, mas também a sua adaptação às novas condições dos tempos.

Esta renovação, sob o impulso do Espírito Santo e a orientação da Igreja, deve promover-se segundo os princípios seguintes:

a) Dado que a vida religiosa tem por última norma o seguimento de Cristo proposto no Evangelho, deve ser esta a regra suprema de todos os Institutos.

b) Reverte em bem da Igreja que os Institutos mantenham a sua índole e função particular; por isso, sejam fielmente aceites e guardados o espírito e as intenções dos fundadores, bem como as sãs tradições, que constituem o patrimônio de cada Instituto.

c) Todos os Institutos participem da vida da Igreja, e, segundo a própria índole, tenham como suas e favoreçam quanto puderem as iniciativas e empresas da mesma Igreja em matéria bíblica, dogmática, pastoral, ecumênica, missionária e social.

d) Promovam os Institutos nos seus membros o conveniente conhecimento das circunstâncias dos tempos e dos homens, bem como das necessidades da Igreja; de maneira que, sabendo julgar sabiamente as situações do mundo dos nossos dias à luz da fé, e ardendo de zelo apostólico, possam mais eficazmente ir ao encontro dos homens.

e) Dado que a vida religiosa se ordena antes de tudo a que os seus membros sigam a Cristo e se unam a Deus, mediante a profissão dos conselhos evangélicos, deve pesar-se seriamente que as melhores adaptações às necessidades do nosso tempo não surtirão efeito se não forem animadas da renovação espiritual, que sempre, mesmo na promoção das obras exteriores, deve ter a parte principal.

Critérios práticos para a renovação (*PC*, n. 3)

O modo de viver, de orar e trabalhar seja devidamente adaptado às condições físicas e psicológicas, bem como, segundo a índole de cada Instituto, às necessidades de apostolado, às exigências de cultura, às situações sociais e econômicas, e isto em toda a parte, mas sobretudo em terras de Missões.

Segundo estes mesmos critérios, examine-se também o modo de governo dos Institutos.

Por isso, as constituições, os diretórios, os livros de costumes, de orações, cerimônias etc., tudo seja revisto convenientemente e, pondo de lado as prescrições obsoletas, adaptem-se aos documentos deste sagrado Concílio.

A Igreja diante do direito universal à educação e da necessária educação cristã para os fiéis: declaração *Gravissimum Educationis* (GE) (28.10.1965)

Visto que a santa Mãe Igreja, para realizar o mandato recebido do seu fundador, de anunciar o mistério da salvação a todos os homens e de tudo restaurar em Cristo, deve cuidar de toda a vida do homem, mesmo da terrena enquanto está relacionada com a vocação celeste, tem a sua parte no progresso e ampliação da educação. Por isso, o sagrado Concílio enuncia alguns princípios fundamentais sobre a educação cristã mormente nas escolas, princípios que serão depois desenvolvidos por uma Comissão especial e aplicada nos diversos lugares pelas Conferências episcopais (*GE*, proêmio).

Direito universal à educação (*GE*, n. 1)

Todos os homens, de qualquer estirpe, condição e idade, visto gozarem da dignidade de pessoa, têm direito inalienável a uma educação correspondente ao próprio fim, acomodada à própria índole, sexo, cultura e tradições pátrias, e, ao mesmo tempo, aberta ao consórcio fraterno com os outros povos para favorecer a verdadeira unidade e paz na terra. A verdadeira educação, porém, pretende a formação da pessoa humana em ordem ao seu fim último e, ao mesmo tempo, ao bem das sociedades de que o homem é membro e em cujas responsabilidades, uma vez adulto, tomará parte.

Por isso, é necessário que, tendo em conta os progressos da psicologia, pedagogia e didática, as crianças e os adolescentes sejam ajudados em ordem ao desenvolvimento harmônico das qualidades físicas, morais e intelectuais, e à aquisição gradual de um sentido mais perfeito da responsabilidade na própria vida, retamente cultivada com esforço contínuo e levada por diante na verdadeira liberdade, vencendo os obstáculos com magnanimidade e constância. Sejam formados numa educação sexual positiva e prudente, à medida que vão crescendo. Além disso, de tal modo se preparem para tomar parte na vida social que, devidamente munidos dos instrumentos necessários e oportunos, sejam capazes de inserir-se ativamente nos vários agrupamentos da comunidade humana, se abram ao diálogo com os outros e se esforcem de boa vontade por cooperar no bem comum.

De igual modo, o sagrado Concílio declara que as crianças e os adolescentes têm direito de serem estimulados a estimar retamente os valores morais e a abraçá-los pessoalmente, bem como a conhecer e a amar Deus mais perfeitamente. Por isso, pede insistentemente a todos os que governam os povos ou orientam a educação para que providenciem que a juventude nunca seja privada deste sagrado direito. Exorta, porém, os filhos da Igreja a que colaborem generosamente em todo o campo da educação, sobretudo com a intenção de que se possam estender o mais depressa possível a todos e em toda a parte os justos benefícios da educação e da instrução.

Natureza e fim da educação cristã (*GE*, n. 2)

Todos os cristãos que, uma vez feitos nova criatura mediante a regeneração pela água e pelo Espírito Santo, se chamam e são de fato filhos de Deus, têm direito à educação cristã. Esta procura dar não só a maturidade da pessoa humana acima descrita, mas tende principalmente a fazer com que os batizados, enquanto são introduzidos gradualmente no conhecimento do mistério da salvação, se tornem cada vez mais conscientes do dom da fé que receberam; aprendam, principalmente na ação litúrgica, a adorar Deus Pai em espírito e verdade (cf. Jo 4,23), disponham-se a levar a própria vida segundo o homem novo em justiça e santidade de verdade (Ef 4,22-24); e assim se aproximem do homem perfeito, da idade plena de Cristo (cf. Ef 4,13) e colaborem no aumento do Corpo místico. Além disso, conscientes da sua vocação; habituem-se quer a testemunhar a esperança que neles existe (cf. 1Pd 3,15), quer a ajudar a conformação cristã do mundo, mediante a qual os valores naturais assumidos na consideração integral do homem redimido por Cristo cooperem no bem de toda a sociedade. Por isso, este sagrado Concílio lembra aos pastores de almas o dever de dispor as coisas de maneira que todos os fiéis gozem desta educação cristã, sobretudo os jovens, que são a esperança da Igreja.

O meio ou o instrumento primordial para a renovação da Igreja e de uma ação humanizadora sobre a sociedade. A educação cristã. Declaração *Inter Mirifica* (*IM*) (4.12.1963)

A Igreja e os Meios de Comunicação Social (*IM*, n. 3)

A Igreja Católica, fundada por Nosso Senhor Jesus Cristo para levar a salvação a todos os homens, e por isso mesmo obrigada a evangelizar, considera seu dever pregar a mensagem de salvação, servindo-se dos meios de comunicação social, e ensina aos homens a usar retamente estes meios.

[...]

Além disso, compete principalmente aos leigos vivificar com espírito humano e cristão estes meios, a fim de que correspondam à grande esperança do gênero humano e aos desígnios divinos.

Deveres dos destinatários (*IM*, n. 9)

Deveres peculiares competem a todos os destinatários da informação, leitores, espectadores e ouvintes, que, por pessoal e livre escolha, recebem as informações difundidas por estes meios de comunicação. Na realidade, uma reta escolha exige que estes favoreçam plenamente tudo o que se destaca pela perfeição, ciência e arte, e evitem, em contrapartida, tudo o que possa ser causa ou ocasião de dano espiritual para eles e para os outros, pelo mau exemplo que possam ocasionar-lhes, e o que dificulte as boas produções e favoreça as más produções e boas, o que sucede amiúde, contribuindo economicamente para empresas que somente atendem ao lucro com a utilização destes meios.

Deveres dos realizadores e autores (*IM*, n. 11)

Importante obrigação moral incumbe, quanto ao bom uso dos meios de comunicação social, aos jornalistas, escritores, atores, produtores, realizadores, exibidores, distribuidores, empresários e vendedores, críticos e, além destes, a todos quantos intervêm na realização e difusão das comunicações. Na realidade, é de todo evidente a transcendente importância desta obrigação nas atuais condições humanas, já que eles, informando e incitando, podem encaminhar reta ou torpemente o gênero humano.

Antologia.
Textos sobre a comunhão, a participação e a colegialidade

Princípio fundador da colegialidade hierárquica: a sucessão de Pedro e dos apóstolos (*CD*, n. 2)

Nesta Igreja de Cristo, o Romano Pontífice, como sucessor de Pedro, a quem o mesmo Cristo mandou que apascentasse as suas ovelhas e os seus cordeiros, está revestido, por instituição divina, de poder supremo, pleno, imediato e universal, em ordem à cura das almas. Por isso, tendo sido enviado como pastor de todos os fiéis para promover o bem comum da Igreja universal e o de cada uma das igrejas particulares, ele tem a supremacia do poder ordinário sobre todas as igrejas.

Por outro lado, porém, também os Bispos, constituídos pelo Espírito Santo, sucedem aos Apóstolos como pastores das almas, e, juntamente com o Sumo Pontífice e sob a sua autoridade, foram enviados a perpetuar a obra de Cristo, pastor eterno. Na verdade, Cristo deu aos Apóstolos e aos seus sucessores o mandato e o poder de ensinar todas as gentes, de santificar os homens na verdade e de os apascentar. Por isso, foram os Bispos constituídos, pelo Espírito Santo que lhes foi dado, verdadeiros e autênticos mestres, pontífices e pastores.

Exercício do poder do Colégio Episcopal (*CD*, n. 4)

Os Bispos, em virtude da sua consagração sacramental e pela comunhão hierárquica com a cabeça e os membros do colégio, são constituídos membros do corpo episcopal. "A ordem dos Bispos, porém, que sucede ao colégio dos Apóstolos no magistério e no governo pastoral, e, mais ainda, na qual o corpo apostólico se continua perpetuamente, é também, juntamente com o Romano Pontífice, sua cabeça, e nunca sem a cabeça, sujeito do supremo e pleno poder sobre toda a Igreja, poder este que não se pode exercer senão com o consentimento do Romano Pontífice". Este poder "exerce-se solenemente no Concílio Ecumênico": por isso, determina o sagrado Concílio que todos os Bispos, membros do colégio episcopal, têm direito a tomar parte nos Concílios Ecumênicos.

"O mesmo poder colegial pode ser exercido, juntamente com o Papa, pelos Bispos espalhados pelo mundo, contanto que a cabeça do colégio os chame a uma ação colegial ou, pelo menos, aprove ou aceite livremente a ação conjunta dos Bispos dispersos, de forma que haja verdadeiro ato colegial."

Cuidado significativo com os portadores de deficiências (*CD*, n. 18)

Atenda-se com especial solicitude àqueles fiéis que, pelas suas condições de vida, não podem beneficiar suficientemente do ministério pastoral ordinário dos párocos, ou se veem dele completamente privados, como é o caso de muitíssimos emigrantes, exilados e refugiados, marinheiros e aviadores, nômadas etc. Promovam-se métodos convenientes de assistência espiritual àqueles que se deslocam temporariamente a outros lugares para passarem as férias.

As Conferências episcopais, sobretudo as nacionais, examinem atentamente os problemas mais urgentes relativos às sobreditas categorias de pessoas, e de comum acordo e em união de esforços, com meios e instituições adequadas, procurem favorecer a assistência religiosa delas mesmas, tendo presentes as normas estabelecidas ou a estabelecer pela Sé Apostólica, adaptadas às condições de tempos, lugares e pessoas.

Vida e ministério dos presbíteros. Relações dos presbíteros com os leigos (*PO*, n. 9)

Embora os sacerdotes do Novo Testamento, em virtude do sacramento da Ordem, exerçam no Povo e para o Povo de Deus o múnus de pais e mestres, contudo, juntamente com os fiéis, são discípulos do Senhor, feitos participantes do seu reino pela graça de Deus que nos chama. Regenerados com todos na fonte do Batismo, os presbíteros são irmãos entre os irmãos, membros de um só e mesmo corpo de Cristo, cuja edificação a todos pertence.

Devem os presbíteros de tal modo estar à frente que, não procurando os próprios interesses, mas os de Jesus Cristo, trabalhem na obra comum com os leigos e vivam no meio deles segundo o exemplo do Mestre, que "veio" para o meio dos homens, "não para ser servido, mas para servir e dar a vida pela redenção de muitos" (Mt 20,28). Os presbíteros reconheçam e promovam sinceramente a dignidade e participação própria dos leigos na missão da Igreja. Estejam dispostos a ouvir os leigos, tendo fraternalmente em conta os seus desejos, reconhecendo a experiência e competência deles nos diversos campos da atividade humana, para que, juntamente com eles, saibam reconhecer os sinais dos tempos. Sabendo discernir se os espíritos vêm de Deus, perscrutem com o sentido da fé, reconheçam com alegria e promovam com diligência os multiformes carismas dos leigos, tanto os mais modestos como os mais altos. Entre os demais dons de Deus que se encontram com profusão entre os fiéis, são dignos de especial atenção os que atraem a uma vida espiritual mais alta. Entreguem-se aos leigos, com confiança, obras do serviço da Igreja, deixando-lhes espaço e liberdade de ação, convidando-os oportunamente a que tomem eles as suas iniciativas.

Apelo do Concílio aos leigos (*AA*, n. 33)

Por isso, o sagrado Concílio pede instantemente no Senhor a todos os leigos que respondam com decisão de vontade, ânimo generoso e disponibilidade de coração à voz de Cristo, que nesta hora os convida com maior insistência, e ao impulso do Espírito Santo. Os mais novos tomem como dirigido a si de modo particular este chamamento, e recebam-no com alegria e magnanimidade. Com efeito, é o próprio Senhor que, por meio deste sagrado Concílio, mais uma vez convida todos os leigos a que se unam a ele cada vez mais intimamente, e sentindo como próprio o que é dele (cf. Fl 2,5), se associem à sua missão salvadora. É ele quem de novo os envia a todas as cidades e lugares aonde há de chegar (cf. Lc 10,1), para que, nas diversas formas e modalidades do apostolado único da Igreja, se tornem verdadeiros cooperadores de Cristo, trabalhando sempre na obra do Senhor com plena consciência de que o seu trabalho não é vão no Senhor (cf. 1Cor 15,28).

2
A Igreja, Deus e o Outro. Ecumenismo cristão e inter-religioso

As relações com o exterior, com as outras comunidades cristãs, com as religiões não cristãs e com o mundo em geral constituem tema fundamental no paradigma global do Concílio, que considera todos esses elementos dentro de sua visão original e de sua opção de base: Deus Amor Universal.

Os principais documentos conciliares que abordam e iluminam esses feixes de relações de diálogo e intercâmbio da Igreja são os dois decretos sobre o ecumenismo cristão: sobre o ecumenismo, *Unitatis Redintegratio*; e sobre as Igrejas orientais, *Orientalium Ecclesiarum*. Ambos de 21 de novembro de 1964, juntos com a constituição *Lumen Gentium*. Acrescentem-se os documentos de conteúdo mais extenso: a declaração sobre as relações da Igreja com as religiões não cristãs, *Nostra Aetate*, de 28 de outubro de 1965; a declaração sobre a liberdade religiosa, *Dignitatis Humanae*, de 7 de dezembro de 1965; o decreto sobre a atividade missionária da Igreja, *Ad Gentes*, de 7 de dezembro de 1965; e, de maneira menos direta, o decreto sobre os Meios de Comunicação Social, *Inter Mirifica*, de 4 de dezembro de 1963.

Primeiro gesto e primeira promessa ecumênica. O decreto sobre as Igrejas orientais católicas, *Orientalium Ecclesiarum* (*OE*)

Jamais se exagera a relevância dessa atitude inicial de voltar-se para o Oriente em clima de compreensão, de estima e oferta de intercâmbios fraternos, de intercomunhão.

Neste primeiro documento, o Concílio dá uma amostra de verdadeira disposição de superar os limites ocidentais, acolhendo, com efusão, católicos de ritos diferentes, enaltecendo a presença dos dons e valores nessas Igrejas patriarcais do Oriente. Manifesta a convicção de que elas guardam e vivem a mensagem da fé e exercem com grandeza o verdadeiro sacerdócio, guardando veneráveis tradições patrísticas na prática de um fecundo ministério evangélico. O que nos une é o essencial, é muito maior do que tudo quanto nos separa, que é acidental, decorrência de diferentes contextos históricos.

Tal atitude prática e semelhante posição doutrinal estão em harmonia com a compreensão da Igreja como sacramento universal, como mediadora da revelação, da salvação, da graça santificadora. Essa visão permite, inaugura e sustenta o encontro, o diálogo, a comunhão no culto e na convivência fraterna.

Ao contrário, a prioridade dada ao poder na Igreja ocasionou a divisão e estorva toda tentativa de união profunda.

Com este primeiro exemplo simples, o Vaticano II mostra que as autoridades hierárquicas devem quebrar o gelo das indiferenças entre comunidades vizinhas, empenhando-se para que as Igrejas de diferentes ritos se conheçam, se estimem, se encontrem na profundidade do amor, da oração em comum e da mútua ajuda.

O decreto sobre o ecumenismo, *Unitatis Redintegratio* (*UR*). O Concílio consegue condensar sua mensagem primordial para o diálogo entre cristãos

Rompendo com o clima de medo, de vigilância e reserva, o Vaticano II fala claro, tomando uma posição ecumênica, doutrinal e prática, de valor primordial e decisivo: "Promover a restauração da unidade entre todos os cristãos é um dos principais propósitos do sagrado Concílio Ecumênico Vaticano II" – tal é a palavra de entrada do decreto (n. 1).

Reconhecendo que a Igreja de Cristo é uma só e única, e que hoje, em um contratestemunho para o mundo, os cristãos se apresentam desunidos, o decreto prossegue: "[...] surgiu entre os nossos irmãos separados, por moção da graça do Espírito Santo, um movimento cada vez mais intenso em ordem à restauração da unidade de todos os cristãos" (n. 1). É importante notar que o Concílio professa a ação do Espírito Santo para unir a Igreja e, antes mesmo, contempla esta ação divina no ecumenismo dos irmãos separados.

O decreto tem sua fonte imediata no movimento ecumênico dentro da Igreja Católica, contando com pioneiros do feitio do Cardeal Agostinho Bea, muitíssimo estimado, primeiro por Pio XII, depois por João XXIII. Pelos cuidados do Cardeal Bea, o projeto pré-conciliar e conciliar pôde ser e foi bem preparado.

O decreto é sucinto, denso e rigoroso em sua linguagem, muito lógico e pedagógico. Divide-se em três partes:

- A primeira, mais estritamente doutrinal: os "Princípios católicos do ecumenismo".
- A segunda expõe os aspectos práticos de "exercício do ecumenismo".
- A terceira aborda o tema mais delicado das "Igrejas e comunidades eclesiais separadas da Sé Apostólica Romana".

Os adversários do ecumenismo, em sua expressão radical, digamos fundamentalista, se apegam a um antinomismo absoluto e irredutível: Só existe uma única Igreja verdadeira e todas as outras são simplesmente falsas. Não há possibilidade de diálogo entre a verdade e o erro. Os errados devem se converter à verdade, abandonar suas falsas Igrejas e entrar para a única Igreja verdadeira.

Essa oposição de um dualismo radical e total se encontra em três grandes momentos, na elaboração de documentos decisivos para os objetivos do Concílio:

- Primeiro, na elaboração e aprovação da constituição dogmática sobre a Igreja, *Lumen Gentium*.
- Segundo, no confronto da Igreja com as religiões em geral. O que se desenvolve em dois documentos: na declaração *Nostra Aetate* – sobre as relações da Igreja com as religiões não cristãs – e no decreto *Ad Gentes* – sobre a atividade missionária da Igreja.
- Terceiro, na compreensão da liberdade religiosa, de que trata a declaração *Dignitatis Humanae*.

A questão se amplia na constituição pastoral *Gaudium et Spes*, quando se enfrenta o problema das relações e posições da Igreja diante dos valores humanos pessoais e sociais, especialmente no domínio cultural.

A questão será aqui abordada, brevemente sem dúvida, em cada um desses documentos. Em toda a sua generalidade, mas igualmente em toda a sua profundidade, neles vemos surgir o grande desafio lançado ao projeto inovador do Vaticano II. O desafio se tornava verdadeiro conflito sustentado e orquestrado pelos adversários dessa inovação, aqui bem ressaltada no tema do ecumenismo.

A rejeição da prática ecumênica buscava se apoiar na pura evidência, no princípio de contradição, do sim e do não. A Igreja Católica é a única verdadeira Igreja de Cristo, todas as outras são falsas. Não há lugar para dialogar com o erro nem de reconhecer ao erro o direito à liberdade (objeção encarecida e respondida com clareza na declaração conciliar sobre a liberdade religiosa).

O Concílio vai lançar e explicar o grande princípio que sustenta todo o seu dinamismo. O amor da Verdade suscita a parceria na busca da unidade.

Já na constituição *Lumen Gentium*, sobre a Igreja, o Concílio procurou adotar uma expressão muito matizada. Não declarou simplesmente que a verdadeira e única Igreja de Cristo é a Igreja Católica, mas "subsiste na Igreja Católica" (*subsistit in*), encontra-se, realiza-se em plenitude na Igreja Católica; mas há outras comunidades em que se encontram dons, valores, graças evangélicas, delas fazendo comunidades cristãs sem que tenham a plenitude da verdade católica. É a bela doutrina exposta com rigor e fineza na *Lumen Gentium* (n. 5).

Assim, a Verdade do Mistério se afirma e se define, não de maneira excludente, mas abrangendo sua capacidade de discernir e incluir. A verdadeira Igreja reconhece elementos de verdades em outras comunidades, a ponto de poderem dialogar, em questões nas quais as expressões da Verdade são suscetíveis de maior ou menor exatidão. Sobretudo certas formulações dogmáticas ou morais foram outrora estabelecidas em clima perturbado de polêmicas e controvérsias. Dada a condição pecadora de todos os cristãos, é possível que em alguns momentos de crise todos tenham sido responsáveis de formas menos adequadas de pensar e de viver. Agora, o ecumenismo é momento de conversão, em que todos se ajudem mutuamente na busca de um melhor conhecimento e, sobretudo, de uma prática maior e melhor da verdade.

No diálogo ecumênico há lugar para todos os seus parceiros aprenderem uns dos outros.

Atitudes ecumênicas autênticas e operacionais

Por isso no "exercício do ecumenismo" (segunda parte do decreto) a maior insistência é de melhor viver, de bem conviver no amor, na promoção do bem, da justiça, para melhor se entender uns aos outros e crescer juntos no conhecimento. O encontro visado está no horizonte, no alto da montanha de uma maior perfeição de todos na fé, na esperança e na caridade.

Entre os termos esclarecedores lançados pelo Vaticano II, merece atenção a expressão, simples, mas, audaciosa: há uma "hierarquia das verdades" (n. 11). Em oposição à atitude de tudo nivelar, de fazer da Verdade um ofuscante bloco indiferenciado, o decreto propõe um modelo matizado. A Verdade da fé comporta verdades fundamentais e mesmo fundadoras, e todo um feixe de verdades em conexão com esse núcleo fundador, cuja adesão, portanto, implica a aceitação das verdades conexas. Mesmo dentro de uma mesma confissão religiosa, muitos fiéis há que, por ignorância e descuido, permanecem sempre em atitude de conhecimento implícito sobre pontos de importância. E, por vezes, toda uma Igreja busca durante séculos a formulação definitiva de uma verdade (o que se deu, por exemplo, no Catolicismo, com o dogma da Imaculada Conceição).

Abrindo essas perspectivas de grande sabedoria, o decreto retoma e explicita a afirmação da constituição *Lumen Gentium*: a Igreja Católica é verdadeira porque nela "subsiste", se encontra a Igreja de Cristo, a religião autêntica. Mas professa que, em outras confissões religiosas, existem não apenas pessoas de boa-fé, que buscam a Deus, a Verdade, a Justiça, o Amor de todo coração, mas também que essas confissões são portadoras de meios objetivos da salvação e que elas dão adesão a verdades, que formam uma certa ordem ou "hierarquia". O que significa que podem professar as verdades de base, em sintonia com os fundamentos da Revelação cristã. Semelhante acordo sobre esse núcleo de verdades fundadoras permite e mesmo obriga a dizer: neste caso, "o que nos une é mais do que o que nos separa".

O Concílio pede, então, uma reversão que é uma conversão. Ele pratica e quer promover a reversão da posição intolerante, generalizada na cristandade e por vezes praticada pela Igreja Católica. Essa reversão é uma conversão intelectual, cultural, mas sobretudo espiritual, teológica. É uma questão de prioridade. A Igreja da Verdade deve apontar os erros e corrigir os errados. Mas a sua primeira atitude para que essa atitude corretiva seja eficaz é que reconheça, testemunhe a parte de verdade e de bondade naquele que é ou foi seu adversário. Ele só se corrigirá e progredirá tomando consciência da herança de verdade, de valores, de dons de que já está dotado, e que a Igreja vem despertar, reforçar, ajudar a viver e a conviver em comunidade.

Por isso o Concílio aceitou de bom grado ser qualificado de pastoral. Não que deixe de lado a doutrina. Mas porque dá primazia à verdade como vida, como vida da inteligência que busca a verdade e a ela adere na liberdade, sendo ajudada pelos meios da estima e mesmo da ternura. Ainda uma vez, é questão de paradigma a seguir, de prioridade. Não se jogue pedra se uma Igreja deu ou dá prioridade à manutenção da ortodoxia a ser garantida pela autoridade hierárquica. Pode ser uma necessidade em momento de crise. Mas a Igreja de Cristo, a exemplo e segundo o ensinamento do Mestre, "doce e humilde de coração", há de priorizar a estima das pessoas, das consciências, da liberdade como caminho e propriedade da Verdade.

Tal é o novo espírito que anima a mensagem, a marcha e o método do Concílio Vaticano II e constitui a sua originalidade verdadeiramente singular. Mas esta é precisamente a porta estreita e este é o caminho acidentado, ascensional do Evangelho. Durante o Concílio caminharam juntos e lutaram com alguma serenidade os dois paradigmas, o da prioridade mantida à ortodoxia autoritária e o da prioridade dada aos valores evangélicos e humanos da Verdade, da Liberdade e do Amor.

A Igreja pós-conciliar se vê na condição de optar pelo verdadeiro paradigma evangélico. Mas há de saber levar em conta os pontos positivos e as críticas justas, venham de quem vierem. O amor à verdade conduz à unidade, não à intolerância. Porque o amor da verdade leva à estima e ao respeito da inteligência, de toda inteligência, como capacidade e parceira na busca da verdade.

As "outras" religiões. Declaração sobre as relações da Igreja com as religiões não cristãs, *Nostra Aetate* (*NA*) (28.10.1965)

Esta declaração sobre as religiões não cristãs, tão sucinta, é bem típica do Vaticano II, que realiza a proeza da suprema sabedoria: no mínimo de palavras exprimir o máximo de sentido. Ela manifesta a originalidade singular do Concílio. Diante da pluralidade, da humanidade dividida, ele não hesita em professar a sua fé, a sua aposta total no Amor Universal.

Sua entrada na matéria condensa a declaração e evoca seu paradigma teologal e (por isso) bem humano:

> Hoje, que o gênero humano se torna cada vez mais unido, e aumentam as relações entre os vários povos, a Igreja considera mais atentamente qual a sua relação com as religiões não cristãs. E, na sua função de fomentar a união e a caridade entre os homens e até entre os povos, considera primeiramente tudo aquilo que os homens têm de comum e os leva à convivência.
>
> Com efeito, os homens constituem todos uma só comunidade; todos têm a mesma origem, pois foi Deus quem fez habitar em toda a terra o inteiro gênero humano; têm também todos um só fim último, Deus, que a todos estende a sua providência, seus testemunhos de bondade e seus desígnios de salvação até que os eleitos se reúnam na cidade santa, iluminada pela glória de Deus e onde todos os povos caminharão na sua luz (n. 1).

E a declaração passa a dar das religiões a explicação positiva que vem de sua atitude contemplativa de Deus agindo na história e conduzindo a marcha da humanidade rumo a seu destino, que o Concílio põe em referência com o Amor Universal que é o Deus do Evangelho. Eis como a declaração caracteriza e explica as religiões:

> Os homens esperam das diversas religiões resposta para os enigmas da condição humana, os quais, hoje como ontem, profundamente preocupam seus corações: que é o homem? Qual o sentido e a finalidade da vida? Que é o pecado? De onde provém o sofrimento, e para que serve? Qual o caminho para alcançar a felicidade verdadeira? Que é a morte, o juízo e a retribuição depois da morte? Finalmente, que mistério último e inefável envolve a nossa existência, do qual vimos e para onde vamos? (n. 1).

Seguem, então, as interpretações positivas, porque o Concílio não vê o outro como estranho, mas sabe identificar-se com o que nele há de melhor, E então, vem essa apresentação muito fina e profunda do Hinduísmo e do Budismo:

> Assim, no Hinduísmo, os homens perscrutam o mistério divino e exprimem-no com a fecundidade inexaurível dos mitos e os esforços da penetração filosófica, buscando a libertação das angústias da nossa condição quer por meio de certas formas de ascetismo, quer por uma profunda meditação, quer, finalmente, pelo refúgio amoroso e confiante em Deus. No Budismo, segundo as suas várias formas, reconhece-se a radical insuficiência deste mundo mutável, e propõe-se o caminho pelo qual os homens, com espírito devoto e confiante, possam alcançar o estado de libertação perfeita ou atingir, pelos próprios esforços ou ajudados do alto, a suprema iluminação. De igual modo, as outras religiões que existem no mundo procuram de vários modos ir ao encontro das inquietações do coração

humano, propondo caminhos, isto é, doutrinas e normas de vida e também ritos sagrados.

A Igreja Católica nada rejeita do que nessas religiões existe de verdadeiro e santo. Olha com sincero respeito esses modos de agir e viver, esses preceitos e doutrinas que, embora se afastem em muitos pontos daqueles que ela própria segue e propõe, todavia refletem não raramente um raio da verdade que ilumina todos os homens. No entanto, ela anuncia, e tem mesmo obrigação de anunciar incessantemente Cristo, "caminho, verdade e vida" (Jo 14,6), em quem os homens encontram a plenitude da vida religiosa e no qual Deus reconciliou consigo todas as coisas (n. 2).

E propõe aos seus fiéis que, "com prudência e caridade, pelo diálogo e colaboração com os sequazes de outras religiões, dando testemunho da vida e fé cristãs, reconheçam, conservem e promovam os bens espirituais e morais e os valores socioculturais que entre eles se encontram" (n. 2)

E depois de fazer de maneira semelhante a apresentação positiva e simpática do Islamismo e do Judaísmo, conclui, fazendo resplandecer a mensagem da fraternidade universal e a reprovação de toda a discriminação racial ou religiosa:

> Não podemos, porém, invocar Deus como Pai comum de todos se nos recusamos a tratar como irmãos alguns homens, criados à sua imagem. De tal maneira estão ligadas a relação do homem a Deus Pai e a sua relação aos outros homens seus irmãos que a Escritura afirma: "quem não ama, não conhece a Deus" (1Jo 4,8).

Decreto sobre a atividade missionária da Igreja, *Ad Gentes (AG)* (7.12.1965)

O decreto se abre pela evocação da Santíssima Trindade, e, em seguida se estende mostrando a vocação missionária da Igreja como desígnio e atividade do Pai, do Filho e do Espírito Santo, retomando a solene e profunda entrada de *Lumen Gentium* (capítulo I), como fizera na conclusão da Primeira Parte da *Gaudium et Spes* (n. 40,2).

O texto (n. 2) nos reconduz à inspiração fundamental do Vaticano II:

> A Igreja peregrina é, por sua natureza, missionária, visto que tem a sua origem, segundo o desígnio de Deus Pai, na "missão" do Filho e do Espírito Santo.
>
> Este desígnio brota do "amor fontal", isto é, da caridade de Deus Pai, que, sendo o Princípio sem Princípio de quem é gerado o Filho e de quem procede o Espírito Santo pelo Filho, quis derramar e não cessa de derramar ainda a bondade divina, criando-nos livremente pela sua extraordinária e misericordiosa benignidade, e depois chamando-nos gratuitamente a partilhar da sua própria vida e glória. Quis ser, assim, não só criador de todas as coisas, mas também "tudo em todas as coisas" (1Cor 15,28), conseguindo simultaneamente a sua glória e a nossa felicidade. Aprouve, porém, a Deus chamar os homens a esta participação na sua vida, não só de modo individual e sem qualquer solidariedade mútua, mas constituindo-os num povo em que os seus filhos, que estavam dispersos, se congregassem em unidade.

É um dado importante para se avançar na compreensão do paradigma teológico do Concílio. Dessa adesão profunda ao Mistério de Deus amor é que parte a sua abertura para o outro, para aquele que não crê ou não crê como a Igreja.

É sempre o mesmo teor e a mesma tonalidade:

> A atividade missionária desenrola-se entre o primeiro e o segundo advento do Senhor, em que a Igreja há de ser reunida dos quatro ventos como uma colheita, no Reino de Deus. Mas antes de o Senhor vir tem de ser pregado o Evangelho a todos os povos.
>
> A atividade missionária não é outra coisa, nem mais nem menos, que a manifestação ou epifania dos desígnios de Deus e a sua realização no mundo e na sua história, na qual Deus, pela missão, manifestamente vai tecendo a história da salvação. Pela palavra da pregação e pela celebração dos sacramentos de que a Eucaristia é o centro e a máxima expressão, torna presente a Cristo, autor da salvação. Por outro lado, tudo o que de verdade e de graça se encontrava já entre os gentios como uma secreta presença de Deus expurga-o de contaminações malignas e restitui-o ao seu autor, Cristo, que destrói o império do demônio e afasta toda a malícia dos pecados. O que de bom há no coração e no espírito dos homens ou nos ritos e culturas próprias dos povos não só não se perde, mas é purificado, elevado e consumado para glória de Deus, confusão do demônio e felicidade do homem. A atividade missionária tende, assim, para a plenitude escatológica: por ela, com efeito, se estende, segundo as dimensões e os tempos que o Pai fixou com o seu próprio poder, o Povo de Deus, a quem foi dito profeticamente: "Dilata o acampamento das tuas tendas e estende as telas das tuas barracas! Não te acanhes" (Is 54,2); por ela cresce o Corpo místico até constituir esse homem perfeito, na força da idade, que realiza a plenitude de Cristo; por ela se levanta e se vai edificando sobre os alicerces dos Apóstolos e dos profetas e com o próprio Cristo Jesus por pedra angular

(Ef 2,20), o templo espiritual onde Deus é adorado em espírito e verdade (n. 9).

Ir ao encontro de Deus que já está em ação no coração de toda a humanidade, reconhecer essa presença, não é homologar o que aí esta nos destinatários não cristãos, como não é uma canonização dos protagonistas da Igreja. Para o cristão, reconhecer a presença do Amor Universal no outro é reconhecer o que há nele de positivo, ir com o melhor de nós ao encontro do melhor do outro, evitando até a aparência de rivalidade ou mesmo de concorrência.

Tal mensagem, tão original em sua compreensão da universalidade da missão da Igreja, constitui o paradigma teológico evangelicamente inovador, que relega a visão estrita do "fora da Igreja não há salvação". Valendo-se de seus excelentes assessores patrísticos, o Concílio multiplica as citações dos Santos Padres, muito especialmente de Santo Irineu, formando uma ladainha pela instante repetição da Verdade, da Liberdade e do Amor.

Declaração sobre a liberdade religiosa, *Dignitatis Humanae* (*DH*) (7.12.1965)

A declaração se abre pela constatação de que a liberdade é hoje desejada de maneira geral pela humanidade. E continua se regozijando de poder responder a essas aspirações, acrescentando que o faz assumindo da tradição "o velho e o novo". Com uma ponta de ironia, percebe-se aí uma alusão às condenações "às liberdades modernas", por Pio IX, e a retomada da doutrina clássica da liberdade, sobretudo, por Leão XIII, citado na declaração. Esta trata do assunto da maneira mais clara e completa possível, recorrendo a argumentos bíblicos, teológicos e filosóficos.

Contempla-se aqui um dos pontos altos na cordilheira espiritual que é o Vaticano II. Aqui está como *Dignitates Humanae* apresenta, de modo sintético, o essencial da natureza e do fundamento desse valor humano e evangélico primordial:

> Este Concílio Vaticano declara que a pessoa humana tem direito à liberdade religiosa. Esta liberdade consiste no seguinte: todos os homens devem estar livres de coação, quer por parte dos indivíduos, quer dos grupos sociais ou qualquer autoridade humana; e de tal modo que, em matéria religiosa, ninguém seja forçado a agir contra a própria consciência, nem impedido de proceder segundo ela, em privado e em público, só ou associado com outros, dentro dos devidos limites. Declara, além disso, que o direito à liberdade religiosa se funda realmente na própria dignidade da pessoa humana, como a palavra revelada de Deus e a própria razão a dão a conhecer. Este direito da pessoa humana à liberdade religiosa na ordem jurídica da sociedade deve ser de tal modo reconhecido que se torne um direito civil.

> De harmonia com própria dignidade, todos os homens, que são pessoas dotadas de razão e de vontade livre e por isso mesmo com responsabilidade pessoal, são levados pela própria natureza e também moralmente a procurar a verdade, antes de mais a que diz respeito à religião. Têm também a obrigação de aderir à verdade conhecida e de ordenar toda a sua vida segundo as suas exigências. Ora, os homens não podem satisfazer a esta obrigação de modo conforme com a própria natureza, a não ser que gozem ao mesmo tempo de liberdade psicológica e imunidade de coação externa. O direito à liberdade religiosa não se funda, pois, na disposição subjetiva da pessoa, mas na sua própria natureza. Por esta razão, o direito a esta imunidade permanece ainda naqueles que não satisfazem

à obrigação de buscar e aderir à verdade; e, desde que se guarde a justa ordem pública, o seu exercício não pode ser impedido (n. 2).

A liberdade não é uma simples concessão, é um valor e um bem, humano e evangélico, refulgindo no plano e na pedagogia reveladora de Deus, que se revela no seu Amor. Assim, ao iniciar sua explicação cuidadosa de todos os aspectos teóricos da liberdade, volta solenemente à sua maneira de abordar os grandes temas:

> Em primeiro lugar, pois, afirma o sagrado Concílio que o próprio Deus deu a conhecer ao gênero humano o caminho pelo qual, servindo-o, os homens se podem salvar e alcançar a felicidade em Cristo. Acreditamos que esta única religião verdadeira se encontra [*subsistit in*] na Igreja Católica e apostólica, à qual o Senhor Jesus confiou o encargo de a levar a todos os homens, [...] (n. 1).

Note-se o emprego de *subsistit in*, "se encontra na Igreja", para caracterizar a única Igreja, que não pratica a exclusão, mas reconhece o valor das comunidades cristãs (ver *Lumen Gentium*, n. 8; ver *Unitatis Redintegratio*, n. 4). Aqui, a expressão é utilizada para qualificar a Igreja Católica como a verdadeira religião.

Todo o conjunto do texto da declaração é bela e firme demonstração da correlação da verdade e da liberdade. Só pela liberdade se caminha para a Verdade e a ela se adere. E a Liberdade se funda na verdade, brotando do ser humano como expressão de sua dignidade e de sua livre vocação ao bem supremo.

A leitura dos documentos conciliares, especialmente os textos mais típicos e que mais põem em relevo a originalidade singular do Vaticano II, leva a esta conclusão global, mas, bem precisa: a atitude do Concílio se funda em uma visão de fé que liga a mensagem do Evangelho às aspirações aos valores de base, sobretudo à busca da verdade na liberdade, necessidade primeira e crucial da humanidade: O primado de Deus na contemplação se torna concreto no Cristo reconhecido, amado e servido neste sacramento vivo, existencial, que é o outro, que se torna o próximo, sobretudo o pobre.

A contemplação se enraíza na caridade, que vê Deus como o único digno de amor e se compraz nesse Bem soberano e na conformidade com a Vontade divina. E esta fé, na sua radicalidade evangélica, vê Deus no próximo, amável no próximo, tornando-o divinamente amável – o que traz, ainda por cima, a felicidade de poder fazer alguma coisa por Deus fazendo-a pelo próximo. Esta verdade cristã primordial é efetivamente fonte de contemplação quando se torna dominante, quando supera tudo o mais para se tornar a força motora da existência.

Assim, o Concílio, que inaugura a constituição sobre a revelação proclamando que está à escuta, na acolhida e na docilidade à Palavra divina para poder anunciá-la ao mundo, não pensa somente algumas vezes nos pobres. Está continuamente habitado, possuído pela presença e pela preocupação daqueles que ele vê como o Cristo e no Cristo – na cruz![1]

---

1   Este dado é bem ilustrado com o exemplo de Las Casas. Instado a explicar por que se entrega tanto e se vale de todos os recursos para promover o bem e a libertação dos índios, tem esta resposta, que é a verdade profunda de sua vida: "Porque deixei nas Índias Jesus Cristo nosso Deus flagelado, acabrunhado, esbofeteado e crucificado, não uma, mas milhares de vezes, o que acontece em razão destes espanhóis que dizimam e destroem estes povos".

O "Outro", "vigário de Deus"

À luz da fé no Amor Universal, o outro surge como o sacramento primordial, como o verdadeiro "vigário de Deus" na terra, a mediação permanente e indispensável para o encontro direto e imediato com a Transcendência divina na contemplação que estabelece o ser humano na verdade da vida. Falamos do Outro como do verdadeiro "vigário de Deus", pois ele é a presença de Deus para que tenhamos a felicidade de poder fazer algo de efetivo e real mostrando a verdade de nosso amor a Deus.[2]

A deslocação do objeto de aplicação da expressão "vigário de Deus" ou "vigário de Cristo" é muito significativa. Vê-se no decorrer da história os jogos de influência da religião como instituição se exercendo, de maneira restritiva sobre o sentido e a linguagem da fé. Está afirmado forte e solenemente pela Bíblia, especialmente pelo Evangelho, o dado primordial: Deus, o Cristo estão no outro, para ser amado e servido. Nada se pode fazer por Deus senão se consagrar a amá-lo e a servi-lo na pessoa do próximo – semelhante doutrina surpreendente e paradoxal atravessa os séculos e inspira sábia loucura de tantos santos e santas. Essa verdade de base jamais foi contestada entre aqueles que aceitam as Escrituras como expressão da Palavra de Deus. No entanto, a expressão "vigário de Deus", "vigário de Cristo" passou a indicar de maneira predominante

---

[2] Inspiramo-nos no livro de José Ignácio Gonzáles FAUS, *Vigários de Cristo. Os pobres na teologia e espiritualidade cristãs. Antologia comentada* (São Paulo: Paulus, 1996). Ele mostra, ao lado da atribuição da expressão "vigários de Cristo" aos ministros da Igreja, uma tradição mais profunda, mais fiel ao Evangelho, vê nos pobres os "vigários" de Cristo, de Deus, para receber nosso amor e nosso serviço.

e praticamente exclusiva as autoridades eclesiásticas, os bispos e, finalmente e sobretudo, o papa.

Apostando na Verdade salvadora, crendo e proclamando Deus Amor Universal, o Vaticano II mostra hoje, em toda a beleza, a Igreja de Jesus Cristo. Prevaleceu na cristandade a linguagem, cheia de deferência, que chama vigários de Cristo os ministros eminentes de seu povo. Eles têm uma função de servir, a qual vai bem com o uso moderado do termo. Contanto que não se eclipse o seu sentido primeiro. No espírito do Vaticano II, não se há de semear exclusões nem mesmo levantar rivalidades. Há vários modos de presença do mesmo Deus no mundo. O Concílio se empenhou em nos vacinar contra a endemia do egocentrismo, sobretudo religioso ou clerical, que venha minimizar o outro. A fé no amor, no Amor Universal com que se iluminou a Igreja, fez com que ela acolha qual primeira missão apostólica e social o reconhecer e promover a dignidade do outro, sobretudo do outro diferente no seu jeito de professar a fé, porque ele permanece sempre Imagem e até mesmo "vigário de Deus".

Antologia.
Textos sobre o ecumenismo

Sobre as Igrejas católicas orientais

A Igreja Católica aprecia as instituições, os ritos litúrgicos, as tradições eclesiásticas e a disciplina cristã das Igrejas orientais. Com efeito, ilustres em razão da sua veneranda antiguidade, nelas brilha aquela tradição que vem dos Apóstolos através dos Padres e que constitui parte do patrimônio divinamente revelado e indiviso da Igreja universal. Por isso, no exercício da sua solicitude pelas Igrejas orientais, que são vivas testemunhas desta tradição, este sagrado e ecumênico Concílio, desejando que elas floresçam e realizem com novo vigor apostólico a missão que lhes foi confiada, decidiu estabelecer alguns pontos, além daquilo que diz respeito à Igreja universal, deixando o restante à providência dos Sínodos orientais e da Sé Apostólica (*OE*, n. 1).

Ecumenismo - Proêmio

O Senhor dos séculos, porém, prossegue sábia e pacientemente o plano de sua graça a favor de nós pecadores. Começou ultimamente a infundir de modo mais abundante nos cristãos separados entre si a compunção de coração e o desejo de união. Por toda a parte, muitos homens sentiram o impulso desta graça. Também surgiu entre os nossos irmãos separados, por moção da graça do Espírito Santo, um movimento cada vez mais intenso em ordem à restauração da unidade de todos os cristãos. Este movimento de unidade é chamado ecumênico. Participam dele os que invocam Deus Trino e confessam a Cristo como Senhor e Salvador, não só individualmente, mas também reunidos em assembleias. Cada qual afirma que o grupo onde ouviu o Evangelho é Igreja sua e de Deus. Quase todos, se bem que de modo diverso, aspiram a uma Igreja de Deus una e visível, que seja verdadeiramente universal e enviada ao mundo inteiro, a fim de que o mundo se converta ao Evangelho e assim seja salvo, para glória de Deus.

Este sagrado Concílio considera todas essas coisas com muita alegria. Tendo já declarado a doutrina sobre a Igreja, movido pelo desejo de restaurar a unidade de todos os cristãos, quer propor a todos os católicos os meios, os caminhos e as formas com que eles possam corresponder a esta vocação e graça divina (*UR*, n. 1).

3
A Igreja ao sopro do Amor Universal

Originalidade singular do Vaticano II. Um paradigma teológico que se desdobra em uma constelação de paradigmas visando renovar a Igreja em sua vida e em sua relação com a humanidade

O Concílio é a graça oferecida à Igreja de se libertar para ser libertadora. Ela se vê chamada a se libertar, não de adversários externos, mas do egocentrismo religioso ou confessional, de toda pretensão de se impor pela polêmica, pela controvérsia e, o que seria pior, pela força física ou por pressão moral e social. O Vaticano II não acrescenta apenas uma unidade ao Vaticano I. É um salto qualitativo na história da Igreja. Ela é instada a se converter no que ela é: Povo de Deus, tanto mais de Deus quanto mais é tocado pelo Amor a todo o povo, a toda a humanidade que aí está.

A primeira frase da *Gaudium et Spes* surpreende, definindo a identidade da Igreja precisamente como a comunidade toda animada pelo Amor. No coração do cristão, há uma fé que não encaixa a vida na estreiteza confessional. Mas, pela fé, esperança e caridade, a Igreja cresce e se excede em um interesse pelas alegrias e esperanças, pelas tristezas e angústias da humanidade toda. E se abre às perspectivas do convívio e da parceria entre confissões religiosas, bem como de uma exposição irênica, integral e adaptada da mensagem evangélica. Prioriza as respostas positivas aos desafios da humanidade de hoje. E levanta a bandeira do diálogo universal, ecumênico, inter-religioso e intercultural.

Opção fundadora do Vaticano II

Tal é a opção fundadora de todas as atitudes e posições do Concílio desde que chegou a se identificar com o sonho ou o ideal de *aggiornamento*, da desejável renovação geral da Igreja e da sua inovação, entenda-se: o feixe de modificações profundas ou de estrutura na instituição eclesial. É aquilo que alguns historiadores chamam a "consciência conciliar", de onde derivam o paradigma original do Vaticano II e a lógica constante e inspiradora de sua identidade. O Concílio não forma um bloco, do feitio de um partido único ou de uma ortodoxia imposta pelo poder, pelo medo ou pela ambição religiosa.

Para os bispos que já estavam ou se tornaram solidários com a mensagem de João XXIII, era de todo inaceitável e até mesmo impensável a fixação da Igreja no isolamento de uma ortodoxia fechada. A primeira opção fundadora da consciência conciliar não era a certeza apoiada em uma tese ou um feixe de teses a defender ou simplesmente a burilar para dar-lhe a rígida formulação de um dogma. Essa era, em substância, a posição dos que prepararam os projetos pré-conciliares. A consciência conciliar se afirma rejeitando essa atitude expressa no conjunto dos amplos e imensos documentos da Comissão pré-conciliar. No fim da primeira Sessão, em fins de novembro de 1962, o Concílio partia para a busca, pois tinha a convicção que ninguém possuía nas mãos, bem escritos, ou na cabeça, bem bolados, os textos a homologar.

Mas a consciência conciliar não era um vazio intelectual. A analogia mais simples seria ver aqueles cardeais, aqueles bispos líderes e seus assessores se movendo na situação de uns sábios pesquisadores que têm todos os parâmetros e métodos e instrumentos para entrar pelos caminhos de descobertas relevantes. Os padres conciliares estavam tomados de um grande empenho de procurar a boa maneira, o jeito certo de realizar um ideal, ou um imenso ramalhete de ideais que eram tidos e acolhidos como necessários, assumindo o feitio de projetos absolutamente consistentes em seus objetivos, mas que deviam se configurar, elaborar e exprimir em uma doutrina clara e precisa, ao alcance de todos.

Os projetos de reformar, renovar, inovar, consolidar o que era autêntico e de se desfazer de rotinas e falsas tradições, tudo isso era uma grande luz para guiar o trabalho do concílio sonhado por João XXIII. Mas tudo tinha de começar a avançar, para chegar a bom termo, sempre mediante diálogo, discussões e debates. Nada é imposto. E ninguém está excluído. Mas é preciso tender à coesão da convicção, passando por um processo de informação, de explicação, de acolhida ou recusa de sugestões. E o Vaticano II chegou ao fim realizando o essencial dos projetos ideais do começo. É uma proeza absolutamente singular.

A questão decisiva vem a ser esta: qual é o paradigma, a visão, a convicção e a opção de base que despertou, norteou e levou a bom termo a marcha dos quatro anos do Vaticano II? Na verdade, essa questão guiou nossa caminhada, que foi conduzida por um duplo critério de discernimento:
- Examinar os textos, ver como os documentos fundam suas posições, procurando explicar e provar suas afirmações fundamentais e, sobretudo, fundadoras.

- Ter em conta e ponderar bem o processo histórico palmilhado pelas Comissões, pelas subcomissões, pelos grandes debates e decisões finais da assembleia conciliar. Tenta-se agora, em conclusão, tirar proveito deste nosso labor de leitura e pesquisa, estabelecendo certas proposições, como em ordem descendente, partindo do paradigma que se afigura como primeiro e fundador, para descer desse pico às vertentes da montanha nas quais se estendem os paradigmas e das posições particulares que fundam e esclarecem o conjunto doutrinal do Concílio.

Ilustração histórica: o avesso do paradigma nos equívocos mundiais da cristandade

Pelo paradigma e pela atitude que assumiu, o Vaticano II enfrentou um desafio imenso, datado dos velhos tempos e consolidado por exemplos os mais veneráveis possíveis. Tudo se pode resumir nessa máxima terrível e danosa: Deus está do lado dos fiéis, sempre em favor deles e para detrimento e infelicidade dos infiéis. A prática dessa triste sentença se torna mundial na aurora da Modernidade, com as proezas, em si, maravilhosas das primeiras travessias oceânicas e especialmente com os descobrimentos.

Esses levaram a um processo de colonização, quando deveriam viabilizar o encontro fraterno dos povos. Não seria esse o plano de Deus que o Cristianismo deveria, então, revelar? Pois bem, os papas da segunda metade do século XV e começos do século XVI em geral pensam interpretar os desígnios divinos em um sentido totalmente outro. Em virtude de seu supremo poder divino, autorizaram reis cristãos a invadir, subjugar, e colonizar terras e povos infiéis, contanto que essa sujeição dos infiéis estivesse a serviço da evangelização deles. Escravizados, seriam mais dóceis para receber o Evangelho e o batismo.

Ainda bem que havia missionários que tinham outra compreensão, boa compreensão do Evangelho. Alguns deles informaram o Papa Paulo III, que condenou tais práticas por serem desumanas e antievangélicas. E proclamou o direito natural desses povos a serem reconhecidos como homens, como criaturas de Deus, aos quais o Evangelho deveria ser anunciado com afabilidade e todo respeito à liberdade deles. Isso em 1527, com a bula *Sublimis Deus*, visando especialmente aos reis católicos da Espanha, que tinham recebido plenos poderes das mãos de Alexandre VI para colonizar a América. Aliás, esses reis católicos, Fernando e Isabel, juntam às suas assinaturas o qualificativo de "Domadores dos povos". A atitude plurissecular da cristandade em relação à escravidão, as posições intransigentes dos papas dos séculos XVIII e XIX, culminando no *Sílabo* de Pio IX, tudo isso são exemplos do apelo ao Deus Todo-Poderoso para que estivesse do lado de seus fiéis, sem os mudar em suas vidas e suas ideias, e os protegesse em seus desmandos e injustiças.

A conversão total da Igreja ao Deus Amor Universal que pede uma comunidade semelhante a ele, tal é o projeto do Vaticano II, a partir de seu paradigma teologal.

Paradigma teológico global inspirando paradigmas particulares: antropológicos, cristológicos, eclesiológicos e éticos

Semelhante paradigma só se torna viável na medida em que esse desígnio de universalidade de um amor transformador se concretiza em um projeto de abater as barreiras e de lançar pontes, para que o Povo de Deus se disponha a ir ao encontro daqueles que foram tratados até ontem como adversários e devem agora ser aceitos e acatados como parceiros na busca da Verdade.

Como dar corpo ao ideal de *aggiornamento* inspirado por João XXIII? É a preocupação primordial que anima o Concílio. Após ter alcançado a sua autonomia, ele começa por rejeitar os projetos de resposta à proposta do papa, dados no feitio do *Sílabo* pela Comissão preparatória. Ele toma, então, uma posição criativa. Propõe uma série bem ordenada de formas de renovação, na convicção de que essas velhas falhas ou distorções persistentes afastavam a Igreja do modelo evangélico de comunidade, distanciando-a também das aspirações e necessidades do mundo moderno.

Visa, portanto, tornar a Igreja mais evangélica e mais moderna. Ela há de estar mais próxima, se não dentro, do mistério de Deus que se dá à humanidade, sendo a Igreja comunhão de graça e santidade, conformando-se, assim, ao Evangelho. Mas essa generosidade, esse amor gratuito faz com que, em seu íntimo, a Igreja esteja vizinha do e mesmo presente no mundo, disposta a olhar objetivamente para o mundo, na certeza de que, no intercâmbio com o mundo de hoje, ela pode ensiná-lo e aprender com ele, em um processo de discernimento guiado só pelo amor à verdade (cf. *GS*, n. 40).

Os padres conciliares são guiados primeiramente por um sentido de Deus que se manifesta pelas vias do amor e da bondade, não impondo leis nem mesmo se impondo a si mesmo, mas se dando para ser aceito livremente. Tal é a mensagem primordial da constituição *Dei Verbum*, sobre a Revelação Divina. Em todos os documentos em que se aborda a natureza da Igreja, seus elementos constitutivos e suas qualidades primordiais, vem bem traçada essa semelhança e união com Deus que oferece e exige laços de amor. Se todas as criaturas e todos os fiéis estão ligados na dependência ao Criador e Salvador, então se devem reconhecer entrelaçados entre si. É esse entrelaçamento, essa coerência inscrita no universo das coisas e das pessoas que caracteriza a visão global do Concílio. Ele segue e propõe o paradigma teologal, de Deus Amor Universal, do qual decorre um feixe de paradigmas de uma total solidariedade, sem excluir qualquer criatura de Deus, pois todas e cada uma delas estão intimamente a ele ligadas, na profundidade de seu ser de criaturas, e são chamadas à santidade sob a ação escondida da graça.

Assim, a inspiração primeira de todos os documentos conciliares no que têm de primordial, enquanto se integram no grande projeto renovador do Vaticano II, vem a ser o paradigma teologal. Nele se reconhece e proclama que o mesmo e único Deus é Criador e Santificador, e que ele assume e valoriza a criação na salvação, sendo o Senhor da história e da escatologia. Pois, pelos eventos da Páscoa e de Pentecostes, pela missão do Filho e do Espírito, o Pai inaugura a presença transformadora da escatologia dentro da história, promovendo como virtudes evangélicas e como valores humanos a justiça, a liberdade, a verdade e a solidariedade, transformando os corações e as sociedades.

O mundo, a secularidade, as realidades terrestres são vistas e estimadas em sua consistência, em sua autonomia, mas por esta sua mesma natureza própria já estão colocadas em relação com o Amor Universal, o Deus Criador, Providência, Salvador e Santificador. Por isso, a autenticidade no mundo profano, no cuidar das coisas e no dar-se ao serviço dos seres humanos, constitui a retidão da ética humana, a um tempo exigida e favorecida pela vocação evangélica.

Esta visão de Deus na transcendência e na condescendência de seu amor é o ponto de referência sempre acima e à frente das atividades conciliares, dando uma coerência singular às doutrinas elaboradas e promulgadas, pois elas visam à realidade do mistério que é a Igreja, comunhão de graça e santidade, apontando também para a realidade do mundo humano, em sua complexidade, em continuidade com a Igreja, pois ele é trabalhado, em formas e medidas diferentes, pelo mesmo Espírito, que anima a Igreja e a inclina a estar em intercâmbio com o mundo.

Paradigma teológico de Cristo e do Espírito

O paradigma teológico fundador e inspirador do Concílio, fonte primeira de sua singularidade, é, portanto, um paradigma trinitário, explicitando-se em um paradigma cristológico e pneumatológico.

Recapitulando a leitura da Primeira Parte da *Gaudium et Spes*, para se ter a ideia da originalidade do Vaticano II, é importante reconstruir aquela trilogia tão significativa: a antropologia rica de virtualidades, de promessas e riscos, perfectível e defectível, a escatologia pessoal, comunitária e social, histórica e transcendente. E, em conexão com essa antropologia e essa escatologia, a cristologia, o Verbo Encarnado que está no princípio, no dinamismo e no termo do mundo humano e terrestre. Ele em processo evolutivo, na visão dos cientistas, o que o Concílio está longe de contestar, mas que contempla à luz e na perspectiva do plano da ação de Deus pelo seu Filho feito homem.

A constituição *Gaudium et Spes* considera a humanidade na dignidade da pessoa e também, na atividade, na ação apreciada como a energia aprimoradora do próprio ser humano, seu protagonista, e como transformadora do universo; vê e analisa, ainda, a comunidade cada vez mais aglutinada pelo progresso tecnológico. Esse tríplice elemento – a dignidade da pessoa, a atividade humana no mundo, a solidariedade crescente na humanidade –, essa antropologia complexa e dinâmica é, então, apreciada na linha da escatologia individual e coletiva como sendo o campo imenso e constante da ação elevadora e transformadora do Verbo Encarnado, do Cristo Homem-Deus, conduzindo o homem para Deus.

É neste imenso quadro de uma antropologia teológica que resplandece afirmação conciliar que evoca e prolonga os primeiros Concílios cristológicos: "[...] pela sua encarnação, ele, o Filho de Deus, uniu-se de certo modo a cada homem. [...]" (*GS*, n. 22).

A universalidade do Amor de Deus Criador, que fez as criaturas racionais para serem parceiras de sua amizade na história e para além da história refulge como o Mistério que não visa a desafiar a inteligência, mas tocar o coração da humanidade. O Concílio está bem no centro de sua opção original e fundadora: o dom total da Encarnação, Deus dando-se à humanidade e a cada ser humano, é a fonte de toda sabedoria e de todo sentido para cada existência e para toda a história. Sobretudo, esse Dom divino total, visando suscitar a doação gratuita para assim transformar a Igreja, fazer dela a comunidade formada pelo Amor Universal para anunciá-lo e testemunhá-lo, sendo o "sacramento da reconciliação do Universo" – o que é a primeira definição da Igreja na constituição *Lumen Gentium* (cf. n. 1).

Em correlação a esse paradigma trinitário, o Concílio insiste na missão do Espírito universalizando a Igreja por dentro. Nos pontos decisivos dos documentos que caracterizam a originalidade da Igreja, o Concílio proclama que o desígnio do Pai, inaugurado pelo Filho na história da salvação, se realize plenamente pelo Dom do Espírito no íntimo de cada um e na comunidade de consciências que constitui a Igreja. O Povo de Deus é uma comunhão no Espírito e do Espírito. A Igreja é comunidade tecida de comunidades. O Concílio não hesita em proclamar, falando das Igrejas particulares: "é nelas e a partir delas que existe a Igreja Católica, una e única" (cf. *LG*, n. 23).

Assim, a colegialidade, a participação, prática interna e externa do diálogo, a tendência à união ecumênica são propriedades da Igreja que vêm marcadas por certo condicionamento histórico. Mas, em sua essência, em sua verdade profunda, elas decorrem do Dom e da ação íntima do Espírito. O Concílio o lembra para acentuar bem que as inovações propostas nas suas posições mais decisivas e incisivas são apelos a que a Igreja seja de maneira mais plena o que ela é como comunidade do Espírito de amor e unidade. Os fiéis e as comunidades são animados pelo Espírito Santo, que assiste os pastores e multiplica dons e carismas a serviço da comunidade. Havemos de ser atentos à assistência do Espírito ao magistério, muito mais ainda à habitação do Espírito Santo, que ilumina, guia e santifica os fiéis. Tal é a mensagem, especialmente, das constituições sobre a Igreja e sobre a Revelação Divina.

Na constituição sobre a Igreja no mundo atual se destaca a mensagem do Espírito em sua atividade fora da

Igreja institucional. Dessa forma, o Vaticano II se caracterizava por sua nova visão da atividade eclesial *ad extra*, das relações da Igreja com as religiões e com o mundo. Reconhece e exalta a ação do Espírito no conjunto das comunidades cristãs, nas diferentes religiões, na procura e prática dos valores espirituais, que marcam as civilizações e as culturas. Ver, por exemplo: *GS*, nn. 11, 16, 37, 41. A presença e a ação aí se manifestam na história, no mundo, na sociedade, no progresso humano verdadeiro. Reconhecendo esses valores, a Igreja se mostra dócil ao Espírito Santo que a anima.

Há uma pneumatologia subjacente na doutrina sobre a presença e atividade do Espírito na Igreja, na história, difundindo dons diferenciados, mas correlativos nas religiões, na marcha cultural da humanidade, no progresso dos valores humanos. É esta visão do Espírito que funda a existência e a exigência do diálogo ecumênico, inter-religioso e intercultural (cf. *UR*, nn. 1, 2, 4, 7; *PO*, n. 22; *GS*, nn. 22,5; 26). Esse paradigma de Deus Amor Universal, dando-se e revelando-se na comunhão trinitária, refulge com muita força e beleza nos limiares, já nos prólogos das constituições e documentos mais inovadores do Vaticano II, nos decretos sobre o ecumenismo e sobre a atividade missionária da Igreja, nas declarações sobre a relação da Igreja com as religiões não cristãs e sobre a liberdade religiosa.

Comunhão trinitária, comunhão dos santos e plena solidariedade humana

O Deus Amor que está presente e inspirando e guiando as atitudes e posições doutrinais do Concílio é o Deus do Evangelho, Pai, Filho e Espírito Santo. De início, pode ser surpreendente esse apelo constante ao Mistério que nos excede de toda a parte. Com semelhante apelo, o Concílio busca impelir-nos a promover a ação renovadora da Igreja e da sociedade. A questão é pertinente. Ela nos leva a permanecer atentos à originalidade singular do Vaticano II. Ele qualifica e eleva a ação dos cristãos, fazendo-os estar em contato com o que há de melhor e mais excelente.

A força em que ele aposta é primeiramente Deus, contemplado em si mesmo, qual comunhão de vida, de verdade e de amor. Modelo e fonte de todo projeto de plena realização de sua bem-amada criatura racional e livre. Em seu conteúdo essencial e em seu dinamismo divino, toda a vida cristã se condensa na fé que nos identifica com a Comunhão de Amor, a Unidade Trindade: Pai, Filho, Espírito Santo. E faz surgir, constitui e anima a comunhão dos santos, dos que são consagrados e divinizados "em nome" e para "a glória do Pai, do Filho e do Espírito Santo". E essa comunhão de graça, segundo a grande insistência da escatologia do Vaticano II, é o verdadeiro objeto de esperança, se e na medida em que ela se vê antecipada na solidariedade encarnada em todas as atividades, relações e formas de sociedade humana.

Essa visão integral e bem ordenada de todas as realidades e verdades da fé e da vida cristã está muito especialmente inserida e expressa na constituição do Vaticano II *Lumen Gentium*, sobre a Igreja. Para ser a base de todo o projeto renovador que quer ser o Concílio, a Igreja resplandece nessa constituição, qual comunidade da Santíssima Trindade, sacramento da reconciliação universal, privilegiando o Povo de Deus, valorizado no laicato, realizando-se na terra e no céu, tendo sua plena realização em Maria.[1]

Sintetizando a fé na comunhão trinitária e na Comunhão dos Santos, o Concílio nos conduz a uma espiritualidade integral e hierarquizada, com toda a justeza, em torno do eixo: primado absoluto do sentido de Deus e de uma devoção bem ordenada a Maria e aos santos, e nos encaminha a uma atitude prática do dom de nós mesmos na consagração à glória, ao Reino de Deus no céu (santificação, evangelização) e sua antecipação prefigurada na terra (promoção da fraternidade e da solidariedade social).

Tal é o sentido profundo de nossa profissão de fé, pela qual temos a felicidade e a responsabilidade de "crer no Amor Universal".

Esse amor nos une na caridade, amor divino, dom de nós mesmos em busca da vida eterna para todos e da promoção de uma sociedade verdadeiramente humana, onde todos possam encontrar as condições para viver, para conviver na solidariedade, no respeito e na prática de todos os direitos para todos.

Assim, a vida cristã é proposta pelo Concílio como projeto ético culminando na mística, pois essa vida pessoal e comunitária decorre da comunhão trinitária e nos leva à comunhão dos santos e à solidariedade plena e verdadeiramente humana. Não pode haver ruptura. O Evangelho é, para nós, a acolhida do Reino do Pai, por seu Filho e em seu Espírito, e compromisso constante de justiça e de paz sobre a terra.

---
1 O Papa Bento XVI, no discurso de 8 de dezembro de 2005, quando se comemorava os quarenta anos do Vaticano II, declarou com verdade e fineza: o Concílio quis ser mais de Maria do que de Pedro.

Paradigma eclesiológico

A singularidade do Concílio tem aqui seu ponto alto. Ele se empenha em propor uma alternativa ao modelo dos concílios eclesiológicos anteriores, que, ao menos em parte, merecem o nome de eclesiocêntricos. Sempre com os olhos fitos no Amor divino universal e totalmente gratuito, o Vaticano II se dá a difícil e sublime missão de definir a "plenitude" da Graça pelo "vazio" da prepotência, definir o *pléroma* pela *kenose*, mostrar a plenitude dos dons e da presença do Espírito através do vazio da pretensão e da prepotência humanas. Dessa forma, ele visa definir a Igreja como a perfeita mediação, que se revela deveras eficaz, porque de todo transparente.

Essa teologia propõe e ordena umas tantas prioridades, cujo feixe constitui o paradigma eclesiológico do Concílio Vaticano II. Antes de tudo, a Igreja é vista concretamente como Povo de Deus, como realização plena e perfeita das qualidades bíblicas do povo escolhido por Deus e para Deus, amoldado segundo Deus pela pedagogia de Deus. E por que não reconhecer que o Vaticano II está dentro da sensibilidade moderna e fala para a mentalidade moderna, que distingue o povo e a massa? Pois o povo é coletivo nobre, protagonista da civilização, chamado a ser ativo, a participar, a assumir e exigir responsabilidade.

Convém explicitar um dado importante na história e na atualidade do Cristianismo. O Vaticano II se caracteriza por sua atitude de valorizar a "habitação", a permanência habitual e ativa do Espírito Santo, animando toda a Igreja, todos e cada um dos fiéis. A comunidade é chamada a ser a realização peregrinante da comunhão dos santos, a força evangelizadora de Deus no mundo. Em tempo de crises, de controvérsias e polêmicas, a tendência da cristandade era estar de olhos atentos vigiando o povo e valorizando a autoridade religiosa, apoiada e guiada pelo Espírito Santo para perpetuar a autoridade divina recebida de Cristo Fundador da Igreja. Para o Vaticano II, o Povo de Deus é uma comunhão no Espírito e do Espírito. A Igreja é comunidade tecida de comunidades. Nela o Espírito Santo assiste os pastores para que tudo façam a fim de obter e manter o essencial, a graça do Espírito Santo no coração de todos.

Esse paradigma se encontra na base da constituição *Lumen Gentium*. Ele inspira a constituição *Dei Verbum*, especialmente o capítulo II, no que toca à missão da Igreja na transmissão da Revelação Divina. Ele está presente nos documentos que determinam as posições conciliares no plano ecumênico, missiológico, em face do pluralismo das religiões e culturas.

Tal é a admirável e escondida presença ativa do Espírito *ad intra*, no coração da Igreja, o que pede uma docilidade multiforme e coerente de todos os fiéis. O Vaticano II se caracterizou por sua atenção à atividade *ad extra*, exercida pelo Espírito fora da Igreja institucional, mas no conjunto das comunidades cristãs, nas diferentes religiões, e mesmo no profano à procura e na prática dos valores espirituais, que marcam as civilizações e as culturas.

Originalidade do Vaticano II em relação aos concílios eclesiológicos

Convém sempre realçar a originalidade singular do Vaticano II nesses pontos essenciais. E se deve reconhecer que durante séculos as insistências eram outras nos concílios eclesiológicos. Sem dúvida, os três últimos concílios são acentuadamente eclesiológicos. Querem realçar e precisar a realidade da mediação eclesial. Pode-se falar de um realismo católico que se afirma no Concílio de Trento.

Pois ele procura definir a missão santificadora da Igreja a partir da realidade da justificação, definida em termos de participação formal e efetiva da justiça divina. A mediação da Igreja se afirma, em toda a sua consistência, especialmente através da causalidade eficaz dos sacramentos, proclamados e explicados como instrumentos ativos da redenção, como sinais e fontes da graça e do perdão dos pecados. Daí resultará um novo vigor para a prática penitencial e eucarística. O Vaticano I realça a missão magisterial da Igreja, definindo a infalibilidade pontifícia, com a consequente valorização e concentração da autoridade doutrinal e disciplinar da Sé Apostólica.

Nesse contexto é ilustrativo considerar como a constituição *Dei Verbum* propõe um paradigma realmente novo para o magistério e para o conjunto da Igreja. É um paradigma dialogante, porque tecido da palavra e da escuta, da palavra proferida e da palavra vivida, em um testemunho de experiências de graça e de santidade, em comunhão, em convivência de todos os que creem.

Esse paradigma, elaborado especialmente no capítulo II da *Dei Verbum*, dá realce tanto mais à sua novidade evangélica quanto mais delicada se tem mostrado sua aplicação na Igreja pós-conciliar.

Paradigma antropológico

Agora damos atenção especial à constituição *Gaudium et Spes*, tão ampla em seu conteúdo e tão original em situar a Igreja no mundo e sua missão diante da "vocação" e da situação da humanidade. Nessa constituição o Vaticano II chegou finalmente a proferir sua definição do ser humano, após um trabalho exemplar, de longo e penoso tatear, para integrar todos os elementos e aspectos dessa compreensão sem resvalar no perigo das abstrações filosóficas.

Em nosso esboço de leitura ficou sinalado o grande achado do Concílio. Que soube tirar todo proveito da junção dessa dupla visão cultural e bíblica: a dignidade singular da pessoa em sintonia com a imagem divina, de que ela é revestida, no plano da criação e da salvação.

Assim, no capítulo da economia fica-se surpreendido pela compreensão humana da empresa que propõe o Concílio, afirmando a conveniência e mesmo a exigência da participação de todos nos lucros e na vida dessa empresa. Todos os dados de ética pessoal e social são fundados e explicados à luz da dignidade singular da pessoa, reconhecida como feita à imagem de Deus (cf. n. 68).

Do novo paradigma antropológico ao novo paradigma ético

Pois destaca e ordena os elementos essenciais: de natureza e cultura, de presença ao mundo e de capacidade transcendental de Deus, de criatura e de elevação sobrenatural, de condição pecadora e de vocação à santidade e à edificação de um mundo melhor, de identidade pessoal e de relação social, de missão histórica e de destino eterno.

O Concílio começa por uma opção negativa decisiva.

Trata-se da rejeição do projeto pré-conciliar *De ordine morali christiano*. Na proposição de uma "ordem moral cristã" pelo antigo Santo Ofício e na sua rejeição pelo

Concílio temos o mais claro e importante embate de paradigmas éticos dentro da mesma Igreja Católica e no interior de sua ortodoxia.

No decreto sobre a formação dos padres, *Optatam Totius*, o Vaticano II apresenta uma espécie de paradigma ideal para o "aperfeiçoamento" da teologia moral. Ele consagra os resultados de um esforço renovador e propõe alguns parâmetros para a obtenção completa desses objetivos. Ele pede "um especial cuidado em aperfeiçoar a teologia moral" pondo em relevo que sua "exposição científica, mais alimentada pela Sagrada Escritura, deve revelar a grandeza da vocação dos fiéis em Cristo e a sua obrigação de dar frutos na caridade para vida do mundo" (*OT*, n. 16).

Longe de expor uma ordem moral a assegurar e a defender, por via autoritária, *Lumen Gentium* funda e *Gaudium et Spes* desenvolve uma ética humana de inspiração evangélica de caráter positivo, antropológico, cristológico, pneumatológico, sacramental. Propõe um amplo modelo de um novo paradigma ético, assessorado por excelentes teólogos moralistas.

Paradigma de ética fundamental, típico da *Gaudium et Spes*

Esse paradigma de ética fundamental é plenamente evangélico, precisamente porque realiza a conjunção, a sinergia do humano e do divino. À luz e no prolongamento da Encarnação, tudo o que é humano é afirmado em sua consistência, em seu significado e em seu valor próprio, para se unir e se elevar no encontro de amor e de submissão a Deus, que se dá e se revela na sua intimidade e na sua transcendência.

Quanto ao essencial, o Concílio elabora uma ética dos valores, não das obrigações, dos mandamentos ou deveres. Privilegia o valor da dignidade, que reconhece como o correspondente humano da noção teológica da imagem de Deus. Assim, após ter aberto a sua exposição pelo enunciado da "dignidade da pessoa humana" (*GS*, Primeira Parte, cap. I), o Concílio não teme a redundância, falando com visível complacência das dignidades "da inteligência" (n. 15), "da consciência" (n. 16) e da "liberdade" (n. 17), como exaltará a "dignidade do matrimônio e da família" (Segunda Parte, cap. I, n. 47s). Mas, sobretudo, essa ideia-chave ilumina toda a exposição da doutrina e de suas aplicações.

Dignidade e responsabilidade, valores inovadores do paradigma ético

Na *Gaudium et Spes*, a ética é olhada e tratada de maneira integral, em sua dupla dimensão: pessoal e social. Essa ética fundamental se caracteriza, então, pela primazia que ela dá à conjunção ou à sinergia deste duplo valor: a dignidade e a responsabilidade. Trata-se de uma prioridade absoluta e constante, afirmada e aplicada efetivamente em todos os domínios da *Gaudium et Spes*. Desses dois princípios, deveras fundadores, derivará toda a constelação dos valores que formam o firmamento ético.

A dignidade humana resplende qual valor social, pois é tida como referência normativa, objetiva e universal. De fato, o respeito à dignidade da pessoa humana se impõe como imperativo absoluto, para que a sociedade se una em um consenso autenticamente humano. Ela será o primeiro princípio de autenticidade e de unidade para o próprio sujeito ético, para todos e cada um dos membros da sociedade, e para essa mesma sociedade, considerada como um todo. Mas essa dignidade humana tem uma dimensão subjetiva igualmente fundamental. A dignidade da pessoa inspira e suscita a responsabilidade.

Sob esse aspecto subjetivo, a novidade mais típica do Concílio é a proposição de uma ética da responsabilidade, que integra e leva à perfeição a moderna aspiração à liberdade e às liberdades. Ela confirma e qualifica essa aspiração à liberdade tornando-a um valor ético de base, dando-lhe o lugar de uma virtude universal, o equivalente da virtude clássica de prudência pessoal e política. No plano social, a responsabilidade será levada a se desdobrar nas atitudes de participação e de partilha, inspirando-se no respeito da dignidade da pessoa e na promoção do bem comum.

A responsabilidade é a realização plena e adulta da liberdade, como apetite racional do bem, para si, para o outro e para a coletividade. Dessa forma, em vez de condenar o subjetivismo, o Concílio procura estabelecer o justo equilíbrio e a plena conciliação das dimensões objetiva e subjetiva da ética. Ele se inspira na tradição, dando provas de uma fidelidade dinâmica e criativa. Com um mesmo discernimento, acolhe a Modernidade em suas aspirações e seus valores mais profundos. É que o Vaticano II permanece atento ao Evangelho, que afirma que nada da lei está abolido; mas insiste com o mesmo vigor que o homem não foi feito para o sábado, mas o sábado para o homem (cf. Mt 5,17; Mc 2,27).

Novo paradigma de ética social diante dos desafios socioeconômicos e políticos do mundo de hoje

Pode-se falar de uma virada decisiva. *Gaudium et Spes* aborda, ou melhor, ataca o problema de frente. Proclama com insistência que é preciso superar uma ética individualista: "Que todos considerem como uma sagrada obrigação contar as relações sociais entre os principais deveres do homem de hoje e de observá-las" (cf. *GS*, n. 30). Tal é a conclusão desse importante capítulo II da Primeira Parte, consagrado ao tema da "comunidade humana". Aí se desenvolvem esses pontos decisivos para uma visão ética de inspiração cristã: "A índole comunitária da vocação humana [no Plano de Deus]" (n. 24); "a mútua dependência da pessoa e da sociedade", em tudo o que concerne à realização e ao desenvolvimento humanos (n. 25); a necessidade da "promoção do bem comum", que se torna mais premente com o desenrolar da história e a maior complexidade da sociedade de hoje (n. 26). Uma ética social se funda e enraíza na visão antropológica, histórica e evangélica que guia e inspira o Concílio.

Na Parte III, item 2, foi explanada a proposta alternativa de uma ética sexual, conjugal e familiar, na qual resplandece a originalidade singular do Concílio. Ele abordou o campo do matrimônio e da família, criando para si as condições mais favoráveis, com que jamais puderam contar outras instâncias do magistério eclesiástico. Estava bem cercado e apoiado por especialistas nas diversas disciplinas humanas, por grupos de leigos e representantes de movimentos familiares cristãos. Sem falar do forte estímulo vindo da opinião pública interna e externa à Igreja, extremamente atenta às atitudes e posições do Concílio.

Este deu à Igreja, e por ela à humanidade, um paradigma ético, tecido dos valores básicos: o amor recíproco e fecundo dos cônjuges, a responsabilidade pessoal e partilhada para, juntos e diante de Deus, enfrentarem os problemas em uma comunhão total de vida e de doação mútua de suas pessoas, a começar pelos seus corpos, que concretizam e simbolizam o realismo desse intercâmbio afetivo e efetivo.

Promoção da cultura e construção de um mundo humano

O paradigma ético da *Gaudium et Spes* é marcado por essa inspiração primordial: o princípio da realidade e o princípio da esperança. Aceitar e analisar a realidade, especialmente a realidade social, tal é o corolário da atitude conciliar de estima e valorização da criação, de fidelidade à Encarnação, de confiança no triunfo pascal de Cristo, se efetuando e manifestando na história e marchando para o pleno cumprimento da escatologia. Tal é o princípio fundador do paradigma ético da cultura. *Gaudium et Spes* repete, com a maior insistência:

> Os valores da dignidade humana, da comunidade fraterna e da liberdade, todos esses bons frutos da natureza e de nosso trabalho, nós os reencontraremos [...] iluminados e transfigurados [...] O Reino já está presente em mistério aqui na terra. Chegando o Senhor, ele se consumará (cf. *GS*, n. 39).

Através dessa formulação de grande simplicidade, afirma-se a convicção que inspira um empenho pessoal e comunitário: "Procurar as coisas do alto, longe de diminuir, antes aumenta a importância da missão de construir junto com todos os homens um mundo mais humano" (cf. *GS*, n. 57).

Promoção da paz e construção da comunidade humana

Tal é o tema final da constituição *Gaudium et Spes* e o digno coroamento do Concílio Vaticano II. São duas seções do capítulo V da *Gaudium et Spes* que realizam a proeza de abordar com serenidade e objetividade as questões que dividiam o mundo de após guerra.

O Concílio propõe um projeto de paz pela proscrição da indústria e do comércio armamentista e aponta para o caminho de uma nova humanidade graças ao estabelecimento de uma comunidade das nações.

O tema será em parte retomado e prolongado por Paulo VI na encíclica *Populorum Progressio* (26.03.1967), e prosseguido de maneira mais concreta e realista pelas Conferências Gerais do Episcopado Latino-Americano e do Caribe.

É a indicação profética do verdadeiro futuro da humanidade.

Em síntese: originalidade essencial e primordial do Vaticano II

O paradigma ético da *Gaudium et Spes* mostra uma verdadeira criatividade do Concílio para indicar novos caminhos, mas ele mesmo não abria ainda esses caminhos. Nem os poderia abrir. A originalidade essencial e primordial do Vaticano II é que ele quer inaugurar, na Igreja e pela Igreja no mundo, uma nova idade criativa. Seu primeiro intento é o de instituir, ou de ao menos sugerir, a ética da responsabilidade, da participação e do discernimento, capaz de encontrar e até mesmo inventar modelos de decisão e de ação, na fidelidade ao Evangelho e aceitando os desafios do mundo moderno.

Parte V

Conclusões.
O Vaticano II ontem e hoje

1
Chegou a hora de o Vaticano II dar sua medida

Esse título pode ser entendido de forma interrogativa, afirmativa ou optativa. Ele vai escrito em um sentido afirmativo, discretamente reforçado por uma intenção optativa, a mais não poder.

Foi o que caracterizou o Vaticano II na sua história, na sua pré-história e na sua recepção fecunda, embora parcial na Igreja e no mundo. A maior originalidade, a singularidade do Vaticano II está em que surgiu como um amplo e profundo carisma comunitário, assumindo toda a Igreja, tendo sido preparado por movimentos e carismas de renovação, sendo acolhido por semelhante elã renovador. O que significa igualmente que em todas as etapas de sua realização teve de enfrentar a inércia e mesmo a oposição de tendências e elementos conservadores, alheios, e muitos deles alérgicos a mudanças e progressos na Igreja e na sociedade.

O futuro do Concílio e da Igreja está na lucidez e na coragem da fidelidade dinâmica a este carisma comunitário e abrangente. O Vaticano II não propõe tais ou tais reformas particulares, mas encarna e desperta a atitude de reforma radical, total e contínua. Ele inicia um processo sempre em marcha, pois cada atitude e cada etapa de renovação viabilizam a percepção e a melhor prática de inovações, entendidas como reformas mais amplas e profundas,

É a Igreja que reencontra o Evangelho. Sem se apegar a nenhuma idolatria dando poder, ela há de apostar no Amor Universal, na comunhão trinitária, fazer confiança na comunidade dos fiéis, que é constituída e sustentada por esse Amor. Mais ainda: a fidelidade evangélica faz da Igreja a servidora da humanidade e, ao mesmo tempo, a parceira da civilização, na medida em que ela mesma é animada e guiada por um feixe de valores e direitos humanos, por uma ética universal, pessoal e social.

A conversão de toda a Igreja

Para que a nova visão difundida pelo Vaticano II se realize plena e universalmente na Igreja, é necessário que essa revolução espiritual, profunda e total se concretize em um conjunto de pontos conexos:

- Uma conversão inicial de todos, a começar pelos pastores, levando à convicção da mente e do coração, à certeza doutrinal e prática de que a Igreja é a comunidade de fiéis efetivamente chamados à santidade.
- A formação de todos nessa convicção de base, no reconhecimento dessa urgência urgentíssima. Essa formação deve ser feita em todas as instâncias e atividades da Igreja: na catequese e na pregação em geral, na preparação a todos os sacramentos – Batismo, Confirmação, Matrimônio, na prática da Penitência, da Eucaristia, em todos os graus do ministério sacerdotal e em todos os momentos da vida da Igreja.

– Assim, a comunhão trinitária se afirma e se torna fonte da comunhão dos santos e da plena solidariedade humana.

– Daí o caráter universal dessa solidariedade abrangendo todos os aspectos e todas as dimensões da vida humana, elevando-a à participação da vida divina, da justiça divina, na prática dos valores evangélicos, e confirmando-a na sua consistência natural, na busca dos valores éticos, pessoais e sociais.

Paradigmas doutrinais e modelos operacionais

O paradigma teológico, eclesiológico, ético de *Gaudium et Spes* mostra uma verdadeira criatividade do Concílio para indicar novos caminhos, mas ele mesmo não abria ainda esses caminhos. Nem os poderia abrir. A originalidade essencial e primordial do Vaticano II é que ele quer inaugurar, na Igreja e pela Igreja no mundo, uma nova idade histórica da plena e constante criatividade. Seu primeiro intento é o de instituir ou ao menos sugerir a ética da responsabilidade, da participação e do discernimento, capaz de encontrar e até mesmo de inventar modelos de decisão e de ação, na fidelidade ao Evangelho e aceitando os desafios do mundo moderno.

Pode-se condensar a posição acertada a que chega e a que leva o Vaticano II recorrendo à distinção entre os *valores* humanos e evangélicos que o Concílio enaltece como permanentes e mesmo fundadores e os *modelos* históricos de sua realização concreta na Igreja e na sociedade.

A comparação mais expressiva se poderia estabelecer entre o concílio da reforma da Igreja, o Tridentino (1545-1563), e o concílio do *aggiornamento*, o Vaticano II. Ambos se voltam para o conjunto dos problemas da Igreja em seu tempo. Mas o fazem de maneira bem diferente. O Concílio de Trento pretende enfrentar heresias, erros e abusos. Terá, portanto, o propósito primordial, firme e decidido, de definir dogmas, de precisar doutrinas e até de lançar anátemas, com o fito de condenar os hereges, de acautelar os fiéis, manter a ortodoxia e consolidar a ordem na organização e na vida da Igreja. Para a realização desse amplo objetivo, batizado de Reforma Católica, propõe medidas concretas, multiplicando os *modelos de ação*, de *correção* e mesmo de *repressão*.

Aceitar o Concílio significava entrar por caminhos bem balizados por estes modelos deveras operacionais: formar o clero nos seminários, fixar a residência dos bispos, ler a Bíblia através da Vulgata, seguir o catecismo ordenado pelo Concílio, organizar e celebrar em latim a liturgia da missa e dos sacramentos, sem olvidar o cuidado de colocar o confessionário no centro da Igreja, da vida dos fiéis e dos pastores. O Concílio de Trento foi, assim, mais dogmático, mais disciplinar, mais eficaz para consolidar a ortodoxia, fortalecer a hierarquia e dar consistência ao modelo estabelecido pelo IV Concílio de Latrão: "o católico praticante".

O Vaticano II, especialmente no que toca à *Gaudium et Spes*, prodigalizou à Igreja grandes orientações segundo o Evangelho e na linha de uma autêntica visão da pessoa humana, da família, da sociedade e da história, da cultura, da economia, da política. Ele multiplicou os paradigmas teológicos, eclesiológicos, antropológicos, ecumênicos, missiológicos, éticos. Esses paradigmas são bem fundados, coerentes em si mesmos e em seu entrelaçamento recíproco.

Mas eles fazem apelo à criatividade de toda a Igreja, dos fiéis e dos pastores para suscitar novos modelos adequados de renovação. Esta a grande força e o risco de fraqueza do Vaticano II. Tudo na Igreja pós-conciliar foi mudado, recebendo algum influxo do espírito renovador do Vaticano II. Essa eficácia se afirma com mais nitidez e menos dificuldade em todos os setores onde já havia esboços ou tentativas de renovação, as quais tinham até exercido de início uma influência positiva sobre a marcha do Concílio. Que se pense na renovação litúrgica, bíblica, ecumênica, teológica, especialmente eclesiológica. Mas mesmo nesses diferentes campos de renovação iniciada anteriormente a força nova, a nova visão do Vaticano II encontrava dificuldade e resistência, na medida em que exigia criatividade de novos modelos de compreensão e de ação.

Portanto, muito resta a fazer, dentro e à luz desta convicção: a criatividade na docilidade ao Espírito é a suprema fonte de fecundidade e o supremo desafio da vida cristã. E em todos os domínios da Igreja em que a renovação pede criatividade se requer muita diligência para se chegar a passar dos paradigmas conciliares aos modelos concretos e práticos: de diálogo, de participação, de valorização da comunhão colegial, do apostolado e da ação do laicato.

Desafios de há cinquenta anos

Mas surgem outros desafios, pelo menos aparentemente, mais concretos. Os desafios que brotam no campo da ética social. Tomemos o exemplo mais típico. É o audacioso capítulo V com que *Gaudium et Spes* finaliza suas análises e seus projetos socioeconômicos e políticos, enfrentando o tema da "construção da paz e da promoção da comunidade dos povos".

O Vaticano II faz o exame objetivo das situações sociais e políticas, aliando-o à indicação de parâmetros claros de discernimento ético, capazes de permitir a apreciação do presente e a formação de projetos para o futuro. A descrição e o julgamento dos sistemas e da conjuntura que tem diante dos olhos leva o Concílio a uma atitude serena, mas extremamente firme de condenação da guerra total e de tudo o que a ela dispõe, sobretudo a corrida armamentista (cf. *GS*, n. 79-82).

As causas profundas dos conflitos e das guerras são analisadas com uma grande insistência sobre os fatores econômicos, o que é uma novidade, e faz avançar as posições do magistério, no tocante a uma doutrina mais rigorosa e precisa sobre a guerra e a paz (n. 83-85). O tema da explosão demográfica, que se manifesta em algumas regiões, é tratado de maneira sucinta, mas cuidadosa, o que permite um suplemento de indicações sobre a paternidade responsável, de que se ocupou no capítulo da família (cf. acima, na Parte III, item 2).

Em síntese, a análise, o diagnóstico e a estratégia apresentados pelo Concílio, há cinquenta anos, testemunham uma boa informação, uma apreciação lúcida, especialmente sobre a importância e mesmo a predominância da economia em todos os campos determinantes para o futuro da humanidade.

Pode-se falar de um paradigma de ética social, visando com rara felicidade ser aplicado em um modelo particular e histórico. Ele se mostrava capaz de enfrentar os desafios da mundialização da economia e da comunicação, estimulando o desenvolvimento ético e político, a criação e o bom funcionamento de organismos internacionais que correspondessem às exigências e possibilidades do momento.

Ora, a falta desses organismos e dessa cooperação no plano mundial só se agravou nesses cinco decênios. Os líderes políticos se omitiram. Partidos liberais e comunistas, de Leste a Oeste, cuidaram de seus interesses, de suas prerrogativas e privilégios. Em seguida, o predomínio exclusivo dos partidos liberais coincide com a desmobilização política geral e com a busca generalizada de um utilitarismo individual e corporativo. A doutrina social da Igreja prosseguiu produzindo documentos valiosos pelo seu teor doutrinal. Mas a Igreja, como todas as entidades culturais, deixou que se desmobilizassem também as consciências na falta de responsabilidade política e social.

Os desafios de hoje

Em uma tentativa de síntese, convém aproximar estes dois pontos: os elementos básicos, que parecem decorrer da leitura leal e lúcida do Vaticano II, e a visão panorâmica da situação da Igreja e do mundo durante e após esses cinquenta anos.

Cremos fazer justiça ao Concílio reconhecendo que ele foi um admirável esforço colegial da Igreja, que tomava suas distâncias em relação às suas próprias posições negativas e polêmicas para lançar sobre si mesma, sobre a humanidade, sobre o mundo, sobre a sociedade, um olhar sereno, perscrutador, crítico e estimulante. Podemos falar de um paradigma novo, de uma nova forma de pensar, de interpretar a história e o destino das pessoas e das sociedades, de convidá-las a uma atitude de objetividade, de discernimento e de criatividade. Elaborando e seguindo esse projeto de paradigma teológico global e, dentro dele, traçando um paradigma social, o Vaticano II se afirmava como concílio ecumênico na dupla acepção conexa:

- Primeiro, na linha dos concílios anteriores, ele visava ser a expressão comunitária da universalidade da Igreja Católica, da comunhão dos fiéis unidos aos seus legítimos pastores.
- Mas o Concílio se mostrou também ecumênico no sentido moderno, em sintonia com a aspiração de todos os cristãos e mesmo de toda a humanidade. Pois essa aspira e suspira pela unidade, pela compreensão e reconciliação de todos como exigência de sobrevivência e de convivência nesse nosso planeta, saturado, angustiado de conflitos e desentendimentos.

No que tem de inovador e de original, o Vaticano II traduz a capacidade de criação do episcopado católico, em harmonia com a mensagem de João XXIII, que Paulo VI sintetizou, com rara felicidade, na encíclica *Ecclesiam Suam*, bem no momento em que a assembleia conciliar se encontrava em seu projeto de ser o concílio da "Igreja no mundo de hoje".

Em confronto com essa visão panorâmica do Concílio, convém evocar o que parece mais marcante, sob o ângulo da ética social, na evolução e na situação socioeconômicas e políticas do mundo de hoje. Muito particularmente, o que nos permite um olhar sintético, encararemos apenas o que surge como problemático e desafiador. Mais precisamente ainda, como apreciar a marcha da humanidade em reação ou pelo menos em relação ao projeto global da Igreja conciliar, ao que chamamos o seu paradigma de ética social.

Definindo-se como "sacramento da reconciliação da humanidade", a Igreja mostrou-se criativa e inovadora desdobrando a dimensão social da caridade evangélica, enfeixando as aspirações e exigências do amor em paradigmas de ética familiar, cultural, econômica e política. Esse projeto de ética essencialmente humana, mas de profunda inspiração evangélica, era sintetizado em um paradigma de busca da paz, da superação dos conflitos, da eliminação da guerra, através da busca da justiça, de maneira concreta, pela promoção do desenvolvimento solidário de todos os povos e regiões.

Com muita clarividência, o Concílio impôs sua opção de não reiterar a condenação dos sistemas, nomeadamente do comunismo, convidando os cristãos e a humanidade a tudo apostar em uma competição positiva, em um empenho de triunfar pela prática da liberdade, dos direitos humanos fundamentais, do respeito de todos em um mundo pluralista. A humanidade seguiu parcialmente esse caminho. Em termos esportivos, se diria que ela aceitou a sentença corajosa: no final, ganhará o melhor. Entendendo-se o melhor no plano ético e humano, como qualificativo de um paradigma, tecido de racionalidade, de liberdade, de responsabilidade e de solidariedade.

O Vaticano II homologava, assim, as posições lúcidas e corajosas dos movimentos e líderes cristãos, como Jacques Maritain, Emmanuel Mounier, Giorgio Lapira. E mais amplamente, a Igreja se mostrava em comunhão com a consciência moral e espiritual da humanidade, guiando-a em seu trabalho de abater os muros, de desfazer-se dos antagonismos de blocos e sistemas, ajudando-a a abster-se de recorrer a bodes expiatórios, que dissimulam a falta de discernimento e de elã criativo.

É inegável, a humanidade deu umas passadas decisivas nos caminhos da paz. As guerras mundiais e as guerras entre as grandes nações têm sido evitadas. Conflitos raciais de velhas datas e de grande profundidade estão sendo superados, como no caso exemplar da África do Sul, onde a presença dos cristãos foi marcante. O paradigma global encarado pelo Concílio se revela aplicável, através de modelos de campanhas, de movimentos do estilo de Justiça e Paz, da Anistia Internacional, de organismos governamentais e, sobretudo, de organizações não governamentais a serviço dos direitos humanos, da busca da paz, da defesa dos injustiçados, discriminados ou excluídos, da proteção do meio ambiente.

Constatando esses dados ou indícios encorajadores, não se pode ocultar o agravamento das situações e condições da vida e das perspectivas de vida, no conjunto da humanidade. Os conflitos sangrentos, regionais, nacionais, étnicos e tribais se alastram, com a cumplicidade da política e, sobretudo, do comércio das grandes nações. Mais ainda: os conflitos dentro das sociedades modernas se enraízam, dando novo feitio às guerrilhas. Elas vão se rejuvenescendo, pela crescente tecnologia dos assaltos, dos sequestros, das violências organizadas e equipadas com as melhores armas, traçando e seguindo estratégias bem planejadas e contando com a conivência dos sistemas econômicos, políticos e policiais. Grupos e movimentos rurais e, sobretudo, urbanos, visando parasitar o sistema social, se estendem e se articulam passando por cima das fronteiras e dos poderes públicos. Assim se constitui a Internacional do crime e da violência, apoiando-se na Internacional da corrupção. Essa dupla "Internacional" vai por aí, minando a civilização, apoiando-se e nutrindo-se mutuamente, em um entendimento perverso cada vez mais bem cimentado.

Por outro lado, o desmoronamento do comunismo e o arrefecimento do socialismo vieram revelar e acentuar a falta de projetos éticos e políticos, alternativos para a sociedade do consumismo, da exploração e da especulação.

Nela predomina o que João Paulo II batizou de "economismo". Não se trata tanto da doutrina que apregoa o paradigma do liberalismo ou do neoliberalismo econômico. O que interessa mais que tudo é a prática e o culto da idolatria do mercado, agravados pela insolência do capital vadio e especulador, que campeia pelos hemisférios desestabilizando ou desnorteando as economias regionais, nacionais e continentais.

A ética clássica, desde Aristóteles, reforçado pelo clamor dos profetas e do Novo Testamento, apontava para o antagonismo de forças que se enfrentam nas sociedades: a justiça que busca a igualdade de direitos para todos e a ganância também universal, que ambiciona e procura acumular riquezas, privilégio, poder e dominação. A essa ganância avassaladora e criadora de exclusões a ética grega, e a evangélica, davam o nome de "pleonexia", do querer sempre mais para si e para os seus, do apetite de tudo açambarcar em um egocentrismo desmedido.

A novidade dessa ganância devoradora, dessa pleonexia sem alma e sem coração, é que ela penetrou hoje o próprio sistema socioeconômico. A economia, por suas estruturas e seu dinamismo, se tornou e se torna cada vez mais concentradora de riquezas, de poder, de dominação sobre o mercado e sobre todos os fatores da vida econômica, espraiando sua influência sobre todos os campos da vida social. Em princípio, não se pode identificar essa tendência concentradora com a economia de mercado, com a procura do lucro e da prosperidade, através do trabalho e da competência, na prática da concorrência leal, dentro da igualdade de liberdades e de oportunidades assegurada a todos, aos indivíduos, às empresas, aos grupos, às regiões e aos povos. Semelhante jogo do mercado, orientado pelos objetivos e normas da justiça social, apresenta-se como o dinamismo indispensável de uma economia e de uma sociedade humana.

Portanto, todo derrotismo seria insensato e fora de propósito. Hoje o saber e a técnica econômica podem enfrentar as crises e os problemas com muito maior seriedade e competência do que em qualquer época do passado. Êxitos, parciais, mas importantes, auguram a viabilidade de projetos mais amplos e operacionais, visando à prosperidade e ao desenvolvimento econômico, indo ao encontro das aspirações e das exigências da justiça social.

É precisamente o desafio central e crucial que o mundo de hoje lança à capacidade de lucidez, de discernimento e de audácia criadora da ética social, e muito especialmente aos fiéis e às comunidades, a quem o Vaticano II veio relembrar a mensagem da salvação e da promoção para toda a humanidade.

Tornar operacional o *aggiornamento* conciliar

A opção primordial pelo Amor Universal é uma atitude de base, um paradigma teológico induzindo a um feixe imenso de opções, e de paradigmas particulares. Da frieza indiferenciada do desamor o toque mágico do Amor Universal faz emergir aquela imensidão de rostos amáveis. Ao novo olhar purificado, surge o outro, impondo-se de leve à estima, ao respeito, ao cuidado delicado e benfazejo.

Esse outro, pela sua forma de ser cristão, de praticar uma religião, de viver uma cultura diferente, emergia aos olhos dos dois mil e seiscentos bispos que levavam o Vaticano II a bom termo. Sem o saber, estavam realizando um novo paradigma de Igreja. No mesmo tempo em que um técnico das ciências, Thomas Samuel Kuhn, lançava o termo paradigma para marcar um salto qualitativo na marcha das ciências, o Concílio retomava ao Evangelho essa bandeira do outro que nos salva da endemia do desamor. Também Emmanuel Levinas, inspirado pelos profetas, superando os horrores do Holocausto, e na força de uma fenomenologia vigilante, simbolizava a sabedoria racional apontando para a emergência e a descoberta do outro como o caminho da salvação para a Modernidade.

O outro surge, rosto amável e libertador, para livrar-nos e limpar-nos do utilitarismo que impele a vender o corpo e a alma, só vendo no rosto do outro a máscara do cliente a explorar. Ao que parece, no mundo em que tudo – política, economia, religião – virou espetáculo, em um primeiro tempo as máscaras triunfam. Há cinquenta anos, o Vaticano II declarou a revolução de Deus e do outro, declarando digna de fé, perfeitamente viável, a aposta no amor. Que esfregássemos bem os olhos, discípulos de Cristo, e veríamos que o Deus das Escrituras, tornado presente entre nós em Jesus, é o Amor, o puro Amor, o Amor que envolve todas as criaturas e que vem invadir e animar os corações de quem tem fé.

Sublimidade e viabilidade do amor

É o momento da suprema coragem. Apostar na sublimidade, no ideal do Amor gratuito, desinteressado, universal, bem parece um sonho mais do que um projeto viável para a humanidade. Olhando bem para o Concílio se vê, de fato, que ele chegou a esse pico da montanha por uma árdua e espinhosa conversão. Depois de mais de um mês de encontros, de trocas de ideias, de oração, largaram velhos modelos e propostas clericais, por sinal bem medíocres, de Igreja. E se deram ao labor de buscar um novo paradigma segundo o Evangelho e bom para enfrentar, ou melhor, para abraçar o mundo tal qual ele é.

Essa opção fundadora de todas as decisões e posições, caracterizada como apostar no Amor Universal, vem a ser uma atitude mística, de um dom total de si para acolher e servir. Mas, precisamente na medida em que é profundo, transforma o íntimo da pessoa e da comunidade, torna-se realista, abre-se em mil humildes, mas valorosos, gestos, atitudes, relações e associações impregnadas de bondade e bem-querer. A força e a lógica do Amor correspondem a uma energia imensa e concentrada. Um líder, uma equipe – o Apóstolo Paulo, Teresa de Ávila, Teresa de Calcutá, Gandhi, Mandela – se apaixonam por uma causa, e a causa começa a andar pelos caminhos ásperos da realidade da história. O Vaticano II começou assim, em virtude da conversão de umas dezenas, depois de umas centenas e milhares de bispos. E, em um momento maravilhoso de liberdade, acima de pressões ou interesses particulares, saborearam o gosto bom do amor criativo, à semelhança e em união com o Amor criador.

Mas o que tornou viável esse feixe de projetos criativos que constituem o Concílio é que o amor não paira na altura sublime dos ideais. Ele vê coisas e pessoas, grupos e sociedades, do tamanho efetivo que têm e na justa medida do seu valor e de suas necessidades. Foi o que se viu: a partir do enunciado do grande paradigma de Deus amor infinito, dando-se na criação e na revelação, o Vaticano II multiplicou os paradigmas por vezes miúdos de como dialogar, como praticar o ecumenismo, como participar da construção de um mundo justo e solidário nas complexidades e artimanhas dos sistemas políticos, econômicos ou comunicacionais.

Do Concílio, da experiência do Concílio como evento e processo histórico, se aprende esta lição primeira apontando para os caminhos da viabilidade de projetos de bem fazer e dos traçados sinuosos e acidentados de suas realizações efetivas. O Vaticano II aconteceu como o triunfo da grande causa da Igreja, reconhecida e servida como Mistério divino de comunhão a serviço da solidariedade humana.

Quais são as condições e exigências para que possa sobreviver como este carisma comunitário que acolheu e realizou? O Concílio não aceitou celebrar-se sob o regime do poder, recusou imposições dos protagonistas de sua preparação e não pretendeu impor-se pelos caminhos de uma ortodoxia ou de normas legalistas. Empenhou-se na linha da criatividade, na liberdade, no entendimento, no diálogo. E propôs o mesmo modelo a seguir.

Grandes linhas de uma estratégia de responsabilidade criativa

Seria possível determinar mais ainda esse roteiro seguido e proposto pelo Concílio?

Com toda simplicidade, a primeira evidência é que o Vaticano II foi convocado pelo papa, que queria, assim, dar a palavra a toda a Igreja. A Cúria Romana colaborou, mas as decisões foram todas tomadas pelos bispos, sob a liderança daqueles que tinham experiência de atividades pastorais, pensadas e empenhadas em equipes, em grupos, em movimentos e comunidades que aspiravam e trabalhavam pela renovação da Igreja e como parceiros nas tendências e lutas pela melhoria da sociedade. Bem se poderia falar daqueles que tinham descoberto o essencial do modelo da Igreja comunitária e participativa e agora, em assembleia mundial, comunicavam, ampliavam e aprimoravam essa experiência fundadora de comunhão, de partilha, de diálogo e participação. O Concílio não surgiu e avançou sob comando. Mas foi um exemplo de colegialidade respeitosa de todos e tecida pelos laços de uma fraternidade comprometida com a busca da renovação da Igreja.

Semelhante modelo deve continuar a animar toda a etapa pós-conciliar sob pena de fracasso no projeto criativo, na compreensão, na mútua ajuda para reconhecer e praticar o paradigma evangélico da Igreja, e da Igreja em intercâmbio positivo com o mundo de hoje. Essa exigência fundamental pede que a Igreja pós-conciliar continue o projeto de conversão inaugurado pelos padres conciliares. Semelhante conversão só é e, aliás, deve ser viável se for plena e total, renovando, à luz do Evangelho, toda a comunidade eclesial da cabeça aos pés e em todos os aspectos essenciais da vida e das atividades da Igreja.

A título de exemplos ilustrativos, poder-se-ia destacar algumas questões, privilegiadas pelo Concílio como relevantes para a vitalidade ou a renovação da Igreja. Reconhecer e promover a vocação própria dos leigos, seu chamado à santidade, sua participação ativa na liturgia e na vida da Igreja, sua missão evangelizadora e na promoção de uma sociedade justa e solidária. O que está em relação íntima com a formação bíblica e teológica do laicato para sua atividade ecumênica entre cristãos e com as diferentes religiões e para sua presença nos movimentos e projetos de reformas de base da sociedade.

Nenhuma renovação se processará de maneira proveitosa para a Igreja e para a sociedade sem uma formação de todos os fiéis para o diálogo e a participação na vida da Igreja e da sociedade. A promoção da colegialidade foi uma das insistências originais do Concílio, apontando para uma necessidade que se vem afirmando desde o surgimento das Conferências Episcopais na segunda metade do século XX. Muitos problemas perduram na Igreja como insolúveis, sendo mesmo isolados com tabus, em consequência do fato de serem tratados pela autoridade suprema sem a devida participação colegial de toda a Igreja. A experiência desses cinquenta anos deve levar os fiéis e os pastores a tomarem consciência: sem colegialidade e participação efetivas dos pastores e dos fiéis, a Igreja tende a ser uma sociedade confessional cada vez mais isolada da cultura, da comunicação, das grandes questões da sociedade moderna.

O Concílio declarou com muita força que "é um dever sagrado superar o individualismo ético" (cf. *GS*, n. 30) na Igreja e no mundo. Deu exemplo de projetos éticos para a família, a economia, a política e a construção de um mundo justo e pacífico (Segunda Parte da constituição *Gaudium et Spes*). Não se trata de uma "doutrina social", acompanhando como anexo a pregação cristã. É preciso que a formação do conjunto dos fiéis os leve a ver a militância e a solidariedade na construção de uma sociedade justa e solidária como uma dimensão social do próprio Evangelho.

Em nosso País, temos tido a felicidade de contar com a Conferência Nacional dos Bispos, ampla e profundamente interessada pelos problemas sociais. Sem dúvida, ela conta com a disposição e mesmo com a iniciativa dos leigos para estabelecer uma estratégia eficaz e progressiva para a reforma e a restauração justa e democrática do Estado e de todos os sistemas sociais. Sem uma estratégia com a participação de todos para enfrentar todos os problemas, as campanhas e os projetos de renovação ficarão sempre a meio caminho.

As comemorações dos cinquenta anos da celebração do Concílio têm tudo para ser uma ocasião de passarmos a reviver o clima carismático e criativo do Concílio. O Concílio contou com a orientação de grandes papas, João XXIII e Paulo VI. A Cúria Romana deu a contribuição que lhe foi pedida e aceitou colaborar com a assembleia conciliar sem pretensões de intervir indevidamente. Os bispos, os teólogos, e no intervalo das Sessões muitos grupos e lideranças, colaboraram com inteligência e discrição. O Concílio foi deveras colegial, na medida do possível então.

Está na hora de o Vaticano II dar sua medida?

Nada o impede se toda a Igreja se abrir à docilidade ao Espírito, à fidelidade ao Evangelho, ao diálogo ecumênico e ao intercâmbio leal e simpático com o mundo atual.

Que aumente mais e mais a plena confiança nos leigos e nas leigas e que se reconheça a missão evangelizadora própria do laicato, que a ela seja cuidadosamente preparado. Que a Igreja se defina e seja efetivamente vista, querida e orientada como o Povo de Deus.

Que as autoridades, especialmente do centro da Igreja, continuem a crescer em sua confiança nas Igrejas locais e se empenhem mais em promover positivamente a vida da fé e a irradiação do Evangelho pelo testemunho do que em vigiar a ortodoxia ou as rubricas litúrgicas. E que nossa aposta no Amor Universal, estendendo-se ao ecumenismo, à fraternidade com toda a humanidade, se afirme, sobretudo, no seio da Igreja, aceitando dentro dela o outro, o legitimamente diferente, em empenho decidido e clarividente de viver e irradiar o Evangelho do Amor.

O Vaticano II dará sua medida se for mais e mais acolhido na sua inteireza, naquela mensagem plena e radical, naquele elã da Igreja que aposta totalmente na contemplação e no dom de si a Deus Amor Universal.

Bibliografia essencial e brevemente comentada

I. Escritos de Frei Carlos Josaphat em referência à temática do Vaticano II

Bartolomeu de las Casas. Espiritualidade contemplativa e militante. São Paulo: Paulinas, 2005.

Crer no Amor Universal. Visão histórica, social e ecumênica do "Creio em Deus Pai". São Paulo: Loyola, 2001.

Em nome do Pai, do Filho e do Espírito Santo. Comunhão divina, solidariedade humana. São Paulo: Loyola, 2000.

Ética mundial. Esperança da humanidade globalizada. Petrópolis: Vozes, 2010.

Evangelho e diálogo inter-religioso. São Paulo: Loyola, 2003.

Falar de Deus e com Deus. Caminhos e descaminhos das religiões hoje. São Paulo: Paulus, 2004.

"Gaudium et Spes": ¿Nuevo paradigma de ética fundamental y social? In: SOCIEDAD ARGENTINA DE TEOLOGÍA. *La constitución 'Gaudium et Spes' a los 30 años de su promulgación*. Buenos Aires: San Pablo, 1995.

Las Casas. Deus no outro, no social e na luta. São Paulo: Paulus, 2005.

Liberdade e justiça para os povos da América. Oito tratados impressos em Sevilha em 1552. Frei Carlos Josaphat, org. da tradução, apresentação e notas. São Paulo: Paulus, 2010.

Único modo. Frei Bartolomeu de las Casas. Frei Carlos Josaphat, org. da tradução, apresentação e notas. São Paulo: Paulus, 2005.

II. Sobre os documentos do Vaticano II

A edição oficial e completa de todos os dezesseis documentos conciliares, precedidos dos projetos preparatórios: *Acta Synodalia Sacrosancti Concilii Vaticani Secundi* (quatro volumes, correspondendo aos quatro Períodos ou Sessões, em 32 tomos). Cura et studio Archivi Concilii Oecumenici Vaticani II. Vaticano, 1970-1999.

Para o estudo rigoroso e objetivo dos textos, em seu conteúdo doutrinal, dispomos de uma coleção completa publicada pela Editora Vozes, já desde o encerramento do Vaticano II e contando com especialistas, a maior parte deles assessores do Concílio e de colaboradores na preparação dos documentos:

- Comentários históricos da elaboração dos documentos;
- Comentários dos textos conciliares.

III. Sobre a história do Concílio

ALBERIGO, Giuseppe (org.). *História dos concílios ecumênicos.* 3. reimpr. São Paulo: Paulus, 2005.

BEOZZO, José Oscar (coord. da ed. bras.). *História do Concílio Vaticano II.* Petrópolis: Vozes, 1996. v. I: O catolicismo rumo à nova era. O anúncio e a preparação do Vaticano II.

_____. *História do Concílio Vaticano II*. Petrópolis: Vozes, 2000. v. II: A formação da consciência conciliar. O primeiro período e a primeira intersessão (outubro de 1962 a setembro de 1963).

_____. *A Igreja do Brasil no Concílio Vaticano II – 1959-1965*. São Paulo: Paulinas/Educam, 2005.

CONGAR, Yves. *Mon Journal du Concile*. Paris: Éd. du Cerf, 2002.

_____. *My Journal of the Council*. Adelaide: ATF Theology Press, 2012.

GAUTHIER, Paul. *O Concílio e a Igreja dos Pobres*. "Não tenho ouro nem prata, mas tudo o que tenho te dou". Petrópolis: Vozes, 1967.

GONÇALVES, Paulo Sérgio Lopes; BOMBONATTO, Vera Ivanise (org.). *Concílio Vaticano II*. Análises e prospectivas. São Paulo: Paulinas, 2004.

LADRIÉRE, Paul; LUNEAU, René (dir.). *Le retour des certitudes*. Evénements et orthodoxie depuis Vatican II. Paris: Le Centurion, 1987.

Em tempo, sempre se recomendam os diferentes estudos de Giuseppe Alberigo e de José Oscar Beozzo.

Impresso na gráfica da
Pia Sociedade Filhas de São Paulo
Via Raposo Tavares, km 19,145
05577-300 - São Paulo, SP - Brasil - 2013